越文化研究丛书

越文化研究论著
目录汇编

Yuewenhua
Yanjiu Lunzhu
Mulu Huibian

孟文镛 编

中国社会科学出版社

图书在版编目（CIP）数据

越文化研究论著目录汇编／孟文镛编．—北京：中国社会科学出版社，
2013.11

ISBN 978 - 7 - 5161 - 3062 - 9

Ⅰ.①越…　Ⅱ.①孟…　Ⅲ.①文化史 - 华东地区 - 专题目录 - 汇编 -
中国　Ⅳ.①Z88：K95

中国版本图书馆 CIP 数据核字（2013）第 200252 号

出 版 人	赵剑英
责任编辑	宫京蕾
责任校对	石春梅
责任印制	李　建

出　　版	中国社会科学出版社
社　　址	北京鼓楼西大街甲 158 号（邮编 100720）
网　　址	http：//www.csspw.cn
	中文域名：中国社科网　　　010 - 64070619
发 行 部	010 - 84083685
门 市 部	010 - 84029450
经　　销	新华书店及其他书店

印　　刷	北京奥隆印刷厂
装　　订	北京市兴怀印刷厂
版　　次	2013 年 11 月第 1 版
印　　次	2013 年 11 月第 1 次印刷

开　　本	710×1000　1/16
印　　张	26.5
插　　页	2
字　　数	418 千字
定　　价	69.00 元

越文化研究丛书编委会

凡　例

一、本汇编收录 2010 年前越文化研究的有关论著篇目和书目，并选录部分有关的通俗性文章的篇目和书目。

二、散见于古代文献、地方史志中的有关越文化的部分，一般不录入；题目似不相关但对研究越文化有重要关系的论著则酌情录入。

三、本汇编分甲编和乙编：甲编为论文目录，乙编为著作目录。

四、本汇编内容分为以下三大部分：

第一部分　越国文化研究的论著；

第二部分　先越文化研究的论著；

第三部分　百越文化研究的论著。

五、本汇编参考了国内各类出版物的多种分类目录、索引，在此一并致谢。

六、本汇编所列论文顺序依次为：篇名、作者、期刊（书籍）名称、年份期数（出版社及出版时间）。

本汇编所列著作顺序依次为：书名、作者（编者）、出版社名称、出版时间。

目　　录

甲编　论文

第一部分　越国文化研究论文

（一）概论

古代越族考（上篇）

罗香林：《国立中山大学文史学研究所月刊》第 1 卷第 2 期，1933 年

古代越族考（上篇）（续）

罗香林：《国立中山大学文史学研究所月刊》第 1 卷第 3 期，1933 年

越之姓

吕思勉：《江苏研究》第 3 卷第 5、6 期，1937 年

越之姓

吕思勉：《吴越文化论丛》，上海文艺出版社 1990 年影印本

吴越释名

卫聚贤：《江苏研究》第 3 卷第 5、6 期，1937 年

吴越释名

卫聚贤：《吴越文化论丛》，上海文艺出版社 1990 年影印本

吴越民族

卫聚贤：《进展》第 1 卷第 2、3 期，1930 年

吴越民族

卫聚贤：《吴越文化论丛》，上海文艺出版社 1990 年影印本

越族源出于夏民族考

罗香林：《青年中国季刊》第 1 卷第 3 期，1940 年

越族源出于夏民族考

罗香林：《百越源流与文化》，台湾中华丛书编审委员会 1955 年版

夏越关系新探

　　　　董楚平：《吴越文化新探》，浙江人民出版社 1988 年版

夏史初曙

　　　　徐中舒：《中国史研究》1979 年第 3 期

商代的浙江

　　　　斥堂：《真知学报》第 2 卷第 3 期，1942 年

殷民族由江浙迁于河南

　　　　卫聚贤：《吴越文化论丛》，上海文艺出版社 1990 年影印本

商族的祖先是越人

　　　　胡文炜：《越文化研究通讯》2002 年第 1 期

百越民族考：吴、越

　　　　蒙文通：《越史丛考》，人民出版社 1983 年版

越族古居"扬子江以南整个地区"辨

　　　　蒙文通：《越史丛考》，人民出版社 1983 年版

夏本纪越王勾践世家地理考实

　　　　杨向奎：《禹贡》第 3 卷第 1 期，1935 年

汉初诸国越族考

　　　　潘蒔：《文史汇刊》第 1 卷第 1 期，1935 年

论古越族

　　　　叶文宪：《民族研究》1990 年第 4 期

越族的形成

　　　　江应梁：《思想战线》1985 年第 1 期

越民族形成简论

　　　　徐杰舜：《中央民族学院学报》1987 年第 5 期

我国东南古代越族的来源和迁移

　　　　陈国强：《民族研究》1980 年第 6 期

"越为禹后说"质疑——兼论越族的来源

　　　　蒋炳钊：《民族研究》1981 年第 3 期

"越为禹后说"溯源

　　　　陈桥驿：《浙江学刊》1985 年第 3 期

"越为禹后说" 溯源

　　陈桥驿：《吴越文化论丛》，中华书局 1999 年版

古越族起源及与其他民族的融合

　　朱俊明：《百越民族史论集》，中国社会科学出版社 1982 年版

于越族源探索

　　辛土成、严晓辉：《厦门大学学报》1984 年第 3 期

于越的来源与迁徙

　　何光岳：《浙江学刊》1989 年第 3 期

关于 "越为禹后说" 的考古探析

　　杜金鹏：《民族研究》1991 年第 5 期

越族的来源、迁移与华夏文明的起源

　　周尚全：《中国传统文化与越文化》，人民出版社 2004 年版

"越为苗裔" 考

　　叶文宪：《浙江学刊》1994 年第 2 期

论于越的族源

　　叶岗：《浙江社会科学》2008 年第 10 期

论于越的族源

　　叶岗：《新华文摘》2009 年第 1 期

再论越国的族属

　　赵东升：《中国柯桥·越国文化高峰论坛文集》，浙江人民出版社 2011 年版

"越裳为越章" 辨

　　蒙文通：《越史丛考》，人民出版社 1983 年版

越为音译说

　　陈鸿钧：《广东史志》2001 年第 1 期

古代于越研究

　　陈桥驿：《民族研究》1982 年第 1 期

古代于越研究

　　陈桥驿：《吴越文化论丛》，中华书局 1999 年版

于越历史概论

　　陈桥驿：《浙江学刊》1984 年第 2 期

于越历史概论

　　陈桥驿：《吴越文化论丛》，中华书局 1999 年版

越族的发展与流散

　　陈桥驿：《东南文化》1989 年第 6 期

越族的发展与流散

　　陈桥驿：《吴越文化论丛》，中华书局 1999 年版

于越历史概述

　　孟文镛：《绍兴越文化》，中华书局 2004 年版

越国的自然环境变迁与人文事演替

　　徐建春：《学术月刊》2001 年第 10 期

越国的自然环境变迁与人文事演替

　　徐建春：《2002 年绍兴越文化国际学术研讨会论文集》，浙江古籍
出版社 2006 年版

古越地望刍议

　　黄伟城：《百越民族史论丛》，广西人民出版社 1985 年版

论越文化中心地之疆域和政区

　　叶岗：《社会科学战线》2009 年第 1 期

试论河姆渡文化与古越族的关系

　　林华东：《百越民族史论集》，中国社会科学出版社 1982 年版

古代越族史若干问题新探

　　陈国灿：《越文化研究通讯》2000 年第 16 期

古代越族史若干问题新探

　　陈国灿：《越文化研究文集》，中华书局 2001 年版

"越""粤"同宗考略

　　傅振照：《越文化研究通讯》2001 年第 9 期

试论"倭越同源"源自"於越"

　　朱锡山：《越文化研究通讯》2001 年第 9 期

越为大费支族考

　　李江浙：《民族研究》1986 年第 3 期

浙江古越族历史初探

　　王克旺：《杭州师院学报》1984 年第 2 期

越人与东夷的关系

　　孟文镛：《绍兴文理学院报·越文化研究》2009 年第 39 期

"三代"纪年和越国始年

　　陈瑞苗：《越文化研究通讯》2001 年第 7 期

越国史事纪年辨析

　　陈瑞苗：《绍兴学刊》1997 年第 6 期

越国史事疑点解析

　　陈瑞苗：《绍兴学刊》2005 年第 6 期

越国史事疑点解析

　　陈瑞苗：《越文化研究通讯》2006 年第 1 期

越国名称诸说

　　孟文镛：《绍兴文理学院报·越文化研究》2010 年第 44 期

古吴越的族属与华夏的融合问题

　　沈长云：《历史教学》1989 年第 8 期

于越早期历史考古观

　　吴绵吉：《厦门大学学报》1991 年第 3 期

于越早期文化北缘的考古学观察

　　曹峻：《中国柯桥·越国文化高峰论坛文集》，浙江人民出版社 2011 年版

于越早期历史的若干考述

　　金经天：《百越民族研究》，江西教育出版社 1990 年版

早期于越历史的若干论述

　　金经天：《越文化研究通讯》2003 年第 4 期

越国后期历史概述

　　刘亦冰：《越文化研究通讯》2000 年第 14 期

越国后期历史述要

　　刘亦冰：《绍兴文理学院学报》2001 年第 4 期

评《浙江文化史》——兼论古代越史中的几个问题

　　陈桥驿：《浙江学刊》1993 年第 2 期

六国纪年表考证：越世系

　　陈梦家：《六国纪年》，学习生活出版社 1955 年版

从勾践世系窥探于越的立国

　　吕锡生：《浙江师范学院学报》1982 年第 2 期

越国立国之谜

　　孟文镛：《绍兴文理学院报·越文化研究》2010 年第 47 期

越国历史文化源流和杭州建置前的历史探索（一）

　　邹身城：《杭州研究》1990 年第 3 期

越国历史文化源流和杭州建置前的历史探索（二）

　　邹身城：《杭州研究》1990 年第 4 期

越国史事研究二则

　　张崇根：《中国柯桥·越国文化高峰论坛文集》，浙江人民出版社
2011 年版

古越国溯源

　　葛焕轩、郦林春、朱再康：《越文化研究通讯》2008 年第 3 期

越国古迹钩沉

　　孟文镛、方杰：《绍兴师专学报》1993 年第 3 期

越国古迹钩沉（续）

　　孟文镛、方杰：《绍兴师专学报》1993 年第 4 期

绍兴越国史迹考

　　方杰、钟越宝：《绍兴学刊》1990 年秋季号

绍兴越国史迹调查资料简辑

　　方杰、钟越宝：《东南文化》1990 年第 4 期

越国文物散记

　　王士伦：《浙江日报》1962 年 3 月 4 日

越国的古迹

　　沈浪：《人民日报》1962 年 5 月 3 日

古代越族的文化

　　罗香林：《江苏研究》第 3 卷第 5、6 期，1937 年

古代越族的文化

　　罗香林：《吴越文化论丛》，上海文艺出版社 1990 年影印本

与卫聚贤论吴越文化书

　　吕思勉：《江苏研究》第 3 卷第 5、6 期，1937 年

与卫聚贤论吴越文化书

　　吕思勉：《吴越文化论丛》，上海文艺出版社1990年影印本

越人文化特征及其形成的条件

　　吴绵吉：《百越民族史论丛》，广西人民出版社1985年版

浅议越文化的形成

　　方如金、熊锡鸿：《越文化研究文集》，中华书局2001年版

越文化初论

　　李家和：《江西历史文物》1981年第3期

古越族文化初探

　　张潮：《江汉考古》1984年第4期

古越族文化初探

　　张潮：《考古》1983年第4期

于越文化探源

　　孟文镛：《绍兴越文化》，中华书局2004年版

越国文化渊源略论

　　徐日辉：《中国柯桥·越国文化高峰论坛文集》，浙江人民出版社2011年版

论越文化

　　张世铨：《百越史论集》，云南民族出版社1989年版

越文化的特征

　　张兵：《中国传统文化与越文化》，人民出版社2004年版

试论越文化的特色

　　王建华：《中国越学》（第二辑），中国文联出版社2010年版

试论越文化的特色

　　王建华：《江南风》2010年第3、4期

论越文化的开放性特色

　　刘亦冰：《绍兴文理学院学报》2003年第6期

论越文化的开放性特色

　　刘亦冰：《中国传统文化与越文化》，人民出版社2004年版

吴越文化比较论

　　潘承玉：《中国越学》（第二辑），中国文联出版社2010年版

试论越族的同化与越文化的融合

　　傅振照：《中国传统文化与越文化》，人民出版社 2004 年版

东亚文化的比较研究与越文化问题

　　董乃斌、程蔷：《中国传统文化与越文化》，人民出版社 2004 年版

越文化研究四题

　　陈桥驿：《越文化实勘研究论文集》，中华书局 2005 年版

越文化三问

　　陈伯海：《中国传统文化与越文化》，人民出版社 2004 年版

横看成岭侧成峰——越文化面面观

　　董楚平：《中国传统文化与越文化》，人民出版社 2004 年版

古越民族文化源流研究

　　张志立：《东南文化》2005 年第 5 期

雉过淮水——管窥越文化的源泉之一

　　［德］齐韶花：《中国柯桥·越国文化高峰论坛文集》，浙江人民出版社 2011 年版

越文化典型遗址和文化特征

　　毛颖、张敏：《长江下游的徐舒与吴越》，湖北教育出版社 2004 年版

从新出青铜器看长江下游文化的发展

　　李学勤：《新出青铜器研究》，文物出版社 1990 年版

从江西出土越式器看越国文化

　　黄学敏、许智范：《中国柯桥·越国文化高峰论坛文集》，浙江人民出版社 2011 年版

韩国辛氏与中国古代越国之渊源初探

　　张首鸣、辛容虎：《瓯文化论集》，浙江人民出版社 2009 年版

古越文化性格

　　顾琅川：《文史知识》2004 年第 9 期

古越文化性格考略

　　顾琅川：《中国传统文化与越文化》，人民出版社 2004 年版

从青铜农具、兵器看於越人的文化品格

　　梁晓艳：《东方博物》（第 13 辑），浙江大学出版社 2004 年版

古越文化精神研究

　　　顾琅川：《绍兴文理学院学报》2004年第5期

越地环境与越文化复杂内涵之生成

　　　顾琅川：《绍兴文理学院学报》2006年第1期

试论绍兴地域文化的海洋文化特征

　　　颜越虎：《越文化实勘研究论文集》，中华书局2005年版

民族学视野中的越文化——论以身体改变为标志的越人成人礼

　　　蔡克骄、盖新亮：《越文化实勘研究论文集》（二），科学出版社
2008年版

论越文化的精神内核

　　　梁涌：《胆剑精神文集》，绍兴市社会科学界联合会2004年版

浅谈越族与汉族的同化

　　　傅振照：《越风（2008）》，西泠印社出版社2008年版

论吴越文化的融合与创新

　　　江苏省吴越文化研究会专家组：《江南风》2009年第1期

试论吴文化与越文化的异同

　　　无锡吴文化与越文化研究中心：《江南风》2009年第1期

越文化与水环境

　　　陈桥驿：《浙江学刊》1994年第2期

越文化与水环境

　　　陈桥驿：《吴越文化论丛》，中华书局1999年版

水环境与越国复兴

　　　封晓东、孟文铺：《绍兴文理学院学报》2001年第1期

水：越文化的根底

　　　盛鸿郎：《中国传统文化与越文化》，人民出版社2004年版

水文化——越文化生成发展的重要基因

　　　孟繁华：《绍兴文理学院学报》2007年第4期

"上善若水"与"南方之强"——试辨越文化的水性禀赋

　　　胡发贵：《绍兴文理学院学报》2007年第4期

浅议于越文化的形成——驳越文化乃"外来文化"说

　　　方如金、熊锡洪：《越文化研究通讯》2000年第13期

于越文化形成原因探析——驳越文化乃"外来文化"说

　　方如金、熊锡洪：《浙江学刊》2001 年第 5 期

越文化孕育的自然环境及其文化特色

　　高利华：《绍兴文理学院学报》2007 年第 5 期

越文化的渊源、流变与意义（上）——东方现代性的萌芽与发生

　　王晓初：《绍兴文理学院学报》2008 年第 5 期

越文化的渊源、流变与意义（下）——东方现代性的萌芽与发生

　　王晓初：《绍兴文理学院学报》2009 年第 1 期

越文化的渊源、流变与意义——东方现代性的萌芽与发生

　　王晓初：《中国越学》（第一辑），中国社会科学出版社 2009 年版

生生不息的越文化精神管窥

　　潘承玉：《绍兴文理学院报·越文化研究》2005 年第 4 期

绍兴越文化考古发现

　　刘侃：《中国传统文化与越文化》，人民出版社 2004 年版

绍兴越文化考古发现

　　刘侃：《文史知识》2004 年第 9 期

上虞越国文化遗存初探

　　王晓红：《中国柯桥·越国文化高峰论坛文集》，浙江人民出版社
2011 年版

绍兴考古界谈越文化

　　梁志明等：《越文化研究通讯》2000 年第 14 期

江浙文化之鸟瞰

　　郑鹤声：《中央大学半月刊》第 1 卷第 6、9、11、12 期，1930 年

浙江古代文化的发展与繁荣

　　徐吉军：《东南文化》1990 年第 5 期

越文化古今纵横行

　　车越乔：《越风（2009）》，中国戏剧出版社 2010 年版

越文化古今纵横行

　　车越乔：《越文化实勘研究论文集》（二），科学出版社 2008 年版

《大越遗珍》与越文化的再认识

　　沈重丽：《绍兴文理学院学报》2010 年第 5 期

于越在历史上的贡献与地位

　　陈国强：《浙江学刊》1987 年第 1 期

于越民族对中华文明的贡献

　　孟文镛：《绍兴越文化》，中华书局 2004 年版

论越文化在中华文化中的地位

　　梁涌：《海峡两岸越文化研究》，人民出版社 2005 年版

越文化在中国文明史中的地位以及对东亚历史文化的影响

　　李学勤、江林昌：《文史知识》2004 年第 9 期

越文化在中国文明史中的地位以及对东亚历史文化的影响

　　李学勤、江林昌：《中国传统文化与越文化》，人民出版社 2004
年版

长江下游古越文化的广泛影响

　　董楚平：《人民日报》（海外版）1990 年 10 月 22 日

于越文化的海外影响

　　孟文镛：《绍兴越文化》，中华书局 2004 年版

越国对绍兴的历史贡献

　　钟越宝：《东方博物》（第 14 辑），浙江大学出版社 2005 年版

吴越文化概述

　　董楚平：《杭州师院学报》2000 年第 2 期

吴越文化概述

　　董楚平：《越文化研究文集》，中华书局 2001 年版

吴越文化传播与黄河流域的说明

　　卫聚贤：《东方杂志》第 34 卷第 10 期，1937 年

中国古文化由东南传播于黄河流域

　　卫聚贤：《吴越文化论丛》，上海文艺出版社 1990 年影印本

吴越文化的形成与特征

　　董楚平：《吴越文化新探》，浙江人民出版社 1988 年版

吴越文化特征初探

　　陈剩勇：《浙江学刊》1985 年第 2 期

关于《吴越文化新探》的通信

　　何炳棣、董楚平：《浙江学刊》1990 年第 1 期

吴越文化

饶宗颐：《历史语言研究所集刊》第 41 本第 4 分册，1969 年 12 月

吴越文化二论

刘建国：《浙江学刊》1990 年第 6 期

吴越文化三论——兼与董楚平先生商榷

刘建国：《国际百越文化研究》，中国社会科学出版社 1994 年版

吴越文化之探查

苏铁：《吴越文化论丛》，上海文艺出版社 1990 年影印本

嘉兴在吴越的地位

陆费鎏：《古代文化》1937 年第 15 期

吴越文化结构论

杨建华：《吉林大学社会科学学报》1987 年第 4 期

吴越文化关系论略

刘玉堂、黄山：《湖北大学学报》1989 年第 2 期

吴越文化性格的民俗学解析

李伟：《中国民间文化》1995 年第 1 期

吴越民族性格述略

金永平：《杭州师院学报》1990 年第 4 期

吴越地区的战国与汉文化特色

叶文宪：《瓯文化论集》，浙江人民出版社 2009 年版

汉代的吴越文化

董楚平：《杭州师院学报》2001 年第 1 期

吴越文化与夏商文化的关系

诸汉文：《江苏省哲学社会科学联合会 1981 年年会论文选》（考古分册）1982 年版

江南地区夏商文化断层及原因考

林志方：《东南文化》2003 年第 9 期

太湖地区夏商时代考古发现与谱系研究综述

曹峻：《东南文化》2007 年第 5 期

试论吴越文化是一种稻作渔捞文化——从吴越地区的生产方式看吴越文化的个性特征

    郑土有：《百越民族研究》，江西教育出版社 1990 年版

吴越与匈奴社会物质生活比较研究

    陈绍棣：《浙江学刊》1990 年第 6 期

吴越文化的三次发展机遇

    董楚平：《浙江社会科学》2001 年第 5 期

吴越地区的古代文化成就

    董楚平：《吴越文化新探》，浙江人民出版社 1988 年版

试论吴越文化和对中华民族的贡献

    辛土成：《百越史论集》，云南民族出版社 1989 年版

吴越民族对中华文明的卓越贡献

    徐吉军：《百越民族研究》，江西教育出版社 1990 年版

吴越在中国历史与文化上的地位

    曾祥铎：《海峡两岸越文化研究》，人民出版社 2005 年版

试论吴越文化的历史地位与贡献

    徐吉军：《民间文艺季刊》1988 年第 3 期

吴越文化的共性及其贡献

    肖梦龙：《瓯文化论集》，浙江人民出版社 2009 年版

越文化研究的回顾和展望——《越文化实勘研究论文集》代跋

    陈桥驿：《越文化研究通讯》2005 年第 3 期

越文化研究的回顾和展望——《越文化实勘研究论文集》代跋

    陈桥驿：《越文化实勘研究论文集》，中华书局 2005 年版

简述越文化研究的历史

    陈桥驿：《海峡两岸越文化研究》，人民出版社 2005 年版

多学科研究吴越文化

    陈桥驿：《浙江学刊》1990 年第 6 期

多学科研究吴越文化

    陈桥驿：《吴越文化论丛》，中华书局 1999 年版

陈桥驿教授谈越文化

    林国锦：《中国越学》（第二辑），中国文联出版社 2010 年版

陈桥驿教授访谈录

　　颜越虎：《史学史研究》2006 年第 4 期

陈桥驿教授访谈录

　　颜越虎：《越风（2007）》，绍兴市越文化研究会 2007 年版

吴越文化在探索中

　　董楚平：《探索》1986 年第 4 期

董楚平研究员谈吴越文化

　　王海雷：《绍兴文理学院报·越文化研究》2008 年第 28 期

顾颉刚与吴越文化研究

　　徐尹：《浙江学刊》1990 年第 6 期

论吴越文化研究

　　陈桥驿：《杭州师院学报》1997 年第 1 期

越文化研究浅议（代序）

　　李伯谦：《中国柯桥·越国文化高峰论坛文集》，浙江人民出版社
2011 年版

古代越文化传播分布地域实勘研究初步设想

　　车越乔、陈桥驿：《越文化实勘研究论文集》，中华书局 2005 年版

越文化传播分布地域实勘研究

　　《越文化研究通讯》2003 年第 9 期

略谈吴越文化研究中的两个问题

　　朱季海：《文博通讯》1982 年第 2 期

越国文化国际学术讨论会综述

　　林华东：《民族研究》2003 年第 1 期

越文化研究纲要

　　潘承玉：《绍兴文理学院学报》2003 年第 4 期

越文化研究纲要

　　潘承玉：《中国传统文化与越文化》，人民出版社 2004 年版

生活中的越文化张力略论

　　梁涌：《中国传统文化与越文化》，人民出版社 2004 年版

越文化模式试探

　　陈越：《海峡两岸越文化研究》，人民出版社 2005 年版

越文化研究断想

　　梁涌：《绍兴文理学院报·越文化研究》2005 年第 5 期

对"越文化"的内涵与外延应作出科学的界定

　　何信恩：《中国传统文化与越文化》，人民出版社 2004 年版

浙江的区域文化是越文化还是吴越文化

　　张能耿：《越文化研究通讯》2000 年第 14 期

完整把握越文化的复杂内涵

　　顾琅川：《绍兴文理学院报·越文化研究》2004 年第 1 期

我说越文化

　　陈新宇：《越文化研究通讯》1997 年第 7 期

越文化研究漫谈

　　侯友兰：《绍兴文理学院报·越文化研究》2004 年第 3 期

越文化研究的几点思考

　　傅振照：《越文化研究通讯》1996 年第 1 期

对越文化研究的几点意见

　　裘克安：《越文化研究通讯》1997 年第 7 期

越俗·越艺·越学——越文化研究随想

　　陈伯海：《绍兴文理学院报·越文化研究》2005 年第 7 期

越俗·越艺·越学——越文化研究随想

　　陈伯海：《海峡两岸越文化研究》，人民出版社 2005 年版

切磋学术心得　传承古越文化

　　潘承玉：《绍兴文理学院报·越文化研究》2005 年第 7 期

越文化的召唤

　　裘克安：《越文化研究通讯》1996 年第 1 期

越文化研究和新方志编纂

　　魏桥：《浙江方志》1990 年第 5 期

越文化研究和新方志编纂

　　魏桥：《国际百越文化研究》，中国社会科学出版社 1994 年版

东晋闲淡自然之士风文风：越文化的另面

　　渠晓云：《海峡两岸越文化研究》，人民出版社 2005 年版

越文化与东晋士风文风

　　渠晓云：《绍兴文理学院学报》2005 年第 5 期

论吴越、荆楚地区巫术文化传统与六朝巫风的盛行

　　吴成国：《中国越学》（第二辑），中国文联出版社 2010 年版

堕民的巫业与于越文化的传承

　　俞婉君：《绍兴文理学院报·越文化研究》2008 年第 30 期

唐诗之路与越文化研究——以唐诗之路"三要素"为中心

　　竺岳兵：《海峡两岸越文化研究》，人民出版社 2005 年版

会稽山与古越文化

　　张观达：《越文化研究通讯》2001 年第 15 期

论地域文化视野中的越文化研究

　　周幼涛：《绍兴学刊》2007 年第 4 期

论地域文化视野中的越文化研究

　　周幼涛：《瓯文化论集》，浙江人民出版社 2009 年版

越文化与绍兴学

　　梁涌：《绍兴文理学院学报》2003 年第 4 期

论越文化与浙江精神

　　张梦新：《海峡两岸越文化研究》，人民出版社 2005 年版

越文化与浙江精神研究

　　浙江省越文化研究中心：《江南风》2009 年第 1 期

光复会精神与越国剑文化

　　周幼涛：《胆剑精神文集》，绍兴市社会科学界联合会编印 2004
年版

剑与书：越文化模式试探

　　陈越：《绍兴学刊》2006 年第 6 期

绍兴"越文化"掠影

　　朱松乔：《越文化研究通讯》1997 年第 3 期

越文化及其对绍兴的意义

　　周幼涛：《绍兴文理学院报·越文化研究》2004 年第 2 期

绍兴先民对"胆剑"精神的弘扬

　　何信恩：《胆剑精神文集》，绍兴市社会科学界联合会编印 2004

年版

胆剑精神论

　　李永鑫：《胆剑精神文集》，绍兴市社会科学界联合会编印 2004
年版

胆剑精神的历史典故及文化属性

　　陈福寿：《胆剑精神文集》，绍兴市社会科学界联合会编印 2004
年版

略谈《句践栖会稽》的主题及表现特点

　　周涤：《绍兴师专学报》1982 年第 2 期

《铸剑》的文化解读

　　张兵：《海峡两岸越文化研究》，人民出版社 2005 年版

绍兴越王城保护整合工程设计的文化理念

　　陈永明：《绍兴文理学院学报》2009 年第 6 期

漫议越王城的保护与开发

　　钱茂竹：《越文化研究通讯》2008 年第 7 期

试论绍兴当代文学的发展及越文化意蕴

　　朱文斌：《绍兴文理学院学报》2010 年第 5 期

论吴越文化小说

　　金永平：《浙江社会科学》1991 年第 5 期

吴越文化与浙东乡土文学

　　钱英才：《杭州师院学报》1990 年第 4 期

越文化视野中的绍兴当代作家

　　吕晓英：《绍兴文理学院学报》2008 年第 2 期

五四新文学与越文化

　　陈建新：《越文化研究通讯》2002 年第 7 期

吴越文化与鲁迅精神

　　杨礼平：《绍兴鲁迅研究》1992 年第 12 期

鲁迅精神与吴越文化

　　陈建新、彭晓丰：《浙江社会科学》1991 年第 1 期

吴越文化与鲁迅及其小说

　　彭潮：《湖南教育学院学报》1993 年第 3 期

鲁迅·绍兴师爷·越文化

　　陈越：《绍兴文理学院学报》2004 年第 2 期

鲁迅性格越文化溯源

　　王黎君：《绍兴文理学院学报》2010 年第 3 期

许钦文与越文化

　　鲁雪莉：《绍兴文理学院报·越文化研究》2010 年第 46 期

吴越文化与朱自清

　　陈力君：《温州师院学报》1996 年第 4 期

吴越文艺与《世说新语》

　　高永清等：《民间文艺季刊》1988 年第 4 期

吴越稻作文化与民间米塑工艺

　　莫高：《中国民间文化》1994 年第 1 期

若耶溪的传说与越人好剑尚武

　　渠晓云：《绍兴文理学院报·越文化研究》2008 年第 30 期

从古越族到客家

　　罗勇：《中国越学》（第二辑），中国文联出版社 2010 年版

论越文化对越商创业的影响

　　王华锋：《绍兴文理学院学报》2007 年第 5 期

论越文化对地方商会发展的影响——以中国轻纺城商会为例

　　娄钰华：《绍兴文理学院学报》2009 年第 1 期

越国大夫计然范蠡等"商经"渗透现代商城

　　陈建周：《越文化研究通讯》2004 年第 2 期

试论越文化元素在鉴湖旅游开发中的保护与利用

　　鲁锡堂：《绍兴文理学院学报》2007 年第 4 期

试论越文化元素在鉴湖开发中的保护与利用

　　鲁锡堂：《越风（2008）》，西泠印社出版社 2008 年版

做透古越文化　做大美丽产业

　　鲁锡堂：《越文化研究通讯》2008 年第 12 期

越国文化寻踪游

　　李仁杰：《越文化研究通讯》2000 年第 18 期

越文化视角下的绍兴"全城游"开发刍议

　　鲁锡堂：《中国柯桥·越国文化高峰论坛文集》，浙江人民出版社2011年版

西施故里开发我见

　　邹志方：《越文化研究通讯》2008年第12期

谈谈越文化与旅游文化

　　杨士安：《越文化研究通讯》2008年第12期

越文化走向世界的一个重要环节

　　胡六月：《越文化研究通讯》2009年第3期

从"投醪劳师"谈黄酒文化的发展

　　傅祖康：《越文化研究通讯》2010年第11期

酒以礼成与越文化之物态文化

　　钱茂竹：《海峡两岸越文化研究》，人民出版社2005年版

绍兴戏曲的越文化渊源

　　王慧、王云根：《中国柯桥·越国文化高峰论坛文集》，浙江人民出版社2011年版

研究吴越经济文化　促进江南科学发展

　　《江南风》评论员：《江南风》2009年第1期

传统越文化与绍兴城的演变

　　陈国灿：《绍兴文理学院报·越文化研究》2010年第49期

"越文化与水环境"国际学术研讨会综述

　　王海雷：《绍兴文理学院学报》2007年第4期

发掘古城文化　重温绍兴历史——纪念绍兴建城2500年学术研讨会综述

　　钱汝平：《绍兴文理学院报·越文化研究》2010年第51期

句践故事与20世纪中国历史

　　张同心：《绍兴文理学院学报》2009年第3期

附：姑蔑研究

释"姑妹"

　　钟翀：《浙江学刊》2001年第2期

姑末考

　　钟翀：《越文化实勘研究论文集》，中华书局 2005 年版

释姑蔑

　　王达钦：《姑蔑历史文化论文集》，人民日报出版社 2004 年版

姑蔑国源流初探

　　彭邦本：《姑蔑历史文化论文集》，人民日报出版社 2004 年版

姑蔑国源流考述——上古族群迁徙、重组、融合的个案之一

　　彭邦本：《云南民族大学学报》2005 年第 1 期

姑蔑新考

　　郑泉生：《姑蔑历史文化论文集》，人民日报出版社 2004 年版

姑蔑史证

　　詹子庆：《姑蔑历史文化论文集》，人民日报出版社 2004 年版

姑蔑考索

　　张广志：《姑蔑历史文化论文集》，人民日报出版社 2004 年版

试论姑蔑

　　郑杰祥：《姑蔑历史文化论文集》，人民日报出版社 2004 年版

姑蔑先秦史略

　　刘韵叶：《姑蔑历史文化论文集》，人民日报出版社 2004 年版

先秦时期姑蔑族的渊源与迁徙

　　魏建震：《姑蔑历史文化论文集》，人民日报出版社 2004 年版

说夏后氏同姓姑蔑的南迁

　　沈长云：《姑蔑历史文化论文集》，人民日报出版社 2004 年版

姑蔑史迹考略

　　蔡运章：《姑蔑历史文化论文集》，人民日报出版社 2004 年版

姑蔑史迹管窥

　　程有为：《姑蔑历史文化论文集》，人民日报出版社 2004 年版

姑蔑古史初探

　　徐难于：《姑蔑历史文化论文集》，人民日报出版社 2004 年版

关于姑蔑文化几个问题的探讨

　　钱宗范：《姑蔑历史文化论文集》，人民日报出版社 2004 年版

南北姑蔑关系考

　　劳乃强：《姑蔑历史文化论文集》，人民日报出版社2004年版

《姑蔑历史文化论文集》序

　　李学勤：《姑蔑历史文化论文集》，人民日报出版社2004年版

全国首届姑蔑历史文化学术研讨会综述

　　劳乃强：《中国史研究动态》2003年第6期

姑蔑与越文化散论

　　李岩：《丽水学院学报》2005年第4期

（二）政治军事

吴越战争概论

　　孟文镛：《绍兴师专学报》1986年第4期

吴越战争概论

　　孟文镛：《绍兴学刊》1988年创刊号

吴越战争

　　张晓生、刘文彦编著：《中国古代战争通览》，长征出版社1987年版

吴越战争

　　黄朴民：《中国军事通史》第二卷，军事科学出版社1998年版

越灭吴之战

　　《中国古代战争战例选编》编写组：《中国古代战争战例选编》，中华书局1981年版

越灭吴史迹正误

　　王新民：《福建文化》第2卷第2期，1944年

越国的军事战略

　　孟文镛：《绍兴师专学报》1987年第4期

论吴越檇李之战

　　周乾荣：《天津师范大学学报》1992年第5期

吴越檇李之战及其有关史迹

　　劳伯敏：《学术月刊》1991年第2期

试论吴越檇李之战及其史迹

　　劳伯敏：《国际百越文化研究》，中国社会科学出版社 1994 年版

夫椒之战

　　钱正：《苏州杂志》2002 年第 4 期

夫椒今地考

　　魏嵩山：《文史》（第 24 辑），中华书局 1985 年版

吴越笠泽战役

　　李英主编：《中国战争通鉴》，国际文化出版公司 1995 年版

越围吴年代辨

　　孟文镛：《绍兴文理学院报·越文化研究》2007 年第 19 期

吴越之舟师与水战

　　蒙文通：《越史丛考》，人民出版社 1983 年版

吴楚、吴越之战中的水军及其历史意义

　　廖志豪：《上海大学学报》1986 年第 3、4 期

水军和战船——中国古代军事装备札记之五

　　杨泓：《文物》1979 年第 2 期

先秦时期舟船暨水战

　　杨钊：《人文杂志》1998 年第 6 期

试论新见青铜画像壶

　　张笑荣：《绍兴文博》（第九辑），绍兴博物馆 2009 年 8 月

萧山湘湖是 2500 年前最大军港

　　盛久远等：《越文化研究通讯》2004 年第 5 期

先秦时期的绍兴后海港口

　　封晓东：《绍兴学刊》2005 年第 3 期

曾子居武城有越寇考

　　钱穆：《先秦诸子系年考辨》，中华书局 1985 年版

越灭郯及晋烈公三年非四年六年辨

　　钱穆：《先秦诸子系年考辨》，中华书局 1985 年版

越灭滕考

　　钱穆：《先秦诸子系年考辨》，中华书局 1985 年版

古邶、郊、越三国别纪

　　陈槃：《孔孟学报》1964 年第 8 卷

能原镈、之利残片、之利钟、勾践剑铭文汇释——兼谈郑越关系

　　董楚平：《故宫博物院院刊》1999 年第 4 期

楚灭越的年代问题

　　胡顺利、陈振裕：《江汉论坛》1980 年第 5 期

越王剑与《史记越王勾践世家》——楚灭越年代辨正

　　吕荣芳：香港《明报月刊》1985 年第 3 期

楚灭越年代考

　　吕荣芳：《厦门大学学报》（史学专号增刊）1981 年版

关于楚灭越之时间问题

　　尚志发：《求是》（黑龙江）1982 年第 6 期

楚王盦璋戈与楚灭越的年代

　　李家浩：《文史》（第 24 辑），中华书局 1985 年版

关于楚灭越年代

　　李学勤：《江汉论坛》1985 年第 7 期

楚败越过程考略

　　董楚平：《百越民族研究》，江西教育出版社 1990 年版

楚怀王灭越设郡江东考

　　杨宽：《益世报》副刊《史苑》1946 年 9 月 27 日

楚怀王灭越设郡江东考

　　杨宽：《杨宽古史论文选集》，上海人民出版社 2003 年版

关于越国灭亡年代的再商讨

　　杨宽：《江汉论坛》1991 年第 5 期

关于越国灭亡年代的再商讨

　　杨宽：《杨宽古史论文选集》，上海人民出版社 2003 年版

关于楚灭越之时间问题

　　尚志发：《求是学刊》1982 年第 6 期

越涌君嬴将其众以归楚之岁考

　　李学勤：《古文字研究》（第二十五辑），中华书局 2005 年版

楚未灭越考辨

　　杨善群：《史林》1986 年第 1 期

楚灭越时间再考

　　刘翔：《浙江学刊》1994 年第 2 期

越楚关系述略

　　方如金：《广西民族学院学报》2001 年第 5 期

越国崛起：中国古代政治文化的范本

　　潘承玉：《社会科学战线》2007 年第 1 期

吴、越霸业考实

　　董楚平：《浙江社会科学》1994 年第 4 期

越王允常霸业考略

　　刘亦冰：《绍兴文理学院学报》2003 年第 1 期

论越王句践——兼谈越国的社会性质

　　陈元煦：《百越民族史论丛》，广西人民出版社 1985 年版

从越王勾践的改革看越国的社会性质

　　李志庭：《杭州大学学报》1985 年第 1 期

略论勾践的社会改革和越国的兴亡

　　辛土成：《厦门大学学报》1985 年第 4 期

论越王勾践的社会改革

　　王克旺：《丽水师专学报》1986 年第 3 期

越国的政治体制与越王勾践的改革

　　程勤：《2002 年绍兴越文化国际学术研讨会论文集》，浙江古籍出
版社 2006 年版

越国的军事制度

　　孟文镛：《绍兴文理学院学报》1996 年第 4 期

兵农合一　全民皆兵——越国军事制度初探

　　陈章、邹旭光：《南京农业大学学报》2007 年第 1 期

试论越国的军事制度

　　徐兴、舒仁辉：《军事历史研究》2011 年第 1 期

从"卧薪尝胆"看越国战争动员建设

　　王东平、吴宏强：《国防月刊》2007 年第 12 期

关于春秋战国时期越国社会性质之商榷

　　蒋炳钊：《厦门大学学报》1979 年第 2 期

全民无姓的氏族财产公有制——越国新论之三

　　施放：《绍兴学刊》2006 年第 3 期

诸侯争霸战争与春秋时期的社会变革

　　陈剩勇：《浙江学刊》1986 年第 4 期

社会变革与吴、越国家的起源

　　陈剩勇：《浙江学刊》1989 年第 3 期

句吴和于越的国家组织形态

　　陈剩勇：《中国史研究》1990 年第 4 期

从吴、越立国看由酋邦向国家的转变

　　叶文宪：《东南文化》1992 年第 1 期

句吴和于越的国家组织及运行机制

　　俞原：《浙江方志》1989 年第 1 期

越国王室迁葬考

　　董楚平：《历史研究》1997 年第 1 期

释“粤滑”

　　王卫平：《中国史研究》1987 年第 2 期

越国复兴史略序

　　金毓黼：《制言半月刊》1937 年第 35 期

勾践报吴

　　郑侃：《广播周刊》1937 年第 142、143 期

发愤图强——读吴越斗争历史札记

　　索夫：《求是》1961 年第 6 期

勾践雪耻复国

　　伟立：《历史知识》1982 年第 6 期

春秋末期的吴越争霸

　　孙香兰：《文史知识》1983 年第 7 期

吴越兴亡

　　徐中舒：《四川大学学报》2006 年第 4 期

从吴越城址看吴国和越国的对峙——吴越考古学考察之一

叶文宪：《中国柯桥·越国文化高峰论坛文集》，浙江人民出版社2011年版

吴越两国的冲突、吴越文化的交融与吴人越人的归宿

叶文宪：《东方考古》（第6集），科学出版社2009年版

吴越战争与越文化圈

［日］江村知郎：《中国柯桥·越国文化高峰论坛文集》，浙江人民出版社2011年版

春秋末期吴越争霸产生的原因

孙香兰：《历史教学》1984年第9期

吴楚越三国的兴衰恩仇

徐勇：《中学历史》1987年第2期

风云乍起——千古恩怨说吴越

钱正：《苏州杂志》2002年第1期

吴王金戈越王剑

白桦：《十月》1983年第2期

卧薪尝胆　由弱变强

剑功：《云梦学刊》1980年第2期

勾践何以能够复国

王章陵：《国魂》1954年第102期

越王勾践的战略与政略

刘裕略：《民主评论》第7卷第22期，1956年

范蠡的政治谋略

孟文镛：《绍兴文理学院学报》1997年第3期

从有铭吴越青铜器看吴越与晋的文化交流——兼谈春秋时期晋国和越国在争霸斗争中的策略

劳伯敏：《东方博物》（第21辑），浙江大学出版社2006年版

勾践复国论

胡一贯：《国魂》1958年第161期

越王勾践复国史话

黄立懋：《建设》第8卷第11期，1960年

吴越战争与藏军洞

　　　廖志豪：《浙江学刊》1988 年第 5 期

卧薪尝胆的故事

　　　吴晗：《光明日报》1961 年 1 月 11 日

地名与勾践复国故事

　　　杨晓桦：《杭州日报》1981 年 3 月 18 日

杭州湾头的新霸图——越

　　　张其昀：《中国一周》（第 601 期）1961 年 10 月

勾践"十年生聚　十年教训"辨

　　　章大国：《东南文化》1992 年第 2 期

句践灭吴与三十六计

　　　何文：《绍兴文理学院报·越文化研究》2005 年第 8 期

浅谈文种破吴之术

　　　马丹丹：《绍兴文理学院报·越文化研究》2005 年第 8 期

范蠡筑城何处求——《越史丛考》读后

　　　应万里：《浙江学刊》1988 年第 1 期

句无·埤中和"勾践之航"

　　　劳伯敏：《东南文化》1987 年第 1 期

试论春秋战国时期爱国的两种模式

　　　罗敏中：《中国传统文化与越文化》，人民出版社 2004 年版

从吴越战争看春秋时期的血亲复仇遗存

　　　孙香兰：《南开学报》1984 年第 3 期

於越名称居地和越国疆域变迁考

　　　辛土成：《浙江学刊》1992 年第 4 期

越国疆域探讨

　　　叶岗：《绍兴文理学院报·越文化研究》2006 年第 18 期

越国疆域的变迁

　　　管敏义：《越文化研究通讯》2000 年第 13 期

越国疆域的变迁

　　　管敏义：《越文化研究文集》，中华书局 2001 年版

越国疆域考

　　管敏义：《古籍整理研究学刊》2001 年第 1 期

越国都邑、疆域考释

　　邹身城：《杭州师范学院学报》（社会科学版）1990 年第 4 期

越王允常时期的越国疆域

　　孟文镛：《绍兴文理学院报·越文化研究》2006 年第 15 期

论绍兴古都

　　陈桥驿：《历史地理》第 9 辑，上海人民出版社 1990 年版

论绍兴古都

　　陈桥驿：《绍兴学刊》1988 年创刊号

论绍兴古都

　　陈桥驿：《吴越文化论丛》，中华书局 1999 年版

越国绍兴故都及文化

　　孟文镛：《绍兴师专学报》1982 年第 2 期

越城复原研究

　　曲英杰：《浙江学刊》1992 年第 4 期

越国都城探研

　　林华东：《绍兴师专学报》1989 年第 1 期

越国都城探研

　　林华东：《中国古都研究》（第四辑），浙江人民出版社 1989 年版

越国都城探研

　　林华东：《绍兴文博》（第八辑），绍兴博物馆 2008 年版

越都丛考

　　林华东：《百越民族研究》，江西教育出版社 1990 年版

越都大、小城新探

　　封晓东：《绍兴学刊》2000 年第 4 期

越都选址浅析

　　周思源：《东南文化》1992 年第 2 期

百越都城选址的影响因素分析——于越、句吴、闽越、南越实例研究

　　孟桂芳：《越文化实勘研究论文集》，中华书局 2005 年版

越都勾践大、小城城址选择的现代地理学考察

　　封晓东：《越文化研究通讯》2007 年第 11 期

越国绍兴都城的水系及其功能

　　孟文镛：《浙江邮电职业技术学院学报》2010 年第 3 期

越国绍兴都城的水系及其功能

　　孟文镛：《中国柯桥·越国文化高峰论坛文集》，浙江人民出版社
2011 年版

一座中国传统城市的 2500 年——绍兴城市史概论

　　任桂全：《绍兴文理学院学报》2010 年第 3 期

试论越都城的建立

　　钱茂竹：《绍兴文理学院学报》2010 年第 5 期

古城大庆二千五百年

　　陈桥驿：《绍兴文理学院报·越文化研究》2010 年第 51 期

智慧之城——绍兴建城 2500 年纪念

　　胡国枢：《绍兴文理学院报·越文化研究》2010 年第 51 期

绍兴，一座别致的水城

　　孟文镛：《绍兴日报·新周刊》2010 年 9 月 9 日

"蠡城尽"考释

　　任桂全：《绍兴文理学院报·越文化研究》2009 年第 43 期

勾践小城历史街区

　　屠剑虹：《绍兴文理学院报·越文化研究》2004 年第 1 期

试论春秋越国勾践小城布局特点及其保护问题

　　钟华华：《绍兴学刊》1990 年夏季号

绍兴古城建设史上三位杰出贡献者

　　李能成：《绍兴文理学院报·越文化研究》2010 年第 45 期

绍兴城与水环境的变迁

　　盛鸿郎：《越文化研究通讯》2010 年第 11 期

越国早期都城的变迁——并及勾践小城和蠡城的地理位置问题

　　曹楚卿：《绍兴学刊》2010 年第 5 期

诸暨境内的越国古都

　　杨士安：《越文化研究通讯》2008 年第 8 期

越国古都诸暨考略

　　钱汉东：《中国文物报》2010 年 7 月 28 日

越都"埤中"诸暨说之我见

　　葛国庆：《中国柯桥·越国文化高峰论坛文集》，浙江人民出版社
2011 年版

越王允常之都考

　　孟文镛：《绍兴文理学院报·越文化研究》2007 年第 27 期

早期越国都邑初探——关于安吉古城遗址及龙山墓群考古的思考

　　程亦胜：《2002 年绍兴越文化国际学术研讨会论文集》，浙江古籍
出版社 2006 年版

早期越国都邑初探——关于古城遗址及龙山墓群的思考

　　程亦胜：《东南文化》2006 年第 1 期

越国故都新探

　　葛国庆：《绍兴文理学院学报》2003 年第 5 期

越国旧都今地考

　　葛国庆：《越文化研究通讯》2004 年第 1 期

越国旧都城刍议

　　葛国庆：《绍兴文博》（第九辑），绍兴博物馆 2009 年版

越国故都嶕岘大城今地考

　　葛国庆：《2002 年绍兴越文化国际学术研讨会论文集》，浙江古籍
出版社 2006 年版

历史时期宁绍平原城市的起源

　　乐祖谋：《中国历史地理论丛》（第三辑），陕西人民出版社 1988
年版

中国古代第一次城市变革与绍兴城市的形成和发展

　　金燕：《绍兴史志》2003 年第 3 期

越国都城迁徙考

　　林志方：《2002 年绍兴越文化国际学术研讨会论文集》，浙江古籍
出版社 2006 年版

越徙琅琊考

　　钱穆：《先秦诸子系年考辨》，中华书局 1985 年版

越徙琅琊考

　　钱穆:《五华》1947 年第 4 期

越都琅琊疏

　　项英杰:《东方杂志》第 40 卷第 6 期,1944 年

越国都琅琊质疑

　　陈可畏:《中国史研究》1983 年第 1 期

越国有没有可能在琅琊建都

　　施放:《绍兴学刊》2005 年第 1 期

越国有没有可能在琅琊建都

　　施放:《海峡两岸越文化研究》,人民出版社 2005 年版

越都琅琊辨

　　刘金荣:《绍兴文理学院学报》2006 年第 5 期

从太伯奔吴到越徙琅琊的考古学考察

　　叶文宪:《苏州科技学院学报》(社会科学版)1987 年第 3 期

越王勾践迁都琅琊考古调查综述

　　张志立、彭云、梁涌:《越风(2008)》,西泠印社出版社 2008 年版

越国迁都琅琊辨

　　林华东:《中央民族学院学报》1989 年第 1 期

越国迁都琅琊析

　　钱林书:《历史地理研究》(第 1 辑),复旦大学出版社 1986 年版

越迁都琅琊新考

　　[日] 太田麻衣子:《中国柯桥·越国文化高峰论坛文集》,浙江人民出版社 2011 年版

关于琅琊地望诸说

　　孟文镛:《绍兴文理学院报·越文化研究》2006 年第 16 期

越王句践徙都琅邪事析义

　　辛德勇:《文史》2010 年第 1 辑

浙越城址考略

　　林华东、汪济英:《广西民族研究》1987 年第 3 期

越王勾践迁都绍兴龙山述议

　　章亮：《越文化研究通讯》2002 年第 12 期

越国固陵城考辨

　　王炜常：《浙江学刊》1992 年第 4 期

越国固陵城考

　　林华东：《东南文化》1986 年第 2 期

越国固陵城考

　　林华东：《东南文化》（第三辑），江苏古籍出版社 1988 年版

吴越古城志

　　褚绍唐：《说文月刊》1943 年第 1 卷

楚、吴、越三都城综论

　　曲英杰：《东南文化》1992 年第 6 期

吴越城址探研

　　林华东：《东方博物》（第 2 辑），杭州大学出版社 1998 年版

越文化发端于义乌勾乘山

　　翁本忠：《绍兴文理学院报·越文化研究》2007 年第 23 期

勾践国都勾乘山献疑

　　邹逸麟：《绍兴文理学院报·越文化研究》2007 年第 25 期

太湖地区的"石室土墩"——和长城同样古老的我国古代军事建筑物

　　吴兵：《百科知识》1984 年第 9 期

试释江南一带的所谓"烽燧墩"——关于穴、窟、覆的实物例证

　　张英霖：《苏州大学学报》1986 年第 4 期

从绍兴出土文物看越人的重耕战精神

　　董忠耿：《中国柯桥·越国文化高峰论坛文集》，浙江人民出版社
2011 年版

吴越兵器

　　顾颉刚：《史林杂识》（初编），中华书局 1963 年版

越人的青铜工具和武器

　　吴绵吉：《百越史论集》，云南民族出版社 1989 年版

试论吴、越青铜兵器

　　肖梦龙：《国际百越文化研究》，中国社会科学出版社 1994 年版

越国的青铜农具和兵器

　　沈作霖：《越文化研究文集》，中华书局 2001 年版

吴越兵器与陶鬲

　　卫聚贤：《古代文化》1937 年第 19 期

先秦越人的青铜钺

　　蒋廷瑜：《广西民族研究》1985 年第 1 期

古越不用战车考

　　陶元珍：《志林》第 4 卷，1943 年 1 月

古越阁藏中国古兵三题

　　杨泓：《文物》1994 年第 12 期

内越、外越考

　　傅举有：《百越史研究》，贵州人民出版社 1987 年版

外越与澎湖、台湾

　　蒙文通：《越史丛考》，人民出版社 1983 年版

越人迁徙考

　　蒙文通：《越史丛考》，人民出版社 1983 年版

越王勾践子孙移闽考

　　王新民：《福建文化》第 2 卷第 1 期，1944 年

漫说秦皇游越

　　任桂全：《绍兴史志》2003 年第 3 期

秦始皇东巡会稽与江南运河的开凿

　　张承宗、李家钊：《浙江学刊》2000 年第 5 期

秦望山与会稽刻石

　　赵新文：《浙江日报》1979 年 6 月 24 日

试论越国兴亡的原因

　　何信恩：《2002 年绍兴越文化国际学术研讨会论文集》，浙江古籍出版社 2006 年版

"生聚教训"时期的越国精神

　　陈荣昌：《越文化研究文集》，中华书局 2001 年版

吴越崛起的根本原因

　　董楚平：《中国越学》（第三辑），中央编译出版社 2011 年版

初议楚国人才流入越国及其影响

　　黄舟松：《中国柯桥·越国文化高峰论坛文集》，浙江人民出版社2011年版

龙游石窟：两千年前的战备基地

　　董楚平：《寻根》1999年第4期

龙游石窟是古代大型的秘密战备工程

　　陆民：《姑蔑历史文化论文集》，人民日报出版社2004年版

龙游地下巨型石窟群探秘

　　毛立波：《海内与海外》1999年第2期

浙江龙游石窟"天马行空"图年代考

　　曹定云：《东方博物》（第16辑），浙江大学出版社2005年版

"龙游石窟"开凿目的蠡测

　　徐勇：《姑蔑历史文化论文集》，人民日报出版社2004年版

龙游石窟的环境特征

　　李黎、［日］谷本亲伯：《敦煌研究》2005年第4期

龙游地下石窟群研究综述

　　姜鹏：《浙江师范大学学报》（社会科学版）1998年第6期

（三）经济

试论春秋战国时代于越的社会经济

　　辛土成：《中国社会经济史研究》1982年第2期

浙江于越经济考

　　王克旺、唐乐平：《丽水师专学报》1986年第1期

古代于越族社会经济的发展路径和越文化的特质

　　兰新让：《中国传统文化与越文化》，人民出版社2004年版

越国复兴时期的城邦式经济体系

　　封晓东：《中国越学》（第三辑），中央编译出版社2011年版

春秋战国之际吴越的经济形态

　　王文清：《江海学刊》1990年第3期

春秋霸政的经济基础

　　冯庆余：《社会科学辑刊》1990年第3期

关于古代越国霸业兴衰的经济分析

　　兰新让：《绍兴文理学院学报》2005 年第 4 期

古代东南越人土地制度初探

　　林蔚文：《中南民族学院学报》1988 年第 6 期

稻作渔捞的生产方式与吴越文化的个性特征

　　郑土有：《浙江学刊》1989 年第 3 期

河姆渡文化与越国经济发展

　　乐承耀：《河姆渡文化新论》，海洋出版社 2002 年版

浙江古代经济史综论

　　林正秋：《浙江经济文化史研究》，浙江古籍出版社 1989 年版

论三国以前浙江开发中的几个问题

　　王志邦、黄佩芳：《浙江学刊》1986 年第 5 期

春秋战国至六朝时期长江下游经济马鞍形发展的思考

　　庄辉明：《江海学刊》1993 年第 3 期

蛛丝马迹　纤毫再现——从皖南土墩墓看商周时期古代先民的经济生活

　　支小勇：《东南文化》2005 年第 4 期

武夷山地区自然环境对古越人的生活习俗和经济活动的影响

　　刘诗中：《百越民族史论丛》，广西人民出版社 1985 年版

先秦时期太湖流域的开发

　　应沪岳：《历史教学问题》1991 年第 4 期

浙江聚落：起源、发展与遗存

　　徐建春：《浙江社会科学》2001 年第 1 期

越地聚落发展的轨迹

　　陈新宇：《越文化研究通讯》2000 年第 18 期

历史时期绍兴地区聚落的形成与发展

　　陈桥驿：《地理学报》1980 年第 1 期

历史时期绍兴地区聚落的形成与发展

　　陈桥驿：《吴越文化论丛》，中华书局 1999 年版

历史时期绍兴城市的形成和发展

　　陈桥驿：《绍兴学刊》1991 年第 2 期

历史时期绍兴城市的形成与发展

　　陈桥驿：《吴越文化论丛》，中华书局 1999 年版

历史时期绍兴城市的形成与发展

　　陈桥驿：《纪念顾颉刚学术论文集》（下册），巴蜀书社 1990 年版

历史时期宁绍平原城市的起源

　　乐祖谋：《中国历史地理论丛》（第三辑），陕西人民出版社 1988 年版

绍兴历史人口与环境关系分析

　　陈坤木：《绍兴学刊》2003 年第 6 期

浙江二千年人口的发展

　　林正秋：《杭州师院学报》1988 年第 5 期

浙江二千年人口发展初探

　　林正秋：《浙江经济文化史研究》，浙江古籍出版社 1989 年版

春秋战国时期越王句践的人口思想和人口政策

　　李志庭：《杭州大学学报》1997 年第 3 期

越国人口蠡测

　　孟文镛：《绍兴文理学院报·越文化研究》2008 年第 33 期

古代东南越人农业经济考略

　　林蔚文：《中南民族学院学报》1987 年第 3 期

从考古学上观察“于越”的农业经济

　　刘翔：《农业考古》1988 年第 2 期

吴越农业初论

　　林华东：《农业考古》1988 年第 2 期

吴越农业初论（续）

　　林华东：《农业考古》1989 年第 2 期

越族原始农业的起源

　　李富强：《广西民族研究》1989 年第 4 期

百越农业对后世农业的影响

　　游修龄：《浙江学刊》1990 年第 6 期

百越农业对后世农业的影响

　　游修龄：《国际百越文化研究》，中国社会科学出版社 1994 年版

《绍兴农业发展史略》序

　　　陈桥驿：《吴越文化论丛》，中华书局 1999 年版

古越鸟文化与农业经济初探

　　　徐日晖：《百越文化研究》，厦门大学出版社 2005 年版

古代越国的农耕工具

　　　沈作霖：《农业考古》1984 年第 2 期

越国的青铜农具和兵器

　　　沈作霖：《越文化研究文集》，中华书局 2001 年版

中国古代社会使用青铜农器问题的初步研究

　　　唐兰：《故宫博物院院刊》（第 2 期），文物出版社 1960 年版

从青铜镈看吴越地区的水田耕作技术

　　　石奕龙：《2002 年绍兴越文化国际学术研讨会论文集》，浙江古籍
出版社 2006 年版

青铜镈性质用途考略

　　　徐定水：《农业考古》1993 年第 3 期

吴越农耕技术述略

　　　王结华：《东方文明之韵——吴文化国际学术研讨会论文集》，岭南
美术出版社 2000 年版

历史上浙江省的山地垦殖与山林破坏

　　　陈桥驿：《中国社会科学》1983 年第 4 期

宁绍地区耕地拓殖史述略

　　　成岳冲：《宁波师院学报》1991 年第 1 期

古代鉴湖兴废与山会平原农田水利

　　　陈桥驿：《地理学报》1962 年第 3 期

古代鉴湖兴废与山会平原农田水利

　　　陈桥驿：《吴越文化论丛》，中华书局 1999 年版

古代绍兴地区天然森林的破坏及其对农业的影响

　　　陈桥驿：《地理学报》1965 年第 2 期

古代绍兴地区天然森林的破坏及其对农业的影响

　　　陈桥驿：《吴越文化论丛》，中华书局 1999 年版

论历史时期宁绍平原的湖泊演变

　　陈桥驿：《地理研究》1984 年第 3 期

论历史时期宁绍平原的湖泊演变

　　陈桥驿：《吴越文化论丛》，中华书局 1999 年版

古越族的稻作农业

　　刘清荣：《农业考古》1992 年第 1 期

太湖地区稻作起源及其传播和发展问题

　　游修龄：《太湖地区农史论文集》，中国农业遗产研究室 1985 年版

百越人与中国稻作文化

　　彭世奖：《国际百越文化研究》，中国社会科学出版社 1994 年版

越族和稻作起源的新思考

　　游修龄：《2002 年绍兴越文化国际学术研讨会论文集》，浙江古籍
出版社 2006 年版

吴越地区的稻作经济与民间习俗

　　蔡丰明：《越文化研究文集》，中华书局 2001 年版

百越族对桑麻苎葛棉种植业的重大贡献

　　李科友：《农业考古》1988 年第 2 期

春秋战国吴、越史料中的植物

　　俞为洁：《浙学、秋瑾、绍兴师爷研究》，人民出版社 2008 年版

赤米考

　　俞为洁：《农业考古》2005 年第 1 期

蓼之食用史

　　俞为洁：《吴文化博览》2007 年第 4 期

"勾践种兰渚山"之"兰"考

　　俞为洁：《东方博物》（第 24 辑），浙江大学出版社 2007 年版

关于"勾践种兰渚山"

　　马性远：《绍兴学刊》2005 年第 5 期

吴越水利初论

　　林华东：《国际百越文化研究》，中国社会科学出版社 1994 年版

绍兴水利史概论

　　陈桥驿：《鉴湖与绍兴水利》，中国书店 1991 年版

绍兴水利史概论

　　陈桥驿：《吴越文化论丛》，中华书局 1999 年版

绍兴水利史概要

　　陈桥驿：《绍兴学刊》1990 年夏季号

绍兴水利概论

　　邱志荣：《鉴水流长》，新华出版社 2002 年版

绍兴古代水利史略

　　陆敬严、刘大申：《江西文物》1991 年第 1 期

越国富中大塘和吴塘小考

　　林华东：《浙江学刊》1988 年第 6 期

越国大型水利工程富中大塘考

　　葛国庆：《绍兴学刊》2004 年第 5 期

越国大型水利工程富中大塘考

　　葛国庆：《越文化研究通讯》2004 年第 11 期

富中大塘

　　邱志荣：《鉴水流长》，新华出版社 2002 年版

古越吴塘考述

　　邱志荣、陈鹏儿、沈寿刚：《中国农史》1989 年第 3 期

古越吴塘考述

　　邱志荣：《鉴水流长》，新华出版社 2002 年版

春秋绍兴的地理环境与水利建设

　　陈鹏儿、沈寿刚、邱志荣：《历史地理》1990 年第 8 期

春秋绍兴水利初探

　　陈鹏儿、沈寿刚、邱志荣：《鉴湖与绍兴水利》，中国书店 1991
年版

秦始皇东巡会稽与江南运河的开凿

　　张承宗、李家钊：《浙江学刊》1999 年第 6 期

浙东运河的变迁

　　陈桥驿：《吴越文化论丛》，中华书局 1999 年版

我国最早的人工运河之一——山阴古水道

　　盛鸿郎、邱志荣：《鉴湖与绍兴水利》，中国书店 1991 年版

山阴古水道

　　邱志荣:《鉴水流长》,新华出版社 2002 年版

坡塘轶闻

　　盛鸿郎、邱志荣:《中国水利报》1992 年 10 月 7 日

南池寻考——范蠡养鱼池纪略

　　盛鸿郎、邱志荣:《中国水利报》1992 年 7 月 4 日

坡塘

　　邱志荣:《鉴水流长》,新华出版社 2002 年版

南池

　　邱志荣:《鉴水流长》,新华出版社 2002 年版

范蠡南池养鱼考评

　　张春克:《中国农史》1992 年第 2 期

古代东南越人建筑业述略

　　林蔚文:《中央民族学院学报》1985 年第 4 期

绍兴越国建筑文化考古资料概述

　　梁志明:《越文化研究通讯》2000 年第 14 期

绍兴越国建筑文化考古资料概述

　　梁志明:《越文化研究文集》,中华书局 2001 年版

越国建筑新探

　　钟月宝:《越文化研究通讯》2002 年第 5 期

越国建筑新探

　　钟越宝:《东方博物》(第 12 辑),浙江大学出版社 2004 年版

从印山越王陵木椁墓室看越国春秋时期建筑实例

　　高幸江、梁志明:《中国柯桥·越国文化高峰论坛文集》,浙江人
民出版社 2011 年版

越地建筑文化遗产的价值讨论

　　朱光亚:《中国柯桥·越国文化高峰论坛文集》,浙江人民出版社
2011 年版

先秦建筑文化的发展及其审美特征

　　束有春:《东南文化》1999 年第 3 期

浙江绍兴出土战国铜质房屋模型

　　《文物》1984 年第 1 期

绍兴出土一座铜质房屋模型——为研究春秋战国时期居民生活提供了宝贵资料

　　张晓明：《文汇报》1982 年 4 月 20 日

战国的铜房屋模型

　　方遒：《历史教学》（高校版）1993 年第 5 期

试论越国陶瓷业的大发展

　　周燕儿：《南方文物》1995 年第 1 期

原始青瓷与古越文明

　　沈琼华：《瓷之源——德清原始瓷窑址考古成果暨原始瓷精品展》，中国文化艺术出版社 2009 年版

从原始青瓷到早期青瓷及其与印纹陶的关系

　　彭适凡：《争鸣》1984 年第 2 期

绍兴出土的东周印纹陶和原始青瓷器

　　周燕儿、李志祥：《中国柯桥·越国文化高峰论坛文集》，浙江人民出版社 2011 年版

硬陶文化的比较研究

　　顾幼静：《东方博物》（第 31 辑），浙江大学出版社 2009 年版

浙江地区原始青瓷窑场与越窑场兴衰的社会机制

　　王光尧：《2007’中国越窑高峰论坛论文集》，文物出版社 2008 年版

越窑瓷器与地理人文环境

　　施祖青：《东方博物》（第 10 辑），浙江大学出版社 2004 年版

越窑研究综述

　　沈岳明：《2007’中国越窑高峰论坛论文集》，文物出版社 2008 年版

绍兴越窑初探

　　周燕儿：《南方文物》2004 年第 1 期

再论瓷器起源

　　李刚：《东南文化》1990 年第 1、2 期

瓷器起源新说

　　毛兆廷:《东南文化》1991 年第 3、4 期

中国瓷器的起源

　　董琦:《南方文物》2001 年第 1 期

中国黑瓷创烧时代及地点新说

　　俞天舒:《东南文化》1989 年第 6 期

古代龙窑研究

　　李刚:《东方博物》(第 12 辑),浙江大学出版社 2004 年版

浙江古陶瓷的发现与探索

　　阮平尔:《东南文化》1989 年第 6 期

浙江商周原始瓷

　　郑建明:《瓷之源——德清原始瓷窑址考古成果暨原始瓷精品展》,
中国文化艺术出版社 2009 年版

浙江德清出土的原始青瓷器——兼谈原始青瓷器生产和使用中的若干
问题

　　姚仲源:《文物》1982 年第 4 期

浙江德清战国原始青瓷制作工艺初探——江苏无锡鸿山越国贵族墓原始
青瓷器的产地

　　朱建明:《中国古陶瓷研究》(第十二辑)2006 年

浙江德清战国原始青瓷制作工艺初探——江苏无锡鸿山越国贵族墓原始
青瓷器的产地

　　朱建明:《探索中国瓷之源——德清窑》,西泠印社出版社 2009
年版

试论鸿山越墓彩绘琉璃釉陶器的工艺及其渊源

　　夏晓伟:《中国柯桥·越国文化高峰论坛文集》,浙江人民出版社
2011 年版

论商周时期原始瓷器的区域特征

　　杨楠:《文物》2000 年第 3 期

浙江绍兴市发现的印纹硬陶器和原始青瓷器

　　绍兴市文物管理处:《考古》1996 年第 4 期

绍兴出土越国原始青瓷的初步研究

　　周燕儿:《考古与文物》1996 年第 6 期

绍兴出土的印纹硬陶与原始青瓷器

　　周燕儿、蔡晓黎:《东方博物》(第 14 辑),浙江大学出版社 2005年版

谈绍兴出土的印纹陶与原始青瓷

　　蒋明明:《南方文物》2001 年第 1 期

浙北东苕溪流域的古代越国瓷业——兼谈早期越国都邑及青瓷的起源

　　朱建明:《南方文物》2009 年第 2 期

浙北东苕溪流域的古代越国瓷业——兼谈早期越国都邑及青瓷的起源

　　朱建明:《探索中国瓷之源——德清窑》,西泠印社出版社 2009年版

《探索中国瓷之源——德清窑》序言

　　朱伯谦:《探索中国瓷之源——德清窑》,西泠印社出版社 2009年版

原始青瓷与吴越两国的关系

　　浙江省博物馆:《瓷之源——德清原始瓷窑址考古成果暨原始瓷精品展》,中国文化艺术出版社 2009 年版

原始青瓷的发展与普及

　　浙江省博物馆:《瓷之源——德清原始瓷窑址考古成果暨原始瓷精品展》,中国文化艺术出版社 2009 年版

古越瓷都——越文化考古的重要发现

　　朱媛、朱建明:《中国柯桥·越国文化高峰论坛文集》,浙江人民出版社 2011 年版

德清古代窑业的考古发现与研究综述

　　袁华:《东方博物》(第 34 辑),浙江大学出版社 2010 年版

古代越族青铜文化

　　何介钧、何纪生:《湖南考古辑刊》(第 3 辑),岳麓书社 1985年版

越国青铜文化概述

　　钟月宝:《越文化研究通讯》2000 年第 18 期

论江南周代青铜文化

　　刘建国:《东南文化》1994 年第 3 期

从文献记载看越国的青铜冶铸业

　　钟越宝:《南方文物》1994 年第 4 期

古代东南越人的铜铁冶铸业

　　林蔚文:《中南民族学院学报》1986 年第 2 期

商周时期古越人的矿冶技术

　　姚方妹:《南方文物》1994 年第 4 期

浙江出土商周青铜器初论

　　曹锦炎:《东南文化》1989 年第 6 期

浙江出土商周青铜器初论

　　曹锦炎:《吴越历史与考古论丛》,文物出版社 2007 年版

吴、越、徐青铜器概述

　　李国樑:《中国青铜器全集》(第 11 卷),文物出版社 1997 年版

吴越青铜技术考察报告

　　谭德睿、黄龙、万俐:《吴越地区青铜器研究论文集》,香港两木
出版社 1997 年版

中国南方和东南亚古代铜鼓铸造技术探讨

　　江瑜:《考古》2008 年第 6 期

吴越地区土墩墓青铜器研究中的几个问题

　　周亚:《吴越地区青铜器研究论文集》,香港两木出版社 1997 年版

长江下游土墩墓出土青铜器的研究

　　马承源:《上海博物馆集刊》(第 4 期),上海古籍出版社 1987
年版

非中原地区青铜器研究的几个问题

　　李学勤:《东南文化》1988 年第 5 期

春秋刻纹铜器初论

　　刘建国:《东南文化》1988 年第 5 期

精美的吴越青铜剑和矛——兼论楚和越的关系

　　陈振裕:《江陵望山沙冢楚墓》,文物出版社 1995 年版

绍兴发现一批越国青铜器

　　蔡晓黎：《南方文物》1994 年第 4 期

绍兴出土的越国青铜器

　　沈作霖：《百越民族研究》，江西教育出版社 1990 年版

绍兴西施山遗址出土文物研究

　　刘侃：《东方博物》（第 31 辑），浙江大学出版社 2009 年版

绍兴出土青铜器的再认识

　　刘侃：《中国柯桥·越国文化高峰论坛文集》，浙江人民出版社 2011 年版

我国两周时期的越式鼎

　　彭浩：《湖南考古辑刊》（第 2 辑），岳麓书社 1984 年版

越式鼎溯源

　　叶文宪：《东南文化》1988 年第 6 期

浙江长兴发现西周铜鼎

　　长兴县革委会报道组：《文物》1977 年第 9 期

记上海博物馆所藏越族青铜器

　　陈佩芬：《上海博物馆集刊》（第 4 期），上海古籍出版社 1987 年版

论屯溪出土的青铜器

　　张长寿：《吴越地区青铜器研究论文集》，香港两木出版社 1998 年版

吴越地区土墩墓青铜器研究中的几个问题——从安徽屯溪土墩墓部分青铜器谈起

　　周亚：《吴越地区青铜器研究论文集》，香港两木出版社 1998 年版

安徽铜陵地区先秦青铜文化简论

　　张国茂：《东南文化》1991 年第 2 期

越、干越与闽越青铜文化

　　徐心希：《追寻中华古文明的踪迹——李学勤先生从事学术活动五十年纪念文集》，复旦大学出版社 2002 年版

论扬越、干越和于越族对我国青铜文化的杰出贡献

　　彭适凡：《东南文化》1991 年第 5 期

略论扬越、干越和于越对我国冶金术的杰出贡献

　　彭适凡：《国际百越文化研究》，中国社会科学出版社 1994 年版

越人矿冶技术的起源与成就及其对楚国科学技术的贡献

　　后德俊：《东南文化》1996 年第 3 期

中国南方青铜器暨殷商文明国际学术研讨会纪要

　　彭适凡、许智范：《南方文物》1994 年第 1 期

浙江上虞市银山冶炼遗址调查

　　章金焕：《考古》1993 年第 3 期

昆山盛庄青铜器熔铸遗址考察

　　陈兆弘：《苏州文物资料选编》1980 年版

王朝势力的南下与江南古铜矿

　　德俊：《南方文物》1996 年第 1 期

皖南古铜矿初步考察与研究

　　相立新：《文物研究》（第 3 辑），黄山书社 1988 年版

皖南古铜矿冶炼产物的输出路线

　　秦颖、王昌燧等：《文物》2002 年第 5 期

试论中国青铜时代锡矿的来源

　　廖苏平：《南方文物》2002 年第 2 期

安徽亳州市战国铸铜遗址

　　侯永：《考古》2001 年第 7 期

安徽亳州市北关战国铸铜遗址

　　侯永：《考古》2001 年第 8 期

安徽铜陵市古代铜矿遗址调查

　　安徽省文物考古研究所、铜陵市文物管理所：《考古》1993 年第 6 期

"吴头楚尾"地带古铜矿年代及其族属考

　　彭适凡、程应林、詹开逊：《百越民族研究》，江西教育出版社 1990 年版

贵池东州铜锭的分析研究——中国始用硫化矿炼铜的一个线索

　　张敬国、华觉明：《自然科学研究》1985 年第 2 期

皖南出土青铜器研究

　　管丹平、朱华东:《东方博物》(第 31 辑),浙江大学出版社 2009
年版

中国古代铁制兵器先行于南方考

　　朱希祖:《清华学报》第 5 卷第 1 期,1928 年

关于中国古代用铁的研究

　　王兴瑞:《现代史学》第 1 卷第 2 期,1933 年

战国时期的重要铜铁器

　　王士伦:《浙江日报》1959 年 7 月 20 日

越国青铜剑

　　高军:《守望者说》,上海社会科学院出版社 2002 年版

话说越国青铜剑

　　高军:《越文化研究通讯》2010 年第 1 期

越国具铭剑述略

　　孟文镛:《中国越学》(第三辑),中央编译出版社 2011 年版

古越剑兴盛原因初探

　　葛敏明:《绍兴文理学院报·越文化研究》2005 年第 5 期

论中国南方春秋战国时代的青铜剑

　　詹开逊:《南方文物》1995 年第 1 期

吴越青铜兵器技术三绝

　　谭德睿、廉海萍等:《东方文明之韵——吴文化国际学术研讨会论
文集》,岭南美术出版社 2000 年版

东周铜兵器菱形纹饰技术研究

　　谭德睿、廉海萍等:《考古学报》2000 年第 1 期

吴越菱形纹饰铜兵器技术初探

　　谭德睿、廉海萍等:《南方文物》1994 年第 2 期

古代铜兵器的成分及有关铸造技术

　　陈佩芬:《上海博物馆集刊》(第 1 期),上海古籍出版社 1981 年版

失蜡工艺的起源与失蜡铸造的工艺特征——兼谈失蜡工艺问题研究的进
展与意义

　　周卫荣:《南方文物》2009 年第 4 期

揭开古剑的不锈之谜

　　朱寿康：《科学画报》1978 年第 10 期

越王勾践剑不锈之谜

　　后德俊：《江汉考古》1980 年第 1 期

高超的冶炼技术——从越王勾践的宝剑谈起

　　《浙江日报》1979 年 1 月 15 日

越王剑的质子 X 光非真空分析

　　复旦大学静电加速器实验室：《复旦学报》（自然科学版）1979 年第 1 期

干将、莫邪的传说及演化

　　金永平：《国际百越文化研究》，中国社会科学出版社 1994 年版

关于干将、莫邪等宝剑的炼制方法

　　杨宽：《中国古代冶铁技术发展史》，上海人民出版社 2004 年版

春秋晚期吴越冶炼民俗刍议

　　顾希佳：《2002 年绍兴越文化国际学术研讨会论文集》，浙江古籍出版社 2006 年版

春秋晚期吴越冶炼民俗刍议

　　顾希佳：《杭州师院学报》2002 年第 5 期

欧冶子铸剑与遗址考

　　陈华建：《2002 年绍兴越文化国际学术研讨会论文集》，浙江古籍出版社 2006 年版

剑灶探究

　　沈长轩：《乡土绍兴》2010 年试刊号

浙江出土丝绸文物概述

　　孙文兔：《丝绸史研究》1986 年第 1 期

丝绸起源的文化契机

　　赵丰：《东南文化》1996 年第 1 期

浙江省博物馆新入藏越王者旨於赐剑笔谈

　　赵丰：《文物》1996 年第 4 期

浙江蚕丝业的起源

　　《浙江丝绸》史料编辑室整理：《浙江丝绸》1962 年第 3 期

浙江丝绸业溯源

　　　吴越：《学习与思考》1984 年第 12 期

春秋时期的浙江丝绸业

　　　《浙江丝绸》史料编辑室：《浙江丝绸》1962 年第 4 期

释"岛夷卉服，厥篚织贝"——兼谈南方少数民族对我国古代棉纺织业
的贡献

　　　容观夐：《容观夐人类学民族学文集》，民族出版社 2003 年版

民族考古视野下的"岛夷卉服"

　　　吴春明：《跨湖桥文化论集》，人民出版社 2009 年版

古代越人竹木漆器手工业略论

　　　林蔚文：《民族研究》1992 年第 5 期

战国时期淮河流域手工业述论

　　　李修松、张宪平：《东南文化》1999 年第 2 期

江南地区史前木器初探

　　　谢仲礼：《东南文化》1993 年第 6 期

绍兴酒具初探

　　　王佐才、王向华：《南方文物》1994 年第 4 期

古代越人酿酒制盐略论

　　　林蔚文：《中南民族学院学报》1990 年第 6 期

饮茶文化创始于中国古越人

　　　陈珲：《民族研究》1992 年第 2 期

越国商品经济概论

　　　李永鑫：《越文化研究通讯》2000 年第 15 期

越国商品经济略论

　　　李永鑫：《越文化研究文集》，中华书局 2001 年版

越国的商业

　　　方杰：《浙江社会科学》1995 年第 1 期

用商品经济的眼光去看古代越国史

　　　周尚全：《2002 年绍兴越文化国际学术研讨会论文集》，浙江古籍
出版社 2006 年版

兴越国，功在商贾

　　周尚全：《绍兴师专学报》1992 年第 2 期

从考古发掘材料看浙江的商业起源

　　王心喜：《商业经济与管理》2000 年第 1 期

中国贝货之由来与吴越民族之关系

　　蒋玄怡：《说文月刊》第 1 卷第 4 期，1939 年

建国以来浙江先秦货币的发现和相关问题的探讨

　　陈浩：《浙江金融》1986 年《钱币专辑》

越国货币形态的考察

　　陈浩：《南方文物》1992 年第 3 期

试论越国货币形态

　　陈浩：《国际百越文化研究》，中国社会科学出版社 1994 年版

越国铸币及其命名

　　边光华：《绍兴学刊》1997 年第 1 期

绍兴发现越国青铜铸币——戈币

　　边光华：《中国钱币》1996 年第 4 期

从迪荡新城出土的青铜块等试探越国货币

　　陈峰：《绍兴文博》（第八辑），绍兴博物馆 2008 年版

越国早期的原始货币——稻谷、布帛、陶和珠玉

　　边光华：《绍兴学刊》2008 年第 2 期

江南行随笔三则——曹魏五铢、十国吴越铅开元钱和早期青铜货币的
考察

　　戴志强：《中国钱币》1997 年第 3 期

浙江海盐发现吴国青铜块

　　周荣先：《中国钱币》1985 年第 4 期

对吴国的称量货币——青铜块的探讨

　　徐永年：《中国钱币》1983 年第 3 期

从"铜钿壳币"谈起——试探福建古代货币的演进变革

　　黄庆卫、李琼霖：《福建钱币》第 2 期

仙居发现窖藏青铜器

　　金福明、王子芳：《中国文物报》1988 年 8 月 12 日

吴越舟楫考

　　林华东:《东南文化》1986 年第 1 期

吴越舟楫考

　　林华东:《东南文化》(第二辑),江苏古籍出版社 1987 年版

吴越舟楫与航海

　　林华东:《广西民族研究》1988 年第 3 期

试论我国先秦时期的造船业

　　林华东:《中国水运史研究》1989 年第 2 期

古代东南越人的造船业

　　李少明:《中国社会经济史研究》1990 年第 2 期

论秦代以前越族船舶制造业的发展

　　林琳:《中央民族大学学报》1997 年第 4 期

论秦汉时期越族船舶制造业的发展

　　林琳:《贵州民族研究》1999 年第 4 期

古越族的舟船文化与中华木帆船的形成

　　陈延杭:《海交史研究》1991 年第 2 期

一把印有航海活动的铜钺

　　庄为玑:《航海》1984 年第 3 期

从大翼舟说越人造船

　　于金良:《中国水运报》2010 年 9 月 6 日

《越绝书》“戈船”释义

　　曹锦炎:《文史》第 36 辑,中华书局 1992 年版

《越绝书》“戈船”释义

　　曹锦炎:《吴越历史与考古论丛》,文物出版社 2007 年版

慈溪达蓬山为徐福东渡启航地的考证

　　章均立:《浙东文化》1995 年第 1 期

宁海县古代海外交流史综合考证

　　滕延振:《浙东文化》1997 年第 2 期

古代浙江的海上交通

　　鲍志成:《浙江方志》1991 年第 5 期

古代东南越地水陆交通的开拓

　　林蔚文：《广西民族研究》1988 年第 1 期

于越的海上远航

　　孟文镛：《越文化实勘研究论文集》，中华书局 2005 年版

从江南出发的海上通道

　　[日] 古川春雄：《中国（岱山）徐福东渡节暨徐福文化国际研讨
会论文集》2004 年版

先秦时代中国江南和朝鲜半岛海上交通初探

　　毛昭晰：《东方博物》（第 10 辑），浙江大学出版社 2004 年版

楚越通道综合考察

　　郭仁成、戴亚东：《求索》1985 年第 4 期

"吴城邗沟，通江、淮"考辨

　　王文清：《中国柯桥·越国文化高峰论坛文集》，浙江人民出版社
2011 年版

秦始皇东巡会稽与江南运河的开凿

　　张承宗、李家训：《浙江学刊》1999 年第 6 期

中国风帆探源

　　林华东：《海交史研究》1986 年第 2 期

中国风帆出现的时代

　　文尚光：《武汉水运工程学院学报》1983 年第 2 期

也论中国樯帆之始

　　杨棕：《海交史研究》1989 年第 1 期

中国古代的独木舟和木船的起源

　　戴开元：《船史研究》1985 年第 1 期

淹城出土独木舟修复

　　周健林、赵玉泉、壮宏亮：《东南文化》1999 年第 3 期

铜鼓上的船纹是越海船吗

　　石钟健：《贵州社会科学》1981 年第 6 期

擅长航海的"船棺"墓主

　　林蔚文：《航海》1983 年第 5 期

古代中国与印度太平两洋的戈船

　　凌纯声：《中央研究院民族学研究所集刊》1968 年第 26 期

中国古代与太平洋区的方舟与楼船

　　凌纯声：《中央研究院民族学研究所集刊》1969 年第 28 期

中国远古与太平印度两洋的帆筏戈船方舟和楼船的研究

　　凌纯声：《中央研究院民族学研究所专刊》1970 年第 16 号

中国东南与太平洋的史前交通工具

　　吴春明：《南方文物》2008 年第 2 期

（四）文化

古代越族的文化

　　罗香林：《吴越文化论丛》，上海文艺出版社 1990 年影印本

古代越族文化考

　　罗香林：《百越源流与文化》，台湾中华丛书编审委员会 1955 年版

吴越的文化艺术

　　王文清：《百越史论集》，云南民族出版社 1989 年版

于越的文学艺术

　　孟文镛：《绍兴越文化》，中华书局 2004 年版

春秋越国思想考释

　　李石民：《绍兴学刊》1995 年第 2 期

春秋越国思想考释（续）

　　李石民：《绍兴学刊》1995 年第 3 期

吴越思想文化论

　　杨建华：《东南文化》1989 年第 3 期

漫话越国的教育活动

　　蒋传觉：《越文化研究通讯》2003 年第 3 期

夏、越、汉语言与文化简论

　　罗漫：《东南文化》1992 年第 3、4 期

夏、越、汉：语言与文化漫笔

　　罗漫：《国际百越文化研究》，中国社会科学出版社 1994 年版

试论百越民族的语言

　　韦庆稳：《百越民族史论集》，中国社会科学出版社1982年版

古百越语言在今闽、客族群中的遗存——以词源学为例

　　邓晓华：《龙虎山崖葬与百越民族文化》，吉林人民出版社2001年版

闽语辨踪

　　赵日和：《福建文博》1984年第2期

吴越方言艺术研究方法浅论

　　〔韩〕郑有善：《中国传统文化与越文化》，人民出版社2004年版

吴语形成之考古学背景

　　钟翀：《越文化实勘研究论文集》，中华书局2005年版

古代越族方言考

　　罗香林：《百越源流与文化》，台湾中华丛书编审委员会1955年版

从语言化石看吴越人东渡日本

　　夏恒翔、孟宪仁：《辽宁大学学报》1987年第4期

华夷译语中越语部分之研究安南译语考释（上）

　　陈荆和：《台湾大学文学院文史哲学报》1953年第5期

华夷译语中越语部分之研究安南译语考释（下）

　　陈荆和：《台湾大学文学院文史哲学报》1953年第6期

姑苏考

　　周生春：《杭州大学学报》1979年第1、2期

古越语地名初探——兼与周生春同志商榷

　　周振鹤、游汝杰：《复旦学报》（社会科学版）1980年第4期

汉语南方方言中的古越语底层研究

　　李心释、吕军伟：《广西大学学报》（哲学社会科学版）2010年第1期

南方汉语古越语底层问题新探

　　龚群虎：《民族语文》2001年第3期

古越语地名考释

　　唐善纯：《地名知识》1991年第3期

古越语地名人名解义

　　郑张尚芳：《温州师范学院学报》1996 年第 4 期

浅谈越语的汉化

　　傅振照：《越风（2007）》，绍兴市越文化研究会 2007 年版

吴越青铜器铭文述编

　　曹锦炎：《古文字研究》第 17 辑，中华书局 1989 年版

吴越青铜器铭文集录简释

　　董楚平：《吴越文化新探》，浙江人民出版社 1989 年版

越国金文综述

　　董楚平：《杭州师范学院学报》1993 年第 2 期

鸟书考

　　容庚：《中山大学学报》1964 年第 1 期

鸟虫书论稿

　　马国权：《古文字研究》第 10 辑，中华书局 1983 年版

鸟虫书研究

　　曹锦炎：《于省吾教授百年诞辰纪念文集》，吉林大学出版社 1996 年版

鸟虫书的构形

　　曹锦炎：《鸟虫书通考》，上海书画出版社 1999 年版

论"女书"字符构成中反映的稻作文化现象及其与古越人的关系

　　谢志民：《龙虎山崖葬与百越民族文化》，吉林人民出版社 2001 年版

论女书构成与古越稻作文化

　　谢志民：《越文化研究通讯》2002 年第 5 期

仙居发现 2300 年前越民族文字

　　朱汉多、朱炳火：《越文化研究通讯》2004 年第 4 期

春秋战国书法论略

　　吴聿明：《东南文化》2000 年第 5 期

古越国之鸟虫书非篆体美术字考

　　章亮：《2002 年绍兴越文化国际学术研讨会论文集》，浙江古籍出版社 2006 年版

越人文字探索述略

　　　吴绵吉:《百越民族研究》，江西教育出版社 1990 年版

战国鸟书箴铭带钩考释

　　　李零:《古文字研究》（第八辑），中华书局 1983 年版

春秋南方青铜器铭文的一个特点

　　　李学勤:《吴越地区青铜器研究论文集》，香港两木出版社 1997
年版

浙江于越时期三种文学形式解

　　　龚剑锋:《东南文化》1988 年第 1 期

论浙江于越立国之前的文学

　　　龚剑锋:《东南文化》1989 年第 3 期

论浙江于越时期的诗歌

　　　龚剑锋:《社会科学论坛》1991 年第 4 期

吴越诗歌谣谚刍议

　　　金永平:《浙江社会科学》1989 年第 6 期

先秦古越诗词疏证

　　　刘亦冰:《越风（2008）》，西泠印社出版社 2008 年版

《越人歌》解读研究

　　　周溪流:《外语教学与研究》1993 年第 3 期

《越人歌》蠡测

　　　程泰:《江汉论坛》1995 年第 3 期

"榜泄越人歌"的译读及其有关问题

　　　白耀天:《广西民族研究》1985 年第 1 期

说《越人歌》

　　　祝注光:《学术论坛》1987 年第 5 期

"越人歌"与壮语的关系试探

　　　韦庆稳:《民族语文论集》，中国社会科学出版社 1981 年版

关于刘向:《说苑》第十一卷中的越歌

　　　［日］泉井久之助著，许罗莎译:《外国语言与文学》1983 年第
1 期

越人歌的解读

　　郑张尚芳：《语言研究论丛》（七），语文出版社 1997 年版

越人歌臆译

　　胡文炜：《绍兴文理学院报·越文化研究》2007 年第 24 期

《越人歌》今译

　　胡文炜：《越文化研究通讯》2007 年第 10 期

试解《越人歌》

　　张楚：《越文化研究通讯》1997 年第 5 期

绍兴诗歌文化述略

　　邹志方：《越文化研究通讯》2010 年第 11 期

绍兴戏曲的越文化渊源

　　王云根：《越文化研究通讯》2010 年第 11 期

古越族先民乐舞艺术表现形态摭述

　　谢涌涛：《戏剧艺术》1997 年第 1 期

古代南方越人音乐舞蹈略论

　　林蔚文：《民族研究》1989 年第 5 期

漫话越舞

　　王浩先：《越风（2009）》，中国戏剧出版社 2010 年版

吴越舞蹈文化属性论

　　吴露生：《国际百越文化研究》，中国社会科学出版社 1994 年版

吴越舞蹈文化嬗变中的关节点与发展高峰

　　吴露生：《中国民间文化》1994 年第 1 期

试论吴越民间舞蹈与稻作的关系

　　金天麟：《中国民间文化》1994 年第 1 期

吴越文化的宝贵音乐遗产：嘉善田歌

　　金梅：《中国音乐》1992 年第 3 期

从吴越神歌与萨满、傩的比较研究看吴越文化心理的地域特征

　　顾希佳：《浙江学刊》1999 年第 5 期

吴歈越吟——浙江民间歌曲概述

　　马骧：《东南文化》1989 年第 6 期

试论楚、越、吴歌谣之关系

　　刘旭青:《海峡两岸越文化研究》,人民出版社 2005 年版

吴越吟:浙江民间歌曲概述

　　马骧:《音乐理论研究》1989 年第 6 期

吴越民歌色彩溯源

　　马骧:《中国民间文化》1994 年第 1 期

吴越神歌艺术特征初探

　　顾希佳:《中国民间文化》1994 年第 1 期

吴越民俗和吴歌关系

　　后扬:《民间文艺季刊》1990 年第 2 期

吴越音乐文化述略——兼论其在先秦音乐美学思想发展中的作用

　　徐孟东:《国际百越文化研究》,中国社会科学出版社 1994 年版

"百越文化"中的音乐

　　冯明洋:《中国音乐学》1991 年第 3 期

越国乐器研究

　　费玲伢:《南方文物》2009 年第 2 期

绍兴出土春秋伎乐铜屋的乐器研究

　　周艳:《东方博物》(第 16 辑),浙江大学出版社 2005 年版

杂说林钟、句鑃、钲、铎

　　郭沫若:《殷周青铜器铭文研究》,人民出版社 1954 年版

越人及其后裔的铜鼓文化

　　蒋廷瑜:《越文化实勘研究论文集》(二),科学出版社 2008 年版

南方铜铎研究

　　毛颖:《东南文化》2004 年第 4 期

赣东北地区出土战国秦汉古越族铜铎初探

　　余庆民:《龙虎山崖葬与百越民族文化》,吉林人民出版社 2001 年版

论商周铜铙

　　高至喜:《湖南考古辑刊》第 3 辑,岳麓书社 1985 年版

论中国南方商周时期铜铙的型式、演变与年代

　　高至喜:《南方文物》1993 年第 2 期

中国南方出土商周铜铙概论

　　高至喜：《湖南考古辑刊》第 2 辑，岳麓书社 1984 年版

浙江磐安深泽出土一件云纹铙

　　赵一新：《考古》1987 年第 8 期

试论马鞍山青铜大铙的年代及其性质

　　王俊：《东南文化》2006 年第 3 期

介绍一件青铜铙

　　南波：《文物》1975 年第 8 期

介绍一件青铜铙

　　孙力楠：《文物》1998 年第 11 期

湖南宁乡老粮仓出土商代铜编铙

　　黄纲正、王自明：《文物》1997 年第 12 期

湖南宁乡出土商代大铜铙

　　李乔生：《文物》1997 年第 12 期

湖南益阳出土商代铜铙

　　湖南益阳市文物管理处：《文物》2001 年第 8 期

古代越族的乐器——錞于

　　傅举有：《民族研究》1983 年第 5 期

论錞于文化与东夷、百越的关系

　　刘建国：《百越民族研究》，江西教育出版社 1990 年版

中国古代錞于概论

　　熊传新：《中国考古学会第二次年会论文集》，文物出版社 1980
年版

湖南出土的古代錞于综述

　　熊传新：《考古与文物》1981 年第 4 期

錞于刍议

　　林奇：《江汉考古》1987 年第 4 期

连平县忠信乡彭山发现錞于和甬钟

　　《广东文博通讯》1978 年第 3 期

浙江绍兴市发现一件春秋铭文铜甬钟

　　蒋明明：《考古》2006 年第 7 期

绍兴发现两件青铜钩鑃

　　绍兴市文管会:《考古》1983 年第 4 期

都昌发现战国青铜句鑃

　　周振华:《江西文物》1989 年第 3 期

配儿钩鑃考释

　　沙孟海:《考古》1983 年第 4 期

句鑃浅谈

　　李龙章:《南越国史迹研讨会论文选集》,文物出版社 2005 年版

句鑃浅谈

　　刘宝山:《东南文化》2010 年第 5 期

日照地区出土的原始乐器考

　　李玉:《东南文化》2007 年第 2 期

关于越地所见玉石排箫的思考

　　张笑荣:《绍兴文博》第八辑,绍兴博物馆 2008 年版

漫话越乐

　　王浩先:《绍兴学刊》2008 年第 5 期

(五) 社会生活习俗

越国鸟图腾与鸟崇拜的若干问题

　　王士伦:《浙江学刊》1990 年第 6 期

越国鸟图腾和鸟崇拜的若干问题

　　王士伦:《国际百越文化研究》,中国社会科学出版社 1994 年版

再论越族的鸟图腾

　　林华东:《浙江学刊》1984 年第 1 期

谈古越族的图腾崇拜

　　许智范:《南方文物》1991 年第 1 期

越族的图腾

　　宜禾:《历史教学问题》1996 年第 6 期

我国东方沿海和东南地区古代文化中鸟类图像与鸟祖崇拜的有关问题

　　石兴邦:《中国原始文化论集——纪念尹达八十诞辰》,文物出版社
1989 年版

鸟图腾的滥觞——兼谈东夷文化
　　王惠德:《昭乌达蒙族师专学报》1990 年第 3 期
鸟图腾的民族考古研究
　　彭维斌:《中国柯桥·越国文化高峰论坛文集》,浙江人民出版社
2011 年版
鸟图腾的起源及崇拜对象——试论河姆渡文化之鸟图腾
　　俞为洁:《民俗研究》1990 年第 2 期
"鸟田"神话刍议
　　董楚平:《民族研究》1993 年第 2 期
鸟田考
　　陈龙:《百越民族史论丛》,广西人民出版社 1985 年版
鸟图腾及相关问题
　　王水根:《南方文物》1994 年第 1 期
鸟与赣人"神仙"观——再论《鸟图腾及相关问题》
　　王水根:《南方文物》2002 年第 3 期
"女书"字符中的崇鸟意识与古越人鸟图腾的关系
　　谢志民:《中南民族学院学报》2001 年第 6 期
鸟图腾崇拜与吴越地区的崇鸟文化
　　史延廷:《社会科学战线》1994 年第 3 期
吴越凤鸟神话论
　　杨建华:《浙江学刊》1990 年第 1 期
越人鸟田玄鸟舟舰和指南针
　　夏渌:《百越史论集》,云南民族出版社 1989 年版
蛇鸟共治的图腾氏族社会——越国新论之一
　　施放:《绍兴学刊》2005 年第 5 期
论我国古代越族的"蛇图腾"
　　吴永章:《百越民族史论丛》,广西人民出版社 1985 年版
蛇图腾探源
　　刘小燕:《百越民族研究》,江西教育出版社 1990 年版
古代越人信仰"蛇图腾"说质疑
　　陈剩勇:《福建论坛》1986 年第 5 期

几何印纹陶与古越族的蛇图腾崇拜

　　陈文华：《考古与文物》1981 年第 2 期

越族蛟图腾初探

　　周幼涛：《绍兴学刊》1990 年秋季号

越地"蛟龙"原型考

　　单小航：《中南民族学院学报》1990 年第 1 期

吴越鱼图腾考

　　蒋玄佁：《古代文化》1937 年第 15 期

龙：图腾——神

　　何星亮：《民族研究》1993 年第 2 期

从《山海经》中的龙图腾看越文化的分布

　　周幼涛：《越文化研究通讯》2000 年第 13 期

从《山海经》中的龙图腾看越文化的分布

　　周幼涛：《越文化研究文集》，中华书局 2001 年版

东夷、南蛮的图腾习俗

　　岑家梧：《国立中大现代文学》第 3 卷第 1 期，1936 年版

越国文化：信仰与民俗

　　周幼涛：《绍兴学刊》1994 年第 1 期

越国文化：信仰与民俗（续）

　　周幼涛：《绍兴学刊》1995 年第 1 期

越国文化：信仰与民俗（续二）

　　周幼涛：《绍兴学刊》1995 年第 6 期

越国文化：信仰与民俗（续完）

　　周幼涛：《绍兴学刊》1996 年第 3 期

对勾践"以丹书帛"的理解

　　俞为洁：《2002 年越文化国际学术研讨会论文集》，浙江古籍出版
社 2006 年版

有淫泆之嫌的氏族"寄婚制"婚姻——越国新论之二

　　施放：《绍兴学刊》2006 年第 1 期

越国婚姻制度探索

　　施放：《越文化研究通讯》2005 年第 1 期

关于吴越民族保留有从妻居婚的质疑

　　　石奕龙：《越文化研究文集》，中华书局 2001 年版

会稽"淫风"考

　　　林剑鸣：《历史研究》1995 年第 1 期

先秦吴、越国王墓址试探

　　　周生春、明旭：《浙江学刊》2003 年第 1 期

江浙沪地区战国墓分期初探

　　　田正标：《浙江省文物考古研究所学刊》，科学出版社 2009 年版

越国贵族墓葬制葬俗初步研究

　　　陈元甫：《东南文化》2010 年第 1 期

越国贵族墓随葬陶瓷礼乐器葬俗探论

　　　陈元甫：《中国柯桥·越国文化高峰论坛文集》，浙江人民出版社 2011 年版

越国贵族大墓出土玉器初探

　　　孙维昌：《中国柯桥·越国文化高峰论坛文集》，浙江人民出版社 2011 年版

吴越贵族墓葬的甄别研究

　　　张敏：《文物》2010 年第 1 期

绍兴越国时期墓葬简析

　　　陆菊仙：《中国柯桥·越国文化高峰论坛文集》，浙江人民出版社 2011 年版

土墩墓与吴越文化

　　　陈元甫：《东南文化》1992 年第 6 期

为江浙石室墓正名

　　　林华东：《浙江学刊》1986 年第 5 期

论太湖越族石室墓

　　　刘建国：《百越民族史论丛》，广西人民出版社 1985 年版

略论江浙地区石室墓的几个问题

　　　周大鸣：《南方文物》1996 年第 3 期

谈吴越之间的土墩石室

　　　朱季海：《吴越文化研究文集》，中山大学出版社 1988 年版

吴人土墩墓与越人石室土墩墓

　　叶文宪：《东方文明之韵——吴文化国际学术研讨会论文集》，岭南美术出版社 2000 年版

江浙地区的土墩石室

　　马承源：《中国考古学会第七次年会论文集》1989 年版

浙北土墩墓遥感考古研究

　　祝炜平、方起东：《人文地理》1999 年第 1 期

论江浙地区土墩石室的几个问题

　　黄建秋：《吴越文化研究文集》，中山大学出版社 1988 年版

东南地区吴越墓葬浅析——二谈吴越文化

　　李文、李宇：《南方文物》2003 年第 2 期

越人石室土墩墓与华南悬棺葬

　　叶文宪：《浙江社会科学》2003 年第 5 期

越人石室土墩墓与华南悬棺葬

　　叶文宪：《2002 年绍兴越文化国际学术研讨会论文集》，浙江古籍出版社 2006 年版

吴越土墩墓的形制结构及相关问题

　　田正标：《百越文化研究》，厦门大学出版社 2005 年版

南方古越人葬俗

　　吴铭生：《南方文物》1995 年第 2 期

土墩墓一墩多墓年代问题讨论

　　陈元甫：《南方文物》2006 年第 2 期

土墩墓的渊源及其葬俗

　　林留根：《东南文化》1988 年第 5 期

试论太湖地区土墩石室墓建筑的祭祀性质

　　陈军：《东南文化》1990 年第 4 期

祭天遗址——江南石室土墩的再探讨

　　钱正：《吴文化研究论文集》，中山大学出版社 1988 年版

江南地区石构建筑性质的多元说

　　钱公麟：《吴文化研究论文集》，中山大学出版社 1988 年版

再论吴越地区石构建筑性质的多元说

　　钱公麟：《浙江学刊》1990 年第 6 期

江浙地区石室土墩墓遗存性质新证

　　陈元甫：《东南文化》1988 年第 1 期

论太湖地区石室土墩的性质

　　韩建立：《东南文化》1996 年第 1 期

江南大型土墩墓形制之研究

　　谷建祥、林留根：《东南文化》1998 年第 1 期

略论苏南土墩墓

　　耕夫：《东南文化》2001 年第 3 期

土墩墓研究中的几个问题

　　杜佳佳、王根富：《南方文物》2010 年第 4 期

略论上虞石室土墩遗存

　　章金焕：《南方文物》1994 年第 4 期

浙东沿海土墩遗存探索

　　林士民：《南方文物》1998 年第 2 期

太湖地区石室土墩墓分布规律遥感初步研究

　　谈三平、刘树人：《东南文化》1990 年第 4 期

"干栏"建筑与古越人源流

　　莫俊卿、雷广正：《百越民族史论丛》，广西人民出版社 1985 年版

干栏考

　　潘世雄：《百越史研究》，贵州人民出版社 1987 年版

越族先民的饮食与居住方式

　　陈剩勇：《浙江学刊》1988 年第 5 期

中国稻作农业起源新探——兼析稻在先秦居民饮食生活中的地位

　　姚伟钧：《南方文物》1997 年第 3 期

商周饮食方式论略

　　姚伟钧：《浙江学刊》1999 年第 3 期

太湖地区先秦饮食文化初探

　　闻惠芬：《东南文化》1993 年第 4 期

越民族风俗述略

    徐杰舜：《浙江学刊》1990 年第 6 期

越民族与中国风俗文化

    徐杰舜：《东南文化》1991 年第 3、4 期

文明与野蛮之间——百越民族一组独特风俗的文化功能分析

    陈剩勇：《广西民族研究》1990 年第 3 期

试论古越人及其后裔的衣食习俗

    雷广正：《贵州民族研究》1984 年第 4 期

百越民族与端午习俗

    张翊华：《东南文化》1991 年第 5 期

古代越人的拔牙习俗

    莫俊卿：《百越民族史论集》，中国社会科学出版社 1982 年版

略论我国东部沿海史前居民的拔牙习俗

    杨式挺：《越文化实勘研究论文集》，中华书局 2005 年版

我国拔牙风俗的源流及其意义

    韩康信、潘其风：《考古》1981 年第 1 期

试论勾吴的猎首习俗

    施玉平：《东南文化》1988 年第 5 期

吴越之兵器与民风

    陶元珍：《中国史学》1946 年第 1 期

吴越风俗考

    陈克伦：《百越史论集》，云南民族出版社 1989 年版

吴越风俗考

    陈克伦：《复旦学报》1989 年第 1 期

论吴越的民俗

    辛土成：《浙江学刊》1987 年第 2 期

吴越风俗拾零

    查索：《东南文化》1986 年第 1 期

试论越人的敬犬习俗

    宋达：《浙江学刊》1991 年第 4 期

古代中国及太平洋区的犬祭

　　凌纯声：《中国边疆民族与环太平洋文化》，台湾联经出版事业公司 1979 年版

古代越族风俗

　　徐华龙：《博物》1982 年第 2 期

论舟楫文化对吴越地区民俗和民歌的影响

　　蔡丰明：《民间文艺季刊》1988 年第 2 期

吴越渔民的信仰与习俗调查

　　王水：《民间文艺季刊》1989 年第 2 期

论《越人歌》中的民俗

　　林河：《民间文艺季刊》1989 年第 2 期

试论古代越族的“文身断发”与图腾崇拜

　　王卫平：《东南文化》1986 年第 2 期

“断发文身”小议

　　牟永抗：《牟永抗考古学文集》，科学出版社 2009 年版

吴、越“断发文身”习俗探索

　　肖梦龙：《东南文化》1988 年第 3、4 期

吴越“断发”习俗之我见

　　陈华文：《民间文艺季刊》1989 年第 3 期

“断发纹身”考

　　徐恒彬：《民族研究》1982 年第 4 期

“断发文身”——一种古老的成人礼俗及其标志的遗存

　　陈华文：《民族研究》1994 年第 1 期

“断发”考

　　陈华文：《浙江师范大学学报》1989 年第 4 期

“束发椎髻”非南越之俗——兼论束发之俗的起源及其他

　　彭年：《中央民族大学学报》2001 年第 6 期

越人“断发”再议

　　陈鸿钧：《广东史志》2002 年第 3 期

古代辫发小考

　　朱笛：《东南文化》2010 年第 2 期

东周时期"被发"的考古学解读

　　王方:《东南文化》2010 年第 5 期

魋结与夜郎族属——兼及越族

　　冷天放:《湖南省博物馆文集》(四),《船山学刊》杂志社 1998 年版

论古代百越及其后裔民族的纹身艺术

　　林琳:《广西民族研究》2005 年第 4 期

吴越民族文身谈

　　陆树坤:《吴越文化论丛》,上海文艺出版社 1990 年影印本

吴越"文身"研究——兼论"文身"的本质

　　陈华文:《东南文化》1992 年第 6 期

浙江绍兴发现春秋时代青铜鸠杖

　　蔡晓黎:《东南文化》1990 年第 4 期

青铜"鸠杖"辨析

　　邹厚本:《吴越地区青铜器研究论文集》,香港两木出版社 1998 年版

德清出土春秋青铜权杖考识

　　周建忠:《东方博物》(第 13 辑),浙江大学出版社 2004 年版

竞渡传风俗——古代越族文化史片断

　　容观夐:《中央民族学院学报》1981 年第 1 期

竞渡传风俗——古代越族文化史片断

　　容观夐:《容观夐人类学民族学文集》,民族出版社 2003 年版

漫谈浙江古越族文化特征中的"水"以及古越族文化与华夏、百越的融合

　　龚佩华:《广西民族研究》1986 年第 4 期

铜鼓船纹与龙舟竞渡

　　蒋廷瑜:《广西日报》1980 年 6 月 20 日

铜鼓船纹与水上祭祀

　　林蔚文:《广西民族研究》1990 年第 2 期

铜鼓上的船纹应怎样解释

　　石钟健:《广西日报》1980 年 6 月 20 日

吴越的羽人神话

　　金永平：《思源》1992 年第 21 期

潮神考论

　　刘传武、何剑叶：《东南文化》1996 年第 4 期

关于江南的水神

　　［日］铃木阳一：《中国传统文化与越文化》，人民出版社 2004
年版

绍兴竞渡的变迁及教训

　　盛鸿郎：《越文化研究通讯》2010 年第 12 期

越巫鸡卜源流考

　　莫俊卿：《中南民族学院学报》1986 年增刊

先越之民及其后裔鸡卜巫术史

　　黄懿陆：《山海经考古——夏朝起源与先越文化研究》，民族出版社
2007 年版

夏朝先越之民的嫡系后裔

　　黄懿陆：《山海经考古——夏朝起源与先越文化研究》，民族出版社
2007 年版

"南蛮蛇种"文化史

　　吴春明、王樱：《南方文物》2010 年第 2 期

中国传统剑文化考论

　　邢金善：《南方文物》2010 年第 3 期

越国酒俗丛谈

　　孟文铺：《绍兴文理学院报·越文化研究》2009 年第 37 期

兰与越文化

　　潘承玉：《绍兴文理学院报·越文化研究》2009 年第 41 期

论百越族"鼻饮"

　　葛国庆：《绍兴文理学院报·越文化研究》2009 年第 42 期

于越的精神文化特征

　　孟文铺：《绍兴越文化》，中华书局 2004 年版

试论越族青铜器人面纹饰与农业祭礼的关系

　　谢崇安：《广西民族研究》2007 年第 3 期

吴越先民原始宗教简述

　　陈剩勇：《浙江学刊》1991 年第 1 期

于越民族的宗教信仰

　　梁涌：《绍兴文理学院报·越文化研究》2009 年第 43 期

（六）人物

越国始年及其先君无余考

　　陈瑞苗：《2002 年绍兴越文化国际学术研讨会论文集》，浙江古籍出版社 2006 年版

越王姓氏新考

　　曹锦炎：《中华文史论丛》1983 年第 3 辑

越王姓氏新考

　　曹锦炎：《吴越历史与考古论丛》，文物出版社 2007 年版

勾践姓氏考

　　董楚平：《绍兴学刊》2003 年第 6 期

勾践姓、氏考

　　董楚平：《2002 年绍兴越文化国际学术研讨会论文集》，浙江古籍出版社 2006 年版

越王勾践世系问题试考

　　辛土成：《民族研究》1988 年第 1 期

越王世系考辨：勾践

　　管敏义：《宁波师院学报》1997 年第 2 期

越国君王世系考

　　杨成鉴：《宁波大学学报》1995 年第 2 期

读《世本集览》的越世系

　　张良权：《国际百越文化研究》，中国社会科学出版社 1994 年版

越王世系考辨

　　刘亦冰：《绍兴文理学院学报》2001 年第 6 期

越王"夫谭以上至无余"并非"世不可纪"

　　陈瑞苗：《乡土绍兴》2010 年试刊号

关于今绍兴"大禹后裔姒氏世系表"与司马公《越王勾践世家》的年

代差异考

　　骆宾基：《龙岩师专学报》1983 年第 1 期

越句践元年考

　　钱穆：《先秦诸子系年考辨》，中华书局 1985 年版

"句践"考略

　　龚维英：《浙江学刊》1982 年第 2 期

论句践与夫差

　　陈桥驿：《杭州大学学报》1987 年第 4 期

论句践与夫差

　　陈桥驿：《吴越文化论丛》，中华书局 1999 年版

夫差与勾践的得失

　　马庆余：《松辽学刊》1991 年第 2 期

论越王句践之功与过

　　朱顺佐：《绍兴文理学院报·越文化研究》2007 年第 20 期

论句践思想

　　傅振照：《越文化研究通讯》2002 年第 6 期

"勾践"与"句践"复议

　　林华东：《越文化研究通讯》2000 年第 16 期

"句践"与"勾践"复议

　　林华东：《越文化研究文集》，中华书局 2001 年版

浅谈"勾践"与"句践"的纠纷问题

　　董楚平：《越文化研究文集》，中华书局 2001 年版

浅谈"勾践"与"句践"的纠纷问题

　　董楚平：《越文化研究通讯》2000 年第 16 期

再谈"勾践"与"句践"

　　葛国庆：《绍兴学刊》2006 年第 5 期

"勾践"乃越王勾践的首选词

　　胡世庆：《乡土绍兴》2010 年试刊号

越王句践

　　万木春：《越文化研究通讯》2000 年第 12—16 期

成大事者不拘小节（句践）

　　徐丽艳：《绍兴文理学院报·越文化研究》2005 年第 8 期

霸王乎（句践）

　　吴聪聪：《绍兴文理学院报·越文化研究》2005 年第 8 期

诸稽考

　　谭戒甫：《东南文化》1989 年第 6 期

越王勾践卧薪说质疑

　　王竹楼：《光明日报》1963 年 1 月 16 日

"卧薪"别解

　　舆薪：《文史》1963 年第 10 期

勾践"卧薪尝胆"辨——应当正确理解历史成语典故

　　仓晓梅：《浙江学刊》1991 年第 1 期

何处"句践自治冢"

　　盛鸿郎：《越文化研究通讯》2010 年第 7 期

句践种兰

　　卢祥耀：《越文化研究通讯》2009 年第 4 期

句践种兰辨

　　胡文炜：《越文化研究通讯》2009 年第 5 期

越王句践一代大夫及后人崇贤的考略

　　李月兔：《越文化研究通讯》1997 年第 7 期

越王勾践之裔欧阳氏的分布

　　何光岳：《江西文物》1991 年第 2 期

欧阳氏系越王无疆后代

　　李远平：《越文化研究通讯》2000 年第 18 期

范蠡事迹考

　　卫聚贤：《说文月刊》1943 年第 1 卷

鸱夷子不是范蠡

　　王叔岷：《申报》（文史）1948 年 1 月 17 日

范蠡

　　孟文铺：《绍兴名士》，文化艺术出版社 1998 年版

论范蠡
　　孟祥才：《烟台大学学报》1998 年第 1 期
范蠡评传
　　孟文镛：《绍兴名士评传》，远方出版社 2002 年版
范蠡
　　张钧德：《越文化研究通讯》2000 年第 14 期
范蠡述评
　　吴颐平：《人文学报》，台湾辅仁大学 1972 年第 2 期
略谈范蠡及其有关文献记载
　　董治安：《山东大学学报》1997 年第 3 期
范蠡生平考论
　　饶恒久：《社会科学战线》2000 年第 6 期
吴越春秋话范蠡
　　刘向阳：《文史知识》1987 年第 3 期
越国名士范蠡思想研究
　　李永鑫：《2002 年绍兴越文化国际学术研讨会论文集》，浙江古籍
出版社 2006 年版
范蠡的哲学思想
　　方克：《浙江学刊》1982 年第 3 期
论范蠡的哲学观点
　　邹旭光：《扬州师院学报》1983 年第 4 期
范蠡思想与帛书：《黄帝书》
　　李学勤：《浙江学刊》1990 年第 1 期
"黄老"思想的起源与吴越战争的关系
　　余明光：《湘潭大学学报》（哲社版）2002 年第 2 期
范蠡的天人关系观
　　蔡新法：《绍兴文理学院报·越文化研究》2006 年第 16 期
试论鬻熊、吕尚对范蠡思想的影响——范蠡思想渊源考论之一
　　饶恒久：《兰州大学学报》2001 年第 2 期
范蠡的思想人格试论
　　商聚德：《菏泽师专学报》2001 年第 1 期

范蠡的品格及思想试论

　　商聚德:《河北大学学报》(哲学社会科学版) 1998 年第 3 期

范蠡事迹与思想考论

　　饶恒久:《宁夏大学学报》1998 年第 3 期

评张良的黄老之术——兼与范蠡比较

　　康清莲:《绥化师专学报》1997 年第 2 期

被忽略的道家——范蠡

　　蔡德贵:《学习论坛》2005 年第 3 期

范蠡的政治谋略

　　孟文镛:《绍兴文理学院学报》1997 年第 3 期

范蠡的军事思想

　　黄朴民:《中国军事通史》第二卷,军事科学出版社 1998 年版

论范蠡的经济思想

　　赵梦涵等:《山东大学学报》1990 年第 3 期

试论范蠡的经济思想

　　吕世忠:《东岳论丛》1998 年第 4 期

范蠡的商业经营思想

　　傅学良:《社会科学》1998 年第 7 期

范蠡的生意经

　　彭庆旨:《江淮学刊》1962 年第 2 期

商人始祖——范蠡

　　巩家辉:《中国商学院》,南京大学出版社 2008 年版

浅谈范蠡的经商思想及其影响

　　宋行标:《绍兴学刊》1997 年第 2 期

范蠡的战略分析对中国当代企业的参考价值

　　刘洋:《绍兴文理学院报·越文化研究》2005 年第 8 期

商业祖师——范蠡和他的经商理财:《十八则》

　　王雨秋:《河北商业研究》1985 年第 2 期

范蠡的"农末俱利"思想——读史札记

　　耿良佐:《宁夏大学学报》1986 年第 3 期

论范蠡价格政策和"平粜"调节措施——引导价格稳定的一种市场管理之术

　　史国藩:《江西社会科学》1989 年第 1 期

范蠡的稳定物价思想

　　张守军:《商业研究》1991 年第 12 期

范蠡的管理思想

　　张一农:《河北财经学院学报》1992 年第 6 期

审时度势中的自我价值——论范蠡之为官弃官

　　应寨玲:《绍兴文理学院报·越文化研究》2006 年第 12 期

范蠡弃官从商的历史地位及其评价

　　王兴亚:《黄河科技大学学报》2006 年第 2 期

范蠡的先见之明

　　陈颖:《绍兴文理学院报·越文化研究》2005 年第 9 期

论范蠡非陶朱

　　许志修:《广州师院学报》1983 年第 2 期

范蠡并非死于石首

　　何浩:《湖北方志通讯》1984 年第 8 期

再谈范蠡的寿终之处

　　何浩:《中南民族学院学报》1987 年第 1 期

也谈范蠡寿终何处

　　张善长等:《中南民族学院学报》1985 年第 3 期

谈《史记》中的范蠡形象

　　韩兆琦、陈曦:《周口师范高等专科学校学报》2000 年第 3 期

空前绝后的范蠡

　　黄启明:《语文教学与研究》2003 年第 2 期

范蠡的特异人格

　　何满子:《领导文萃》2005 年第 6 期

居官致于卿相　治家能致千金(范蠡)

　　王海燕:《绍兴文理学院报·越文化研究》2005 年第 8 期

范蠡三迁的启迪

　　刘冰、罗忠福:《企业天地》2003 年第 3 期

范蠡所居陶地考

　　张守德、李近山：《齐鲁学刊》1994 年第 3 期

范蠡所居陶地考

　　黄有汉：《河南大学学报》1999 年第 6 期

范蠡所居陶山及其墓葬考证

　　程兆奎：《山东社会科学》1997 年第 5 期

肥城陶山范蠡墓

　　程兆奎：《文史知识》1991 年第 4 期

范蠡究竟定居何处？——关于高中语文第四册里一条注释的考证

　　刘华金：《语文学刊》1982 年第 2 期

浮出历史地表的范蠡

　　周国忠：《福建师大福清分校学报》2002 年第 3 期

范蠡是我国最早进行市场预测的人

　　陈涌泠：《统计与预测》2002 年第 3 期

范蠡筑城何处求——《越史丛考》读后

　　应万里：《浙江学刊》1988 年第 1 期

辟文种、计然、范蠡"宁波邦"的始祖说

　　李庆坤：《宁波师院学报》1988 年第 2 期

范蠡与计然

　　高敏：《河南社会科学》1998 年第 1 期

范蠡与西施

　　卫聚贤：《古代文化》1937 年第 20 期

范蠡和西施

　　王业猷：《北京日报》1961 年 8 月 15 日

略论范蠡的经商之道及其与西施的下落

　　林华东：《2002 年绍兴越文化国际学术研讨会论文集》，浙江古籍
出版社 2006 年版

关于范蠡与西施的思考

　　白鹤：《绍兴文理学院报·越文化研究》2010 年第 46 期

民间传说比史实更动人——试论范蠡与西施的爱国壮举及偕泛太湖的
佳话

　　杨海波：《无锡商业职业技术学院学报》2005 年第 3 期

文种评传

　　孟文镛：《绍兴名士评传》，远方出版社 2002 年版

文种思想研究

　　郭齐家：《浙江学刊》1987 年第 5 期

计然评传

　　刘亦冰：《绍兴名士评传》，远方出版社 2002 年版

计然其人姓名及其思想考订

　　王文清：《2002 年绍兴越文化国际学术研讨会论文集》，浙江古籍
出版社 2006 年版

计然其人姓名及其思想考订

　　王文清：《绍兴文理学院学报》2003 年第 1 期

计然乃范蠡著书篇名非人名考

　　钱穆：《先秦诸子系年考辨》，中华书局 1985 年版

计然即文种

　　赵捷民：《光明日报》1962 年 5 月 9 日

计然经济思想述论

　　傅振照：《绍兴学刊》1990 年秋季号

勾践重计然之策

　　林丕：《前线》1997 年第 1 期

论春秋战国时期谋士价层的独立人格

　　王勇：《浙江学刊》1993 年第 2 期

"越女"考释

　　高丽华：《海峡两岸越文化研究》，人民出版社 2005 年版

越女剑

　　金庸：《天涯》1988 年第 6 期

越女授剑

　　刘秉果：《体育文史》1994 年第 1 期

西施考

　　齐宣：《新东方》第 1 卷第 2—4 期，1940 年

西施考

　　林华东、方志良：《浙江学刊》1985 年第 1 期

西施辨

　　林华东：《东南文化》1989 年第 3 期

西施考辨

　　白耀天：《中央民族学院学报》1986 年第 4 期

西施与范蠡考

　　田素义：《齐鲁学刊》1993 年第 5 期

西施未随范蠡辨

　　周楞伽：《杭州大学学报》1980 年第 2 期

西施并非随范蠡而终

　　张铮：《东岳论丛》1985 年第 3 期

西施的归宿

　　盛鸿郎：《越文化研究通讯》2008 年第 12 期

西施的最后归宿

　　黄苑西：《羊城晚报》1980 年 7 月 31 日

西施下落探

　　陈华英：《浙江学刊》1985 年第 3 期

也谈西施的出生和下落

　　刘毓璜：《绍兴师专学报》1986 年第 4 期

千秋功罪论西施

　　刘斌：《文史知识》1986 年第 9 期

西施的传说、史实及其他

　　顾希佳：《民间文化》1998 年第 1 期

文学画廊中的越女西施

　　高利华：《文史知识》2004 年第 9 期

蠡湖和范蠡、西施

　　顾德融：《江海学刊》1985 年第 2 期

西施事迹和关于她的传说

　　灵吟：《新民晚刊》1957 年 11 月 21 日

西施将何去何从

　　宋飞飞：《绍兴文理学院报·越文化研究》2005 年第 9 期

西施结局小议

　　归璞：《红楼梦学刊》1983 年第 4 期

忠于自己　忠于自由

　　谢雯艳：《绍兴文理学院报·越文化研究》2005 年第 9 期

"西施传说"研究二题

　　杨士安：《绍兴文理学院报·越文化研究》2006 年第 11 期

"西施之美"研究三题

　　杨士安：《绍兴文理学院报·越文化研究》2006 年第 12 期

文昌阁与西施传说

　　杨士安：《绍兴文理学院报·越文化研究》2006 年第 13 期

论越文化滋养下的西施精神

　　吕洪年：《越风（2008）》，西泠印社出版社 2008 年版

古都名媛　山高水长

　　陈侃章：《绍兴师专学报》1986 年第 4 期

西施与东施

　　斯维至：《绍兴师专学报》1986 年第 4 期

西施故里考辨

　　杨钧：《杭州师院学报》1985 年第 4 期

西施籍贯再考

　　王炜常：《浙江学刊》1985 年第 6 期

西施故里辨析

　　陈侃章：《浙江学刊》1985 年第 6 期

西施故里辨析

　　柳雁：《浙江学刊》1985 年第 1 期

西施与萧山

　　王炜常：《浙江学刊》1985 年第 3 期

从句无和"勾践之航"二方位看西施故里的归属

　　劳伯敏：《杭州师院学报》1986 年第 3 期

西施"出生地"和"下落"小考

　　赵宇：《绍兴师专学报》1983 年第 3 期

西施籍贯考

　　朱因：《绍兴师专学报》1985 年第 4 期

西施的出生地

　　苏步青：《绍兴师专学报》1986 年第 4 期

西施的故乡

　　黄裳：《绍兴师专学报》1986 年第 4 期

对"西施故里争论"的一些看法

　　叶孟明：《绍兴师专学报》1986 年第 4 期

西施故里谈

　　周子美：《绍兴师专学报》1986 年第 4 期

再论西施故里

　　林华东：《绍兴师专学报》1986 年第 4 期

谈西施故里及其有关古迹

　　劳伯敏：《绍兴师专学报》1986 年第 4 期

西施故乡在诸暨无可置疑

　　何时章：《绍兴师专学报》1986 年第 4 期

西施出诸暨部分史料

　　杨士安：《绍兴师专学报》1986 年第 4 期

《苧萝西施志》序

　　陈桥驿：《吴越文化论丛》，中华书局 1999 年版

（七）文化交流

越人迁徙考

　　蒙文通：《越史丛考》，人民出版社 1983 年版

越族的发展与流散

　　陈桥驿：《东南文化》1989 年第 6 期

于越族的流散

　　孟文镛：《中国越学》（第一辑），中国社会科学出版社 2009 年版

移民与越文化

　　葛剑雄：《绍兴文理学院报·越文化研究》2005 年第 7 期

越文化对其他文化的影响

　　　侯友兰：《绍兴文理学院报·越文化研究》2005 年第 7 期

古越民族文化与周边文化关系

　　　张志立：《越文化研究文集》，中华书局 2001 年版

试论越文化在海内外的传播

　　　舒萍：《绍兴文理学院学报》2003 年第 3 期

试论越文化在海内外的传播

　　　舒萍：《2002 年绍兴越文化国际学术研讨会论文集》，浙江古籍出
版社 2006 年版

徐福与吴越文化的海内外交流

　　　徐建春：《杭州师院学报》1994 年第 2 期

从新石器时代考古文化的共性中看古越先民与各地的联系

　　　金经天：《越文化研究文集》，中华书局 2001 年版

其他"蛮夷"文化对吴越地区的影响

　　　董楚平：《吴越文化新探》，浙江人民出版社 1988 年版

试述於（于）越和百越（粤）的历史

　　　车越乔：《越文化研究通讯》2003 年第 1 期

漫谈浙江古越族文化特征中的"水"以及古越族文化与华夏、百越的
融合

　　　龚佩华：《广西民族研究》1986 年第 4 期

追踪古越文化的变迁足迹

　　　张学勤、颜越虎：《浙江日报》2003 年 9 月 22 日

追踪古越文化的变迁足迹

　　　张学勤、颜越虎：《越文化研究通讯》2003 年第 10 期

追踪古越文化变迁的足迹

　　　张学勤、颜越虎：《越文化实勘研究论文集》，中华书局 2005 年版

百越文化传播与交流的考古学证据

　　　邱立诚：《越文化实勘研究论文集》，中华书局 2005 年版

华南"汉民"社会中越文化因素的积淀——从现实人文寻觅土著历史

　　　吴春明：《越文化实勘研究论文集》，中华书局 2005 年版

先秦时期长江流域青铜文化初探——兼论古代文化交融途径与方式

　　裘士京：《东南文化》1991 年第 2 期

商周时代南北甬钟之关系及南北文化交流之检讨

　　高西省：《东南文化》1991 年第 6 期

中国古文化由东南传播于黄河流域

　　卫聚贤：《吴越文化论丛》，上海文艺出版社 1990 年影印本

吴越文化传播于黄河流域的说明

　　卫聚贤：《东方杂志》第 34 卷第 10 期，1937 年

中国南方青铜器及中原商王朝与南方的关系

　　张玉石：《南方文物》1994 年第 2 期

西周青铜礼器在中国东部的遗存

　　［英］罗森：《国际百越文化研究》，中国社会科学出版社 1994
年版

吴越文化对环渤海文化圈的影响与传播

　　张志立：《文史知识》2004 年第 9 期

殷民族由江浙迁于河南

　　卫聚贤：《吴越文化论丛》，上海文艺出版社 1990 年影印本

中国文化起源于东南发达西北的探讨

　　卫聚贤：《东方杂志》第 34 卷第 7 期，1937 年

古史中的“百越民族”去了哪里

　　今汛：《越文化研究通讯》2003 年第 12 期

中国南方民族源流考

　　郎擎霄：《东方杂志》第 30 卷，1933 年第 1 号

汉末至南北朝南方蛮夷的迁徙

　　金宝祥：《禹贡》第 5 卷第 12 期，1936 年

江淮地区与江南古文化的交融

　　肖梦龙：《南方文物》1996 年第 2 期

中原文化与吴越文化的交融

　　张勇：《东京文学》2009 年第 12 期

中原地区东周铜剑渊源试探

　　李伯谦：《文物》1982 年第 1 期

山东地区越文化遗存分析

　　刘延常：《中国柯桥·越国文化高峰论坛文集》，浙江人民出版社
2011 年版

东、南"越"文化同源试证——兼论"越"文化同中原文化相互交融

　　张雄：《中南民族学院学报》1987 年第 1 期

从有铭吴越青铜器看吴越与晋的文化交流——兼谈春秋时期晋国和越国
在争霸斗争中的策略

　　劳伯敏：《东方博物》（第 21 辑），浙江大学出版社 2006 年版

秦汉移民论

　　吕克由：《齐鲁学报》1941 年第 2 期

秦始皇与大越

　　周幼涛：《绍兴学刊》1997 年第 1 期

秦汉时期的汉越民族关系

　　王文光：《民族史研究论稿》，云南大学出版社 2007 年版

两汉之际北部汉族南迁考

　　陶元珍：《禹贡》第 4 卷第 11 期，1936 年

姑蔑源流及其与鲁越两国的关系

　　陈瑞苗：《越文化研究通讯》2003 年第 10 期

说蔡

　　何琳仪、黄德宽：《东南文化》1999 年第 5 期

也谈"元谋人"、"古越人"与"那文化"

　　王振镛：《越文化实勘研究论文集》，中华书局 2005 年版

云南古代文化与越文化

　　肖明华：《越文化实勘研究论文集》，中华书局 2005 年版

瑶族与古越族的关系

　　客观琼：《中南民族学院学报》1982 年第 3 期

苗瑶文化与越文化关系探源

　　徐仁瑶：《东南文化》1992 年第 6 期

海南岛黎人源出越族考

　　罗香林：《百越源流与文化》，台湾中华丛书委员会 1955 年版

试证越与骆越同源

　　石钟健:《中南民族学院学报》1982 年第 2、3 期

夏民族源流试探

　　罗香林:《国立中山大学研究院文科研究所历史学部史学专刊》第 2 卷第 2、3、4 期合刊

中国古代贝货之由来与吴越民族之关系

　　蒋玄佁:《说文月刊》1943 年第 1 卷

楚民族源于东方考

　　胡厚宣:《史学论丛》1934 年第一册

略论楚越关系

　　辛土成:《湖南省博物馆文集》(四),《船山学刊》杂志社 1998 年版

从出土文物析楚越关系

　　吴诗池:《湖南省博物馆文集》(四),《船山学刊》杂志社 1998 年版

越楚关系述略

　　方如金、熊锡洪:《2002 年绍兴越文化国际学术研讨会论文集》,浙江古籍出版社 2006 年版

勾践铜剑和楚越关系

　　陈振裕:《江汉论坛》1980 年第 1 期

精美的吴越青铜剑和矛——兼析楚与吴越的关系

　　陈振裕:《楚文化研究论集》,荆楚书社 1987 年版

吴越地区东周铜器与徐楚铜器比较研究

　　刘彬徽:《吴越地区青铜器研究论文集》,香港两木出版社 1998 年版

千古之谜——"楚越同族"试解

　　黄德馨:《湖北大学学报》1988 年第 1 期

句践之后楚越关系及越国历史考辨

　　胡运宝:《绍兴文理学院学报》2005 年第 3 期

楚与吴越文化异同辨

　　张正明:《浙江学刊》1990 年第 6 期

楚与吴越文化异同辨

　　张正明:《国际百越文化研究》,中国社会科学出版社 1994 年版

越、楚文化异同研究

　　吴永章:《民族研究》1989 年第 6 期

越、楚文化异同研究

　　吴永章:《浙江师范大学学报》1989 年第 4 期

楚越关系初析

　　杨权喜:《百越史研究》,贵州人民出版社 1987 年版

论战国时期吴越地区的越文化与楚文化

　　叶文宪:《苏州科技学院学报》(社会科学版) 2006 年第 2 期

论越文化的特质及其与楚文化的相互浸染和融合

　　贺刚:《百越民族研究》,江西教育出版社 1990 年版

绍兴 306 号墓文化性质的分析——兼述楚文化对吴越地区的影响

　　杨权喜:《东南文化》1992 年第 6 期

绍兴 306 号墓文化性质的分析——兼述楚文化对吴越地区的影响

　　杨权喜:《国际百越文化研究》,中国社会科学出版社 1994 年版

从绍兴越墓看楚文化的东渐

　　田正标:《中国柯桥·越国文化高峰论坛文集》,浙江人民出版社
2011 年版

从江南周代考古发现看楚文化对吴越文化的影响

　　申伊欣:《中国柯桥·越国文化高峰论坛文集》,浙江人民出版社
2011 年版

试论越文化对楚文化的影响

　　舒之梅:《民族研究》1986 年第 4 期

越楚经济关系的历史考察

　　刘玉堂:《民族研究》1988 年第 4 期

试论楚文化对越文化的吸收

　　刘玉堂:《百越民族研究》,江西教育出版社 1990 年版

"夔越"乎?"夔、越"乎?——兼论西周时期的楚越关系

　　舒之梅:《百越民族史论丛》,广西人民出版社 1985 年版

楚与扬越、夷越、于越的关系

　　吴永章：《中南民族学院学报》1986 年增刊

马王堆汉墓的越文化特征

　　林河：《百越史论集》，云南民族出版社 1989 年版

从长沙楚墓看越文化对楚文化的影响

　　朱燕英：《百越文化研究》，厦门大学出版社 2005 年版

从浙江宁绍地区墓葬材料看楚国文化对越国文化的相互影响和融合

　　彭云：《绍兴文博》第六辑，绍兴博物馆 2008 年版

"楚申包胥使于越"辨

　　何浩：《浙江学刊》1985 年第 2 期

越王勾践剑缘何出于楚墓管见

　　葛国庆：《绍兴学刊》2006 年第 6 期

越王剑缘何出土于楚墓管见

　　葛国庆：《越文化研究通讯》2006 年第 3 期

浙江安吉五福楚墓

　　陈建芳、杭涛等：《文物》2007 年第 7 期

吴越、楚晋青铜器制作技术的对比研究

　　万俐：《东南文化》2003 年第 10 期

绍兴坡塘出土徐器铭文及其相关问题

　　曹锦炎：《越文化研究通讯》2002 年第 6 期

绍兴 306 号墓国属问题研究——兼及浙江徐偃王传说

　　董楚平：《绍兴文理学院学报》2006 年第 6 期

关于越、徐关系及文化交流的考古资料

　　孟文铺：《绍兴文理学院报·越文化研究》2007 年第 23 期

春秋时期越为徐地说新证——从浙江有关徐偃王的遗迹谈起

　　曹锦炎：《浙江学刊》1987 年第 1 期

春秋初期越为徐地说新证——从浙江有关徐偃王的遗迹谈起

　　曹锦炎：《吴越历史与考古论丛》，文物出版社 2007 年版

春秋时期徐国都城遗址的发现与研究

　　孔令远：《东南文化》2003 年第 11 期

徐国史迹钩沉

　　赵东升：《东南文化》2006 年第 1 期

徐族的源流与南迁

　　何光岳：《安徽史学》1984 年第 2 期

徐史述论

　　朱玉龙：《安徽史学》1984 年第 2 期

徐偃王和他的遗迹

　　李光云：《文史杂志》1991 年第 1 期

徐人与台州文化

　　金祖明：《东南文化》1994 年第 2 期

从靖安贵溪出土徐器和仿铜陶器看徐文化对南方吴越文化的影响

　　白坚、刘林：《江西历史文物》1981 年第 4 期

春秋徐器分期和徐人活动地域试探——从靖安等地出土徐国青铜器谈起

　　李家和、刘诗中：《江西历史文物》1983 年第 1 期

有关江西靖安出土徐国铜器的两个问题

　　彭适凡：《江西历史文物》1983 年第 2 期

绍兴坡塘出土徐器铭文及其相关问题

　　曹锦炎：《文物》1984 年第 1 期

绍兴坡塘出土徐器铭文及其相关问题

　　曹锦炎：《吴越历史与考古论丛》，文物出版社 2007 年版

论古代浙江与福建的历史关系

　　庄为玑：《浙江学刊》1986 年第 1 期

福建越系文化初探

　　陈国强：《东南文化》1988 年第 6 期

从考古发现看吴越文化在闽地的传播影响

　　林忠干：《东南文化》1990 年第 3 期

闽越王无诸是越王勾践的第七世后裔吗？——兼论闽越的来源

　　蒋炳钊：《2002 年绍兴越文化国际学术研讨会论文集》，浙江古籍
出版社 2006 年版

於越、闽越应是独立的两个不同古民族

　　吴绵吉：《2002 年绍兴越文化国际学术研讨会论文集》，浙江古籍

出版社 2006 年版

越王勾践子孙移闽考

　　王新民:《福建文化》2 卷 1944 年第 1 期

试论干越及与吴越的关系

　　李科友:《国际百越文化研究》,中国社会科学出版社 1994 年版

关于东瓯古史的几个问题

　　胡珠生:《浙江学刊》1988 年第 5 期

于越与瓯越关系初探

　　孟文镛:《瓯文化论集》,浙江人民出版社 2009 年版

外越与澎湖、台湾

　　蒙文通:《越史丛考》,人民出版社 1983 年版

东越先民对台湾的文化拓展初论

　　林华东:《海峡两岸大禹文化研究》,中国社会科学出版社 2010
年版

吴越文化对台湾的影响

　　徐建春:《浙江学刊》1993 年第 5 期

吴越文化及其与台湾联系之研究

　　邵宗海、彭立忠:《绍兴文理学院报·越文化研究》2005 年第 7 期

从印纹陶对西南和台湾等地的影响与传播看百越民族的流向

　　彭适凡:《中南民族学院学报》1986 年增刊

台湾高山族与古越族的关系

　　陈国强:《国际百越文化研究》,中国社会科学出版社 1994 年版

基因解码——我国台湾省人是越族的后代

　　庄孟学:《越文化研究通讯》2002 年第 9 期

越文化与台湾高山族文化关系初探

　　何有基:《越文化研究通讯》2005 年第 6 期

于越与山夷关系述略

　　孟文镛:《海峡两岸大禹文化研究》,中国社会科学出版社 2010
年版

再论越族与台湾少数民族的关系

　　张崇根:《海峡两岸大禹文化研究》,中国社会科学出版社 2010

年版

追踪古越文化所变迁足迹——越文化实勘研究与台湾关系简述

　　　颜越虎：《海峡两岸大禹文化研究》，中国社会科学出版社 2010 年版

论古越民族与台湾原住民族的宗教认同

　　　何海翔：《海峡两岸大禹文化研究》，中国社会科学出版社 2010 年版

峡川地区的夏、越民族考

　　　罗漫：《中央民族大学学报》1995 年第 3 期

论越文化对南洋、大洋洲、美洲的影响

　　　徐吉军：《海峡两岸大禹文化研究》，中国社会科学出版社 2010 年版

史前漂流太平洋的越人

　　　陈桥驿：《文化交流》1996 年第 22 辑

越人向台湾及太平洋岛屿的文化拓展

　　　林华东：《浙江社会科学》1994 年第 5 期

于越是我国最早面向海洋走向世界的民族

　　　孟文镛：《绍兴文理学院学报》2002 年第 6 期

于越族的海外移民

　　　杨成鉴：《浙东文化》1997 年第 2 期

古代吴越地区的海洋文化及其海外影响

　　　董楚平：《吴越文化新探》，浙江人民出版社 1988 年版

近年来关于"殷人航渡美洲"的问题研究述评

　　　张箭：《中国史研究动态》1996 年第 2 期

殷、吴越和太平洋群岛文化

　　　蔡凤书、崔大勇、［日］市川健二郎：《东南文化》1988 年第 1 期

远古中国人去美洲的可能通道

　　　宋正海：《科技日报》1995 年 3 月 1 日

谁先到达美洲——羽夷、地望、族属、文化特征及其迁徙

　　　刘洪石：《海交史研究》1994 年第 1 期

三千年前云台山"羽夷"能乘独木舟漂航抵达美洲吗?

　　施存龙:《海交史研究》1995 年第 2 期

中国人最先到达美洲的新物证

　　房仲甫:《人民日报》1979 年 8 月 19 日

殷人航渡美洲再探

　　房仲甫:《世界历史》1983 年第 3 期

古代中国船只到达美洲的文物证据——石锚和有段石锛

　　石钟健:《思想战线》1983 年第 1 期

论悬棺葬的起源地和越人的海外迁徙

　　石钟健:《贵州社会科学》1983 年第 1 期

古代中国越人到过美洲吗?——与石钟健同志商榷

　　沈荣根:《思想战线》1983 年第 6 期

中国与大洋洲、美洲古代交往的探讨

　　张小华:《中央民族学院学报》1984 年第 1 期

古代美洲奥尔梅克玉圭商殷文研究——中华文明东迁美洲的文字学论据

　　王大有:《华声报》1992 年 2 月 28 日

古代美洲奥尔梅克玉器匡谬——兼论古代中国与美洲的交往问题

　　龚缨晏:《世界历史》1992 年第 6 期

必然还是巧合:中原文化与印第安文化的异同——中国与印第安人的太阳神话之比较研究

　　高福进:《上海交通大学学报》(哲学社会科学版)2004 年第 2 期

美国东南与中国华东的丘墩文化

　　凌纯声:台湾《民族学研究专刊》1968 年版

中国东南沿海古代先民的海外文化拓展管窥

　　林华东:台湾《故宫学术季刊》第 12 卷第 3 期,1995 年

吴越文化和中日两国的史前交流

　　陈桥驿:《浙江学刊》1990 年第 4 期

吴越文化和中日两国的史前交流

　　陈桥驿:《吴越文化论丛》,中华书局 1999 年版

与日本学者谈两国史前文化

　　陈桥驿:《吴越文化论丛》,中华书局 1999 年版

与日本学者谈两国史前文化

　　陈桥驿:《文化交流》1991 年第 10 期

浅谈越文化在日本的传播

　　盛夏锋:《绍兴文理学院报·越文化研究》2004 年第 3 期

于越文化对日本的影响

　　孟文镛:《中国传统文化与越文化》, 人民出版社 2004 年版

古代中国的沿海文化与日本文化

　　王金林:《天津社会科学》1990 年第 6 期

远古至秦汉时代的中日交流

　　蔡凤书:《文史哲》1992 年第 3 期

百越与弥生文化

　　李昆声:《云南社会科学》1992 年第 4 期

关于日本弥生文化的山城与越文化的关系

　　〔日〕 森浩一:《浙江学刊》1990 年第 6 期

关于日本弥生文化的山城与越文化的关系

　　〔日〕 森浩一:《国际百越文化研究》, 中国社会科学出版社 1994
年版

外越与日本列岛

　　徐建春:《浙江学刊》1991 年第 1 期

外越与日本列岛

　　徐建春:《国际百越文化研究》, 中国社会科学出版社 1994 年版

日本稻作民源于中国吴越地区

　　金健人:《浙江社会科学》2001 年第 5 期

"水稻之路" 与弥生文化

　　王勇:《浙江社会科学》2002 年第 4 期

日本吉野ケ里和中国江南文化

　　安志敏:《东南文化》1990 年第 5 期

从日本吉野ケ里所看到的中国江南文化

　　安志敏:《国际百越文化研究》, 中国社会科学出版社 1994 年版

江南文化与古代的日本

　　安志敏:《考古》1990 年第 4 期

东夷和百越：日本方面考古资料的考察

　　［日］菅谷文则：《东南文化》1991 年第 1 期

东夷和百越：对日本方面考古资料的考察

　　［日］菅谷文则：《国际百越文化研究》，中国社会科学出版社 1994
年版

吴越文化及其对弥生文化的影响

　　［日］樋口隆康、蔡小妹：《东南文化》1991 年第 3、4 期

古代日本的吴越移民王国

　　王勇：《浙江社会科学》1996 年第 2 期

日本出云铜铎与中国江南文化的关系

　　刘伟文：《东南文化》1998 年第 3 期

灿烂的出云古代文化

　　王仲殊：《考古》2003 年第 8 期

出云与东亚的青铜文化

　　王巍：《考古》2003 年第 8 期

中国稻作文化的起源与东传

　　安志敏：《文物》1999 年第 2 期

联结中、日、朝的稻米之路

　　安志敏、金元龙、［日］贺川光夫、西谷正、崔大勇：《东南文化》
1990 年第 3 期

中国古陶瓷对日本的影响

　　张文江：《南方文物》1995 年第 3 期

日本南西诸岛出土的史前时期贝符

　　［日］国分直一、木下尚子：《国际百越文化研究》，中国社会科学
出版社 1994 年版

百越民族文化对东瀛邻国的影响

　　刘茂源、林蔚文：《湖南省博物馆文集》（四），《船山学刊》杂志
社 1998 年版

从大禹治水神话看越文化对日本文化的影响

　　徐宏图：《2002 年绍兴越文化国际学术研讨会论文集》，浙江古籍
出版社 2006 年版

论吴越文化对日本的影响

　　徐吉军、郑土有：《2002 年绍兴越文化国际学术研讨会论文集》，浙江古籍出版社 2006 年版

日语与绍兴方言之渊源初探

　　张首鸣：《2002 年绍兴越文化国际学术研讨会论文集》，浙江古籍出版社 2006 年版

史前时期先越文化由海路输入日本论

　　王心喜：《2002 年绍兴越文化国际学术研讨会论文集》，浙江古籍出版社 2006 年版

释"扶桑"

　　黄新生：《东南文化》1990 年第 3 期

日本当前的考古学与中国古代文化研究——访著名学者李学勤

　　程京生：《东南文化》1989 年第 2 期

稻作东传之路与舟山群岛

　　陶和平：《浙江海洋学院学报》（人文科学版）2000 年第 4 期

日本稻作的形成

　　〔日〕佐佐木高明著，尹绍亭译：《农业考古》1989 年第 2 期

日本的水稻栽培

　　〔日〕赤泽建：《农业考古》1985 年第 2 期

日本学者对绳纹时代从中国传去农作物的追溯

　　张建世编译：《农业考古》1985 年第 2 期

从语言化石看吴越人东渡日本

　　夏恒翔、孟宪仁：《辽宁大学学报》1987 年第 4 期

从语言学角度试论亚洲栽培稻的起源和传播

　　游汝杰：《农史研究》第 3 辑，中国农业出版社 1983 年版

古越文化与日本民俗

　　黄浙苏：《浙东文化》1997 年第 2 期

浅谈越地戏曲艺术对日本的影响

　　孙思佳：《中国柯桥·越国文化高峰论坛文集》，浙江人民出版社 2011 年版

中国土墩墓与韩国坟丘墓关系的初步探讨

　　林永珍：《2002年绍兴越文化国际学术研讨会论文集》，浙江古籍出版社2006年版

高句丽乐舞与吴越文化的渊源窥探

　　赵霞：《2002年绍兴越文化国际学术研讨会论文集》，浙江古籍出版社2006年版

吴越文化研究叙说——以韩国文化与吴越文化的关系为中心

　　［韩］权锡焕：《中国传统文化与越文化》，人民出版社2004年版

越文化对朝鲜半岛的影响与传播

　　张志立：《中国传统文化与越文化》，人民出版社2004年版

南洋民族的鸟田血统

　　［美］徐松石：《国际百越文化研究》，中国社会科学出版社1994年版

马来—波里尼西亚与中国南方文化传统的关系

　　［美］杨江：《国际百越文化研究》，中国社会科学出版社1994年版

马来—波里尼西亚与中国南方文化传统的关系

　　［美］杨江：《浙江学刊》1991年第1期

菲律宾史前文化中的大陆因素——兼论"原南岛语族文化圈"

　　吴春明：《2002年绍兴越文化国际学术研讨会论文集》，浙江古籍出版社2006年版

马来人与中华民族同源关系

　　罗香林：《新南洋》第1卷第2期，1944年

马来人与古代越族之关系

　　罗香林：《百越源流与文化》，台湾中华丛书编审委员会1955年版

从考古新发现谈宁波沿海地区原始居民的海上交通

　　吴玉贤：《宁波港海外交通史学术讨论会论文选集》1981'年版

从考古发现谈宁波沿海地区原始居民的海上交通

　　吴玉贤：《史前研究》1983年创刊号

一篇虚构的宁波文明史和海外交通史

　　施存龙：《浙东文化》1998年第1期

（八）文献资料

《史记·越世家》补正

　　蒙文通：《越史丛考》，人民出版社 1983 年版

关于《越绝书》及其作者

　　陈桥驿：《杭州大学学报》1979 年第 4 期

关于《越绝书》及其作者

　　陈桥驿：《吴越文化论丛》，中华书局 1999 年版

关于《越绝书》的作者、成书年代及其篇卷问题

　　徐奇堂：《广州师院学报》1990 年第 2 期

对《关于〈越绝书〉的作者、成书年代及其篇卷问题》一文的异议

　　刘雪河：《九江师专学报》1995 年第 2 期

也谈《越绝书》的作者及成书年代

　　晁岳佩：《山东师范大学学报》1991 年第 5 期

《越绝书》作者及版本研究

　　刘雪河：《高校图书馆工作》1995 年第 1 期

谈《越绝书》的作者

　　张仲清：《海峡两岸越文化研究》，人民出版社 2005 年版

《越绝书》作者考辨

　　张仲清：《绍兴文理学院学报》2005 年第 4 期

点校本：《越绝书》序

　　陈桥驿：《越绝书》，上海古籍出版社 1985 年版

点校本：《越绝书》序

　　陈桥驿：《吴越文化论丛》，中华书局 1999 年版

《越绝书》研究

　　李泉：《华东师范大学学报》1984 年第 6 期

关于《越绝书》

　　黄苇：《复旦学报》（社会科学版）1983 年第 4 期

越绝书

　　徐益藩：《文澜学报》第 3 卷第 2 期，1937 年

《越绝书》校勘札记

　　　徐奇堂:《广州师院学报》1992 年第 4 期

《越绝书》书名考释

　　　徐奇堂:《广州师院学报》1992 年第 1 期

《越绝书》书名释疑

　　　刘雪河:《中国史研究动态》2001 年第 11 期

《越绝书》书名辨释

　　　张仲清:《绍兴学刊》2005 年第 2 期

事补史缺义存世鉴——说说《越绝书》的要旨与越国精神

　　　张仲清:《绍兴文理学院学报》2004 年第 1 期

《越绝书》:一部颂扬越国精神的书

　　　张仲清:《胆剑精神文集》,绍兴市社会科学界联合会编印 2004
年版

《越绝书》性质试析

　　　骆啸声:《方志研究》1989 年第 4 期

《越绝书》是一部地方史

　　　仓修良:《历史研究》1990 年第 4 期

《越绝书》是怎样一部书

　　　张仲清:《绍兴史志》2003 年第 3 期

《越绝书》与古代吴越社会——兼论《越绝书》的史料价值

　　　徐奇堂:《广州师院学报》1991 年第 2 期

《越绝书》与地名学

　　　陈雄:《地名知识》1991 年第 3 期

《越绝书》内外经传考释

　　　晁岳佩:《文献》1993 年第 1 期

关于《越绝书》的两个问题

　　　刘雪河:《江苏地方志》1995 年第 3 期

《越绝书》散论

　　　仓修良:《史学史研究》1998 年第 1 期

《越绝书》新探

　　　盛鸿郎:《绍兴史志》2002 年第 3 期

《越绝书》新探

　　盛鸿郎：《2002年绍兴越文化国际学术研讨会论文集》，浙江古籍出版社2006年版

《越绝书》吴、越"故治"及"西江"考释

　　王文清、李冬梅：《百越文化研究》，厦门大学出版社2005年版

《越绝书·记军气》篇试论

　　李学勤、刘国忠：《海峡两岸越文化研究》，人民出版社2005年版

《越绝书》"戈船"释义

　　曹锦炎：《文史》第36辑

《越绝书》"戈船"释义

　　曹锦炎：《吴越历史与考古论丛》，文物出版社2007年版

《越绝书校注》简评

　　呼叙利：《绍兴文理学院学报》2010年第1期

诠解《越绝书》中的两个古音

　　胡文炜：《绍兴学刊》2002年第1期

《越绝书》所载的"种山"地位考

　　娄如松：《绍兴学刊》2009年第2期

古越先民的"鸟田"到底是什么——《越绝书》质疑之一

　　施放：《绍兴学刊》2004年第4期

句践《维甲令》的校读——越国史料的校勘与发微

　　王燕平：《东南文化》2010年第5期

论《越绝书》的文化整合意识

　　李学功：《海峡两岸大禹文化研究》，中国社会科学出版社2010年版

《越绝书》佚文与《吴越春秋》中要离故事的关系考察

　　贾海建：《中南大学学报》2010年第5期

浙江史学探源——论《越绝书》、《吴越春秋》的文化意义

　　叶建华：《浙江学刊》1989年第1期

辨《越绝书》《吴越春秋》记越年

　　钱穆：《先秦诸子系年考辨》，中华书局1985年版

《越绝书》、《吴越春秋》与道家思想

　　万晴川：《浙江学刊》2005 年第 5 期

读《越绝书》与《吴越春秋》札记

　　刘敦愿：《东南文化》1987 年第 1 期

关于《吴越春秋》的作者及成书年代

　　曹林娣：《西北大学学报》1982 年第 4 期

论《吴越春秋》的作者和成书年代

　　梁宗华：《苏州大学学报》1999 年第 3 期

《吴越春秋》版本考

　　戴维、琼生、马新：《古籍整理研究学刊》1985 年第 3 期

现行十卷本《吴越春秋》考识

　　梁宗华：《东岳论丛》1988 年第 1 期

《吴越春秋》的作者版本及价值

　　贺双非：《图书与情报》2004 年第 2 期

吴越春秋殆非全书辨识

　　丰坤武：《东南文化》2000 年第 3 期

《吴越春秋辑校汇考》序

　　仓修良：《浙江大学学报》（人文社会科学版）1996 年第 3 期

《吴越春秋》及其记载的吴、越史料

　　陈桥驿：《杭州大学学报》1984 年第 1 期

《吴越春秋》及其记载的吴、越史料

　　陈桥驿：《吴越文化论丛》，中华书局 1999 年版

《吴越春秋》讹误考辨

　　金永平：《浙江学刊》1991 年第 1 期

吴越春秋祗证

　　洪丙丁：《国立台湾师大国文研究所集刊》1981 年第 25 卷

《吴越春秋》与吴越民歌

　　王宇：《东南文化》2007 年第 3 期

读《吴越春秋》札记

　　张余鸣：《学风》第 5 卷第 2 期，1935 年

论《吴越春秋》为汉晋间说部及其在艺术上的成就

　　　陈中凡：《文学遗产》增刊 1959 年第 7 期

试论《吴越春秋》的体裁

　　　曹林娣：《苏州大学学报》1984 年第 1 期

《吴越春秋》文学成就初探

　　　曹林娣：《苏州大学学报》1986 年第 1 期

时分与《吴越春秋》

　　　李学勤：《历史教学问题》1991 年第 4 期

吴越春秋补注

　　　肖旭：《古籍整理研究学刊》2000 年第 4 期

《吴越春秋选译》指正一则

　　　罗俊华：《江海学刊》2003 年第 4 期

《吴越春秋》徐天祜注浅议

　　　金永平：《杭州师院学报》1991 年第 4 期

《吴越春秋》词语校释

　　　薛正兴：《社会科学战线》1988 年第 3 期

《吴越春秋》"内吴外越"探辨

　　　金其桢：《赣南师范学院学报》1993 年第 1 期

《吴越春秋》复音动词结构特点概述

　　　王春玲：《重庆三峡学院学报》2002 年第 4 期

论《吴越春秋》中的复仇与汉代社会

　　　刘晓臻：《语文学刊》2004 年第 1 期

论《吴越春秋》中伍子胥形象塑造

　　　曹林娣：《中国文学研究》2003 年第 3 期

从历史叙事走向文学叙事——从史料的运用看《吴越春秋》的叙事特征

　　　林小云：《中州学刊》2009 年第 2 期

论《吴越春秋》是我国现存最早的文言长篇历史小说

　　　黄仁生：《湖南师范大学社会科学学报》1994 年第 3 期

《韩诗外传》与《吴越春秋》中要离传奇的文本考察

　　　于淑娟：《东疆学刊》2005 年第 4 期

试解吴越春秋的不可晓之迹

　　金其祯：《史学月刊》2000 年第 6 期

《国语》所反映的吴越争斗时期的越文化

　　赵东栓：《潍坊学院学报》2009 年第 1 期

《论衡》与吴越史地

　　陈桥驿：《吴越文化论丛》，中华书局 1999 年版

《论衡》与吴越史地

　　陈桥驿：《浙江学刊》1986 年第 1 期

读《史记·越世家》一得

　　殷伟仁：《浙江学刊》1992 年第 4 期

越王剑与《史记·越王句践世家》

　　吕荣芳：《国际百越文化研究》，中国社会科学出版社 1994 年版

从《史记》看古越族的区系

　　周幼涛：《中国传统文化与越文化》，人民出版社 2004 年版

从《史记》看古越族的区系

　　周幼涛：《文史知识》2004 年第 9 期

史记《越世家》注（附图）

　　卫聚贤：《说文月刊》第 2 卷第 2、3 期，1940 年

史记《伍子胥传》注

　　卫聚贤：《说文月刊》第 2 卷第 5 期，1943 年

六国纪年表考证

　　陈梦家：《六国纪年》，学习生活出版社 1955 年版

三国志"吴志"补山越传

　　范午：《责善半月刊》（齐鲁大学）第 1 卷第 4 期，1940 年

略谈吴王夫差——读史随笔

　　吕式毅：《安徽日报》1962 年 3 月 31 日

东越"草昧蒙翳"辨

　　胡牧：《浙江社会科学》1994 年第 4 期

"鸟田"新证——兼考"人田"、"麋田"、"象田"

　　吴天明：《浙江社会科学》2003 年第 6 期

"鸟田"之谜

　　虞文明:《绍兴学刊》1995 年第 1 期

谈帛书本《春秋事语》

　　吴荣曾:《文物》1998 年第 2 期

《吴越徐舒金文集释》序

　　李学勤:《浙江学刊》1991 年第 3 期

《鸟虫书通考》读后

　　何琳仪:《考古》2000 年第 10 期

《印山越王陵》简介

　　瑞琪:《考古》2002 年第 6 期

《好川墓地》出版发行

　　罗嘉:《考古》2002 年第 7 期

读《好川墓地》

　　赵辉:《考古》2002 年第 11 期

《浙江越墓》简介

　　雨珩:《考古》2009 年第 11 期

《浙江省文物考古研究所学刊——纪念浙江省文物考古研究所成立三十
周年论文集》简介

　　文耀:《考古》2009 年第 12 期

中国南方商周青铜器研究的新阶段——读《皖南商周青铜器》

　　水涛:《文物》2007 年第 8 期

《宁波与海上丝绸之路》简介

　　文耀:《考古》2007 年第 3 期

吴越文化研究的新成果——《吴越文化新探》、《百越民族文化》、《中
国南方古代印纹陶》简介

　　苏文:《东南文化》1988 年第 6 期

《吴越文化新探》读后

　　李学勤:《历史研究》1989 年第 3 期

读《越史丛考》

　　陈玉龙:《历史研究》1983 年第 6 期

评《越国文化》

　　陈绍棣：《浙江学刊》1999 年第 5 期

读《越国文化》有感

　　梁白泉：《浙江学刊》1998 年第 4 期

读《越国文化》有感

　　吴汝祚：《浙江社会科学》1998 年第 4 期

《文明的记忆·绍兴历史图说》出版

　　《越文化研究通讯》2010 年第 7 期

《文明的记忆·绍兴历史图说》序

　　陈桥驿：《越文化研究通讯》2010 年第 7 期

《越国文化研究》前言

　　傅振照：《越文化研究通讯》1996 年第 1 期

《越文化实勘研究论文集》序

　　车越乔：《越文化研究通讯》2005 年第 3 期

《越文化实勘研究论文集》（二）序

　　车越乔：《越文化研究通讯》2009 年第 5 期

越国史研究的集大成之作——《越国史稿》出版

　　越宣：《绍兴文理学院报·越文化研究》2010 年第 45 期

"越国之史记"——《越国史稿》

　　沈卫莉：《绍兴日报》2010 年 4 月 15 日

《越国史稿》读后

　　金石：《绍兴日报》2010 年 8 月 26 日

《越国史稿》评介

　　谢一彪：《绍兴文理学院学报》2011 年第 1 期

越国之史记——《越国史稿》评介

　　谢一彪：《中国社会科学报》2011 年 3 月 1 日

五十年来吴越文化研究综述

　　徐吉军：《浙江学刊》1986 年第 5 期

（九）考古资料

浙江考古的世纪回顾与展望

　　刘军：《考古》2001 年第 10 期

二十年来浙江商周时期考古工作的主要收获

　　陈元甫：《纪念浙江省文物考古研究所建所二十周年论文集》，西泠印社出版社 1999 年版

从考古发现看先秦古籍中关于吴越的记载

　　杨国勇：《民间文艺季刊》1988 年第 4 期

越国器（上）

　　曹锦炎：《鸟虫书通考》，上海书画出版社 1999 年版

越国器（下）

　　曹锦炎：《鸟虫书通考》，上海书画出版社 1999 年版

越国礼器

　　董楚平：《吴越徐舒金文集释》，浙江古籍出版社 1992 年版

越国兵器

　　董楚平：《吴越徐舒金文集释》，浙江古籍出版社 1992 年版

新出鸟虫书越王兵器考

　　曹锦炎：《古文字研究》（第二十四辑），中华书局 2002 年版

越王得居戈考释

　　曹锦炎：《古文字研究》（第二十五辑），中华书局 2004 年版

越王得居戈考释

　　曹锦炎：《2002 年绍兴越文化国际学术研讨会论文集》，浙江古籍出版社 2006 年版

越王得居戈考释

　　曹锦炎：《吴越历史与考古论丛》，文物出版社 2007 年版

越王句践宝剑之蕴涵

　　马小康：《绍兴文理学院报·越文化研究》2005 年第 9 期

越王句践宝剑之蕴涵

　　马小康：《海峡两岸越文化研究》，人民出版社 2005 年版

越王之子句践剑

　　董楚平：《吴越徐舒金文集释》，浙江古籍出版社 1992 年版

关于两件吴越宝剑铭文的释读问题

　　张振林：《中国语文研究》第 7 期，香港中文大学中国文化研究所 1985 年版

越王句践剑

　　董楚平：《吴越徐舒金文集释》，浙江古籍出版社 1992 年版

湖北江陵三座楚墓出土大批重要文物

　　湖北省文物局工作队：《文物》1966 年第 5 期

初论江陵望山楚墓的年代与墓主

　　方壮猷：《江汉考古》1980 年第 1 期

江陵邵固墓若干问题的探讨

　　中山大学古文字研究室楚简整理小组：《中山大学学报》1979 年第 2 期

望山一号墓与越王句践剑的关系

　　吕荣芳：《厦门大学学报》1977 年第 4 期

江陵楚墓论述

　　郭德维：《考古学报》1982 年第 2 期

精美的吴越青铜剑和矛——兼析楚与吴越的关系

　　陈振裕：《楚文化研究论集》，荆楚书社 1987 年版

句践剑

　　曹锦炎：《鸟虫书通考》，上海书画出版社 1999 年版

越王句践剑

　　曹锦炎：《鸟虫书通考》，上海书画出版社 1999 年版

越王句践剑

　　林华东：《浙江学刊》1987 年第 3 期

越王勾践剑

　　陈谦：《光明日报》1973 年 3 月 6 日

越王剑

　　陈振裕：《长江日报》1978 年 4 月 16 日

越王剑、永康元年群神禽兽镜

　　马承源：《文物》1962 年第 12 期

论句趉其夷即越王句践（句趉其夷戈跋）

　　丁山：《文史杂志》1944 年第 1 期

越王者旨于赐考

　　林沄：《考古》1963 年第 8 期

浙江新入藏越王者旨於睗剑笔谈

　　　曹锦炎、马承源、李学勤等:《文物》1996 年第 4 期

者旨於赐考略

　　　殷涤非:《古文字研究》(第十辑),中华书局 1983 年版

越王者旨於赐剑

　　　董楚平:《吴越徐舒金文集释》,浙江古籍出版社 1992 年版

越王者旨於睗剑

　　　曹锦炎:《鸟虫书通考》,上海书画出版社 1999 年版

湖北江陵藤店一号幕发掘简报

　　　荆州地区博物馆:《文物》1973 年第 9 期

江陵官坪楚墓发掘简报

　　　叶华、何万年:《江汉考古》1989 年第 3 期

越王者旨於赐矛

　　　董楚平:《吴越徐舒金文集释》,浙江古籍出版社 1992 年版

越王者旨於睗矛

　　　曹锦炎:《鸟虫书通考》,上海书画出版社 1999 年版

安徽淮南市蔡家岗赵家孤堆战国墓

　　　安徽省文化局文物工作队:《考古》1963 年第 4 期

皖出二兵跋

　　　何琳仪:《文物研究》1988 年总第 3 期

越王者旨矛

　　　曹锦炎:《鸟虫书通考》,上海书画出版社 1999 年版

越王者旨於赐戈

　　　董楚平:《吴越徐舒金文集释》,浙江古籍出版社 1992 年版

越王者旨於睗戈

　　　曹锦炎:《鸟虫书通考》,上海书画出版社 1999 年版

越王者旨於赐钟

　　　董楚平:《吴越徐舒金文集释》,浙江古籍出版社 1992 年版

越王者旨於睗钟

　　　曹锦炎:《鸟虫书通考》,上海书画出版社 1999 年版

记新发现的越王不寿剑

　　曹锦炎：《文物》2002 年第 2 期

记新发现的越王不寿剑

　　曹锦炎：《吴越历史与考古论丛》，文物出版社 2007 年版

越大子不寿矛

　　董楚平：《吴越徐舒金文集释》，浙江古籍出版社 1992 年版

越王大子不寿矛

　　曹锦炎：《鸟虫书通考》，上海书画出版社 1999 年版

越王大子矛考释

　　曹锦炎：《吴越地区青铜器研究论文集》，香港两木出版社 2007
年版

越王大子矛考释

　　曹锦炎：《吴越历史与考古论丛》，文物出版社 1997 年版

越王盲姑剑

　　董楚平：《吴越徐舒金文集释》，浙江古籍出版社 1992 年版

越王丌北古剑

　　曹锦炎：《鸟虫书通考》，上海书画出版社 1999 年版

安庆出土之越王丌北古剑

　　朱世力：台北《故宫文物月刊》第十卷第 11 期，1992 年

安庆王家山战国墓出土越王丌北古剑等器物

　　黄光新：《文物》2000 年第 8 期

越王州勾复合剑铭文及其所反映的历史

　　李家浩：《北京大学学报》1998 年第 2 期

越王州勾复合剑铭文新释

　　董楚平：《百越文化研究》，厦门大学出版社 2005 年版

越王州句剑

　　董楚平：《吴越徐舒金文集释》，浙江古籍出版社 1992 年版

越王州句剑

　　曹锦炎：《鸟虫书通考》，上海书画出版社 1999 年版

湖北江陵藤店一号墓发掘简报

　　荆州地区博物馆：《文物》1973 年第 9 期

荆门市子陵岗古墓发掘简报

　　　荆门市博物馆：《江汉考古》1990 年第 4 期

湖南楚墓出土古文字丛考（益阳赫山庙 42 号墓出土州句剑）

　　　周世荣：《湖南考古辑刊》（第 1 集）1982 年版

越王州句戈铭文考释

　　　孔令远：《考古》2010 年第 8 期

越王州句矛

　　　董楚平：《吴越徐舒金文集释》，浙江古籍出版社 1992 年版

越王州句矛

　　　曹锦炎：《鸟虫书通考》，上海书画出版社 1999 年版

跋古越阁新藏之州句剑铭文

　　　曹锦炎：《第三届国际中国古文字学研讨会论文集》，香港中文大学 1997 年版

跋古越阁新藏之州句剑铭文

　　　曹锦炎：《吴越历史与考古论丛》，文物出版社 2007 年版

越王州句铜剑在益阳赫山庙出土

　　　《湖南日报》1978 年 7 月 8 日

朱句钟跋

　　　曹锦炎：《于省吾教授百年诞辰纪念文集》，吉林大学出版社 1996 年版

朱句钟跋

　　　曹锦炎：《吴越历史与考古论丛》，文物出版社 2007 年版

越王朱句钟

　　　曹锦炎：《鸟虫书通考》，上海书画出版社 1999 年版

越王嗣旨不光剑铭文考

　　　曹锦炎：《文物》1995 年第 8 期

越王嗣旨不光剑铭文考

　　　曹锦炎：《吴越历史与考古论丛》，文物出版社 2007 年版

越王嗣旨不光剑

　　　曹锦炎：《鸟虫书通考》，上海书画出版社 1999 年版

越王旨不光剑

　　曹锦炎:《鸟虫书通考》,上海书画出版社 1999 年版

越王不光剑

　　曹锦炎:《鸟虫书通考》,上海书画出版社 1999 年版

绍兴发现青铜越王不光剑

　　博文:《绍兴文博》(第六辑),绍兴博物馆 2008 年版

"越王不光"青铜剑

　　林华东:《绍兴文博》(第六辑),绍兴博物馆 2008 年版

"越王不光"青铜剑

　　林华东:《越文化研究通讯》2008 年第 6 期

越王不光矛跋

　　曹锦炎:《吴越历史与考古论丛》,文物出版社 2007 年版

越王钟补释

　　曹锦炎:《国际百越文化研究》,中国社会科学出版社 1994 年版

越王钟补释

　　曹锦炎:《吴越历史与考古论丛》,文物出版社 2007 年版

越王剑

　　董楚平:《吴越徐舒金文集释》,浙江古籍出版社 1992 年版

越王剑

　　曹锦炎:《鸟虫书通考》,上海书画出版社 1999 年版

越剑

　　曹锦炎:《鸟虫书通考》,上海书画出版社 1999 年版

越王矛

　　董楚平:《吴越徐舒金文集释》,浙江古籍出版社 1992 年版

越王矛

　　曹锦炎:《鸟虫书通考》,上海书画出版社 1999 年版

越王石矛

　　曹锦炎:《鸟虫书通考》,上海书画出版社 1999 年版

越嗣王石矛

　　曹锦炎:《鸟虫书通考》,上海书画出版社 1999 年版

越王石矛与王字矛

　　董楚平:《吴越徐舒金文集释》,浙江古籍出版社1992年版

越王戈

　　曹锦炎:《鸟虫书通考》,上海书画出版社1999年版

越□董戈

　　曹锦炎:《鸟虫书通考》,上海书画出版社1999年版

东周吴越铜戈比较研究

　　井中伟:《东南文化》2008年第3期

越王铍

　　曹锦炎:《鸟虫书通考》,上海书画出版社1999年版

王用剑

　　曹锦炎:《鸟虫书通考》,上海书画出版社1999年版

新见《越王伯侯剑》考释

　　董楚平:《瓯文化论集》,浙江人民出版社2009年版

平粮台越王剑

　　董楚平:《吴越徐舒金文集释》,浙江古籍出版社1992年版

淮阳县平粮台四号墓发掘简报

　　曹桂岑等:《河南文博通讯》1980年第1期

见于著录的剑首环铭剑

　　董楚平:《吴越徐舒金文集释》,浙江古籍出版社1992年版

越器"无頿"戈铭文考释

　　傅天佑:《江汉考古》1988年第1期

古越阁所藏青铜兵器选粹

　　李学勤:《文物》1993年第4期

论古越阁所藏三件青铜器

　　李学勤:《文物》1994年第4期

古越阁藏古兵三题

　　杨泓:《文物》1994年第12期

《台湾古越阁藏青铜兵器精粹展》巡礼

　　古剑:《文物》1995年第8期

台北"古越阁"所藏吴越具铭兵器述论——兼谈"勾践"与"句践"的纠纷问题

董楚平：《龙虎山崖葬与百越民族文化》，吉林人民出版社2001年版

新见越王兵器及其相关问题

曹锦炎：《文物》2000年第1期

新见越王兵器及其相关问题

曹锦炎：《吴越历史与考古论丛》，文物出版社2007年版

枣庄市拣选一件战国铭文铜戈

李锦山：《文物》1987年第11期

能原镈铭文初探

曹锦炎：《东方博物》（第1辑），杭州大学出版社1997年版

再论"能原"镈

曹锦炎：《故宫博物院院刊》1999年第3期

再论"能原"镈

曹锦炎：《吴越历史与考古论丛》，文物出版社2007年版

越邘盟辞镈

曹锦炎：《鸟虫书通考》，上海书画出版社1999年

"能原镈"、"之利残片"、"之利钟"、句践剑铭文汇释——兼论邘越关系

董楚平：《故宫博物院院刊》1999年第4期

能原镈

董楚平：《吴越徐舒金文集释》，浙江古籍出版社1992年版

之利钟

董楚平：《吴越徐舒金文集释》，浙江古籍出版社1992年版

之利残片

董楚平：《吴越徐舒金文集释》，浙江古籍出版社1992年版

之利残片

曹锦炎：《鸟虫书通考》，上海书画出版社1999年版

姑冯句鑃

董楚平：《吴越徐舒金文集释》，浙江古籍出版社1992年版

其次句鑃

　　董楚平：《吴越徐舒金文集释》，浙江古籍出版社 1992 年版

越王於字残钟

　　董楚平：《吴越徐舒金文集释》，浙江古籍出版社 1992 年版

吴江横搧出土越王残钟考释

　　陈邦福：《考古》1961 年第 7 期

者汈钟铭考释

　　郭沫若：《考古学报》1958 年第 2 期

者汈钟铭考释读后记

　　李平心：《中华文史论丛》（第三辑）1963 年版

者汈钟铭校注

　　何琳仪：《古文字研究》（第十七辑），中华书局 1989 年版

者汈编钟

　　董楚平：《吴越徐舒金文集释》，浙江古籍出版社 1992 年版

越者汈钟铭新论

　　董珊：《东南文化》2008 年第 2 期

中山王鼎

　　董楚平：《吴越徐舒金文集释》，浙江古籍出版社 1992 年版

岣嵝碑研究

　　曹锦炎：《文物研究》（第五辑）1989 年版

岣嵝碑研究

　　曹锦炎：《鸟虫书通考》，上海书画出版社 1999 年版

岣嵝碑研究

　　曹锦炎：《吴越历史与考古论丛》，文物出版社 2007 年版

禹碑之谜

　　林琳：《中外历史》1987 年第 2 期

禹碑探迹

　　林冲：《文物天地》1984 年第 1 期

话说禹庙岣嵝碑

　　葛国庆：《绍兴文理学院报·越文化研究》2004 年第 3 期

从甲骨文上研究吴越

　　卫聚贤：《古代文化》1937 年第 19 期

浙江原始瓷及印纹陶窑址郡的调查与研究

　　王屹峰：《中国古陶瓷研究》第 12 辑，紫禁城出版社 2006 年版

瓷之源学术研讨会纪要

　　郑建明、陈元甫、周建忠、施然：《文物》2008 年第 9 期

浙江瓷业的新发现与探索

　　朱伯谦：《中国古陶瓷研究会、中国古外销瓷研究会 1985 年郑州年会论文集》，紫禁城出版社 1987 年版

记浙江发现的铜铙、釉陶和越王石矛

　　王士伦：《考古》1965 年第 5 期

绍兴漓渚出土的青铜兵器

　　金祖明：《考古通讯》1956 年第 4 期

绍兴市第一次发现青铜剑和矛

　　绍兴市文管会：《文物参考资料》1957 年第 10 期

绍兴出土越国时代工具和兵器

　　《浙江日报》1978 年 9 月 27 日

越国遗迹

　　绍兴县文物保护管理所：《绍兴县文物志》，浙江古籍出版社 2002 年版

安昌后白洋遗址

　　绍兴县文物保护管理所：《绍兴县文物志》，浙江古籍出版社 2002 年版

绍兴陶里壶瓶山遗址发掘简报

　　浙江省文物考古研究所：《浙江省文物考古研究所学刊（1997）》，长征出版社 1997 年版

陶里壶瓶山遗址

　　绍兴县文物保护管理所：《绍兴县文物志》，浙江古籍出版社 2002 年版

绍兴壶瓶山古文化遗址

　　绍兴市文物管理局：《绍兴文物志》，中华书局 2006 年版

绍兴后白洋古文化遗址

　　绍兴市文物管理局：《绍兴文物志》，中华书局 2006 年版

虎乌山遗址

　　绍兴县文物保护管理所：《绍兴县文物志》，浙江古籍出版社 2002 年版

桥头畈遗址

　　绍兴县文物保护管理所：《绍兴县文物志》，浙江古籍出版社 2002 年版

门口畈遗址

　　绍兴县文物保护管理所：《绍兴县文物志》，浙江古籍出版社 2002 年版

越城西施山遗址

　　绍兴市文物管理局：《绍兴文物志》，中华书局 2006 年版

西施山遗址

　　绍兴县文物保护管理所：《绍兴县文物志》，浙江古籍出版社 2002 年版

绍兴西施山遗址出土文物研究

　　刘侃：《东方博物》（第 31 辑），浙江大学出版社 2009 年版

浙江绍兴袍谷遗址发掘又获重大收获

　　陈元甫等：《浙江文物年鉴 2003 年》

浙江绍兴袍谷遗址发掘简报

　　绍兴县文物保护管理所：《考古》1989 年第 9 期

浙江绍兴县里谷社遗址再发掘

　　周燕儿、符杏华：《南方文物》1992 年第 3 期

袍谷遗址

　　绍兴县文物保护管理所：《绍兴县文物志》，浙江古籍出版社 2002 年版

越城袍谷里谷社遗址

　　绍兴市文物管理局：《绍兴文物志》，中华书局 2006 年版

绍兴市袍谷战国遗址

　　陈元甫：《中国考古学年鉴 2004》，文物出版社 2005 年版

绍兴袍谷战国聚落遗址的发掘

　　陈元甫：《浙江考古新纪元》，科学出版社 2009 年版

绍兴印山发现越国王陵

　　印山大墓考古队：《中国文物报》1998 年 6 月 28 日

绍兴印山越国王陵葬制初探

　　陈元甫：《东方博物》（第 5 辑），杭州大学出版社 2000 年版

绍兴印山大墓发掘简报

　　陈元甫、田正标等：《文物》1999 年第 11 期

绍兴印山大墓出土的器物

　　赵伟明、黎毓馨：《东南文化》2001 年第 11 期

绍兴印山越国王陵

　　绍兴市文物管理局：《绍兴文物志》，中华书局 2006 年版

印山越国王陵

　　绍兴县文物保护管理所：《绍兴县文物志》，浙江古籍出版社 2002
年版

绍兴印山越国王陵陵园制度初探

　　陈元甫：《东南文化》2004 年第 3 期

越王允常陵墓考

　　林华东、梁志明：《浙江学刊》1999 年第 1 期

越王允常陵墓考

　　林华东、梁志明：《越文化研究通讯》1999 年第 11 期

揭开印山越王陵的神秘面纱

　　林华东：《光明日报》1999 年 9 月 3 日

春秋战国时代的绍兴印山大墓

　　林华东：《历史》月刊，1999 年第 135 期

"木客大冢"墓主人考

　　方杰：《浙江学刊》1999 年第 1 期

绍兴印山大墓墓主考证

　　田正标、黎毓馨、彭云、陈元甫：《浙江学刊》1999 年第 4 期

浙江绍兴印山大墓墓主考证

　　田正标、黎毓馨、彭云、陈元甫：《东南文化》2000 年第 3 期

再论绍兴印山越王允常陵——兼对各家观点评说

　　梁志明、林华东:《浙江学刊》1999 年第 4 期

印山大墓应是越王句践自治冢

　　葛国庆:《绍兴文理学院学报》2001 年第 5 期

印山越国王陵为勾践自治冢

　　葛国庆:《越文化研究文集》,中华书局 2001 年版

关于绍兴印山大墓墓主问题的探讨——兼说绍兴 306 号墓的国属问题

　　董楚平:《杭州师院学报》2002 年第 4 期

绍兴印山大墓的年代与墓主问题

　　董楚平:《绍兴文理学院报·越文化研究》2005 年第 7 期

绍兴印山大墓的年代及墓主问题

　　董楚平:《海峡两岸越文化研究》,人民出版社 2005 年版

绍兴印山大墓的若干问题

　　孙华:《南方文物》2008 年第 2 期

绍兴木客大墓吴堕说

　　盛鸿郎:《绍兴学刊》1999 年第 1 期

绍兴木客大墓吴堕说

　　盛鸿郎:《越文化研究通讯》1998 年第 10 期

绍兴木客大墓吴堕说

　　盛鸿郎:《越文化研究文集》,中华书局 2001 年版

印山大墓是"木客大冢"乎

　　葛国庆:《越文化研究通讯》2000 年第 18 期

印山越国王陵非允常木客大冢

　　葛国庆:《绍兴学刊》2000 年第 6 期

印山越王允常陵释疑

　　梁志明:《绍兴学刊》2001 年第 2 期

再说印山越王陵是允常之墓

　　梁志明:《越文化研究通讯》2000 年第 20 期

"木客山"地域考释

　　梁志明:《越文化研究通讯》2001 年第 7 期

印山越国王陵

　　陈关根：《越文化研究通讯》2001 年第 13 期

姒氏曾有祭扫印山越王墓惯例

　　姒承家：《越文化研究通讯》2000 年第 18 期

绍兴印山越王允常墓的发现及其意义

　　陈元甫：《龙虎山崖葬与百越民族文化》，吉林人民出版社 2001年版

越国印山王陵考

　　彭云：《中国传统文化与越文化》，人民出版社 2004 年版

印山越王陵

　　彭云：《文史知识》2004 年第 9 期

绍兴印山大墓被列入今年全国考古十大新发现之一

　　刘彗：《越文化研究通讯》1998 年第 8 期

绍兴印山大墓的若干问题——读《印山越王陵》札记

　　孙华：《南方文物》2008 年第 2 期

绍兴 306 号战国墓发掘简报

　　浙江省文物管理委员会、浙江省文物考古所：《文物》1984 年第1 期

绍兴 306 号战国墓发掘简报

　　浙江省文物管理委员会等：《越文化研究通讯》2002 年第 6 期

绍兴 306 号战国墓

　　绍兴县文物保护管理所：《绍兴县文物志》，浙江古籍出版社 2002年版

越城坡塘 306 号墓

　　绍兴市文物管理局：《绍兴文物志》，中华书局 2006 年版

绍兴 306 号墓小考

　　钟遐：《文物》1984 年第 1 期

绍兴 306 号墓小考

　　钟遐：《越文化研究通讯》2002 年第 6 期

绍兴 306 号越墓刍议

　　牟永抗：《文物》1984 年第 1 期

绍兴 306 号越墓刍议

　　牟永抗:《越文化研究通讯》2002 年第 6 期

绍兴 306 号越墓刍议

　　牟永抗:《牟永抗考古学文集》,科学出版社 2009 年版

绍兴 306 号"越墓"辨

　　林华东:《考古与文物》1985 年第 4 期

绍兴 306 号墓出土的伎乐铜屋再探

　　王屹峰:《东方博物》(第 32 辑),浙江大学出版社 2010 年版

绍兴坡塘狮子山发掘的春秋墓出土部分文物图集(15 件)

　　《越文化研究通讯》2005 年第 11、12 期

秦望山下 306 号墓

　　关根:《越文化研究通讯》2000 年第 19 期

绍兴坡塘出土徐器铭文及其相关问题

　　曹锦炎:《文物》1984 年第 1 期

绍兴坡塘出土徐器铭文及其相关问题

　　曹锦炎:《越文化研究通讯》2002 年第 6 期

浙江绍兴凤凰山战国木椁墓

　　绍兴县文物保护管理所:《文物》2002 年第 2 期

浙江绍兴皋埠任家湾茅家山墓发掘简报

　　绍兴市文物考古研究所:《越文化研究通讯》2004 年第 7 期

浙江绍兴皋埠任家湾茅家山战国墓清理简报

　　蒋明明:《东方博物》(第 14 辑),浙江大学出版社 2005 年版

绍兴凤凰山木椁墓

　　绍兴县文物管理委员会:《考古》1976 年第 6 期

绍兴上蒋凤凰山木椁墓

　　绍兴市文物管理局:《绍兴文物志》,中华书局 2006 年版

上蒋凤凰山木椁墓

　　绍兴县文物保护管理所:《绍兴县文物志》,浙江古籍出版社 2002
年版

绍兴漓渚汉墓

　　浙江省文物管理委员会:《考古学报》1957 年第 1 期

浙江绍兴漓渚古墓葬发掘简报

　　浙江省文管会：《考古通讯》1958 年第 12 期

浙江绍兴漓渚考古简报

　　王士伦、朱伯谦：《考古》1955 年第 5 期

绍兴漓渚古墓

　　绍兴市文物管理局：《绍兴文物志》，中华书局 2006 年版

漓渚古墓

　　绍兴县文物保护管理所：《绍兴县文物志》，浙江古籍出版社 2002年版

绍兴漓渚附近发现新石器时代遗存和古墓群

　　金祖明：《考古通讯》1956 年第 5 期

越城禹陵土墩石室墓

　　绍兴市文物管理局：《绍兴文物志》，中华书局 2006 年版

土墩石室墓遗存

　　绍兴县文物保护管理所：《绍兴县文物志》，浙江古籍出版社 2002年版

绍兴里木栅古墓群

　　绍兴市文物管理局：《绍兴文物志》，中华书局 2006 年版

里木栅古墓群

　　绍兴县文物保护管理所：《绍兴县文物志》，浙江古籍出版社 2002年版

浙江绍兴两处东周窑址的调查

　　符杏华：《东南文化》1992 年第 6 期

绍兴吼山和东堡两座窑址的调查

　　沈作霖、高军：《考古》1987 年第 4 期

东堡印纹陶窑址

　　绍兴县文物保护管理所：《绍兴县文物志》，浙江古籍出版社 2002年版

越城东堡印纹陶窑址

　　绍兴市文物管理局：《绍兴文物志》，中华书局 2006 年版

话说绍兴吼山、东堡窑址

　　高军:《越文化研究通讯》2010 年第 2 期

万户印纹陶窑址

　　绍兴县文物保护管理所:《绍兴县文物志》,浙江古籍出版社 2002
年版

吼山原始青瓷窑址

　　绍兴县文物保护管理所:《绍兴县文物志》,浙江古籍出版社 2002
年版

越城吼山原始青瓷窑址

　　绍兴市文物管理局:《绍兴文物志》,中华书局 2006 年版

浙江绍兴富盛战国窑址

　　绍兴县文物管理委员会:《考古》1979 年第 3 期

绍兴富盛窑印纹陶和原始瓷标本的显微结构

　　陈显求、陈士萍:《文物集刊》1981 年第 3 辑

富盛战国窑址

　　绍兴县文物保护管理所:《绍兴县文物志》,浙江古籍出版社 2002
年版

绍兴富盛战国窑址

　　绍兴市文物管理局:《绍兴文物志》,中华书局 2006 年版

浙江绍兴舂箕山、庙屋山古窑址

　　周燕儿:《南方文物》1993 年第 2 期

浙江绍兴市发现一件春秋铭文铜甬钟

　　蒋明明:《考古》2006 年第 7 期

绍兴出土有鸟虫书铭文"青铜甬钟"

　　蒋明明:《绍兴文理学院报·越文化研究》2005 年第 6 期

绍兴出土有鸟虫书铭文的"青铜甬钟"

　　蒋明明:《越文化研究通讯》2004 年第 1 期

自铎铭文考释

　　曹锦炎:《文物》2004 年第 2 期

自铎铭文考释

　　曹锦炎:《吴越历史与考古论丛》,文物出版社 2007 年版

绍兴出土的春秋战国文物

　　沈作霖：《考古》1979 年第 5 期

绍兴出土越国青铜剑及其演变

　　彭云：《东南文化》1992 年第 6 期

绍兴西岸头遗址出土一件青铜构件

　　彭云：《文物》1993 年第 8 期

试论绍兴出土越国青铜农具

　　董忠耿：《东南文化》1992 年第 6 期

试论绍兴出土的越国青铜农具

　　王佐才、董忠耿：《绍兴学刊》1990 年秋季号

试述绍兴新出土的越国青铜器

　　周燕儿：《东南文化》1995 年第 2 期

绍兴发现两件钩鑃

　　绍兴市文管会：《考古》1983 年第 4 期

配儿钩鑃考释

　　沙孟海：《考古》1983 年第 4 期

浙江绍兴发现春秋时期鸠杖

　　蔡晓黎：《东南文化》1990 年第 4 期

绍兴发现青铜鸠杖

　　沈作霖：《中国文物报》1990 年 11 月 15 日

绍兴漓渚出土青铜鸠杖源流考

　　李修松：《安徽史学》2001 年第 2 期

西施山遗址考古调查探掘工作结束

　　绍兴市考古所：《越文化研究通讯》2005 年第 7 期

绍兴出土铭有"戉王"字样三石矛

　　沈作霖：《2002 年绍兴越文化国际学术研讨会论文集》，浙江古籍
出版社 2006 年版

绍兴出土铭有"戉王"字样三石矛

　　沈作霖：《越文化研究通讯》2007 年第 1 期

浙江绍兴县出土一批原始青瓷器

　　周燕儿、符杏华：《江西文物》1990 年第 1 期

绍兴出土越国原始青瓷的初步研究

  周燕儿：《考古与文物》1996 年第 6 期

绍兴出土的印纹硬陶和原始青瓷器

  周燕儿等：《东方博物》（第 14 辑），浙江大学出版社 2005 年版

谈绍兴出土的印纹陶和原始瓷

  蒋明明：《南方文物》2001 年第 1 期

绍兴发现越国青铜铸币——戈币

  边光华：《中国钱币》1996 年第 4 期

绍兴征集的青铜矛与镦

  彭云：《南方文物》1994 年第 4 期

对绍兴出土战国权形器的思考

  周燕儿：《江汉考古》1998 年第 1 期

东南地区春秋战国时期的"镇"

  郑小炉：《边疆考古研究》（第 2 辑），科学出版社 2004 年版

梅山乡出土战国时期双耳罐

  《绍兴史志》2001 年第 2 期

绍兴越国遗物概述

  沈作霖：《绍兴学刊》1990 年秋季号

秦望山与"会稽刻石"

  周燕儿：《越文化研究通讯》2000 年第 19 期

会稽秦望刻石山考

  盛鸿郎：《越文化研究通讯》2000 年第 19 期

秦会稽刻石

  葛国庆：《越文化研究通讯》2005 年第 1 期

秦会稽刻石

  葛国庆：《绍兴文理学院报·越文化研究》2005 年第 4 期

秦汉会稽碑刻研究三题

  刘侃：《绍兴文博》（第八辑），绍兴博物馆 2008 年版

不该冷落的越国遗迹——南池

  沈一萍：《越文化研究通讯》2000 年第 19 期

浙江上虞县商代印纹陶窑址发掘简报

　　浙江省文物考古研究所：《考古》1987 年第 11 期

上虞商代龙窑窑址

　　绍兴市文物管理局：《绍兴文物志》，中华书局 2006 年版

浙江上虞凤凰山古墓群发掘报告

　　浙江省文物考古研究所、上虞县文物管理所：《浙江省文物考古研究所学刊》，科学出版社 1993 年版

浙江上虞驿亭凤凰山西周土墩墓

　　孟国平：《南方文物》2005 年第 4 期

浙江上虞凤凰山青瓷窑群调查

　　章金焕：《南方文物》2006 年第 4 期

浙江上虞皂李湖古窑址调查

　　章金焕：《南方文物》2002 年第 1 期

上虞羊山古墓群发掘

　　彭云：《沪杭甬高速公路考古报告》，文物出版社 2002 年版

上虞驿亭牛头山古墓群

　　绍兴市文物管理局：《绍兴文物志》，中华书局 2006 年版

上虞小越羊山古墓群

　　绍兴市文物管理局：《绍兴文物志》，中华书局 2006 年版

上虞小越土坑墓

　　绍兴市文物管理局：《绍兴文物志》，中华书局 2006 年版

上虞驿亭周家山古墓群

　　绍兴市文物管理局：《绍兴文物志》，中华书局 2006 年版

上虞和尚山石室土墩墓

　　绍兴市文物管理局：《绍兴文物志》，中华书局 2006 年版

略论上虞石室土墩遗存

　　章金焕：《南方文物》1994 年第 4 期

浙江上虞山仙坛古窑址

　　喻芝琴：《南方文物》1995 年第 3 期

诸暨柁山坞印纹陶窑址

　　绍兴市文物管理局：《绍兴文物志》，中华书局 2006 年版

诸暨下檀印纹陶窑址

　　绍兴市文物管理局：《绍兴文物志》，中华书局 2006 年版

从出土文物看古代杭州文化

　　王士伦：《当代日报》1954 年 4 月 21 日

杭州发现战国青铜器

　　孙元超：《文物参考资料》1955 年第 2 期

杭州发现春秋时代龙窑

　　《中国文物报》2001 年 12 月 21 日

浙江余杭崇贤战国墓

　　沈德祥：《东南文化》1989 年第 6 期

余杭出土的战国时期原始瓷礼乐器及其产地初步分析

　　盛正岗：《东方博物》（第 27 辑），浙江大学出版社 2008 年版

杭州石塘村发现战国窖藏

　　林正贤：《东南文化》1993 年第 3 期

浙江萧山杜家村出土西周甬钟

　　张翔：《文物》1985 年第 4 期

浙江萧山进化区古代窑址的发现

　　王士伦：《考古通讯》1957 年第 2 期

萧山县石盖村发现古窑址

　　沈树芳：《文物参考资料》1957 年第 4 期

萧山印纹硬陶窑址

　　人俊：《杭州日报》1962 年 1 月 17 日

萧山前山窑址发掘简报

　　浙江省文物考古研究所等：《文物》2005 年第 5 期

萧山安山春秋战国窑址

　　沈岳明：《浙江考古新纪元》，科学出版社 2009 年版

萧山长山发掘商周土墩墓出土仿青铜原始瓷鼎瓷簋等重器

　　陈元甫等：《中国文物报》2000 年 7 月 30 日

萧山出土春秋战国时期的青铜器

　　周纪刚：《浙江日报》1981 年 4 月 2 日

萧山越国史迹刍议

    林华东：《跨湖桥文化论集》，人民出版社 2009 年版

富阳文物馆藏的几件先秦青铜器

    周仁花：《东方博物》（第 31 辑），浙江大学出版社 2009 年版

淳安发现春秋时期墓葬

    林华东：《杭州日报》1980 年 2 月 23 日

浙江省淳安县进贤高祭台遗址第一次发掘报告

    新安江水库考古工作队：《浙江省文物考古研究所学刊》，杭州出版社 2005 年

嘉兴印纹陶遗址与土墩墓

    陆耀华：《东南文化》1989 年第 6 期

桐乡董家桥良渚至春秋战国时期遗址的发掘

    田正标、陈元甫：《浙江考古新纪元》，科学出版社 2009 年版

浙江海盐出土原始瓷乐器

    浙江省文物考古研究所、海盐县博物馆：《中国音乐史》1985 年第 8 期

浙江海盐出土原始瓷乐器

    浙江省文物考古研究所、海盐县博物院：《文物》1985 年第 8 期

浙江省海盐县出土商周青铜瓿

    海盐县博物馆：《考古》1981 年第 1 期

浙江海盐发现吴国青铜块

    周荣先：《中国钱币》1985 年第 4 期

海宁县夹山商周土墩石室结构遗存

    浙江省文物考古研究所：《中国考古学年鉴（1985）》，文物出版社 1985 年版

浙江湖州堂子山土墩墓发掘报告

    湖州市文物保护管理所：《东方博物》（第 11 辑），浙江大学出版社 2004 年版

湖州黄梅山原始瓷窑址调查简报

    潘林荣：《东方博物》（第 4 辑），杭州大学出版社 1999 年版

浙江湖州市方家山第三号墩汉墓

　　　浙江省文物考古研究所：《考古》2002 年第 1 期

湖州云巢龙湾出土的战国原始瓷

　　　刘荣华：《文物》2003 年第 12 期

浙江湖州古窑址调查

　　　陈兴吾、任大根：《中国古陶瓷研究》（第 3 辑），科学出版社 1990
年版

湖州下菰城初探

　　　劳伯敏：《中国考古学会第五次年会论文集》，文物出版社 1988
年版

浙江吴兴苍山古战堡试掘

　　　吴兴县文物管理委员会：《考古》1966 年第 5 期

解放以来湖州考古发现及其科学价值

　　　任大根：《湖州师院学报》1999 年第 4 期

浙江湖州发现小型青铜斧

　　　刘健平：《中国钱币》2000 年第 2 期

德清窑

　　　中国硅酸盐学会编：《中国陶瓷史》，文物出版社 1982 年版

德清火烧山原始瓷窑址

　　　郑建明：《浙江考古新纪元》，科学出版社 2009 年版

浙江德清原始青瓷窑址调查

　　　朱建明：《考古》1989 年第 9 期

浙江德清原始青瓷窑址调查

　　　朱建明：《探索中国瓷之源——德清窑》，西泠印社出版社 2009
年版

浙江德清发现战国时期越国“官窑”

　　　陈元甫：《中国文物报》2008 年 4 月 16 日

德清亭子桥战国窑址发掘的主要收获

　　　陈元甫、郑建明、周建忠、费胜成：《东方博物》（第 34 辑），浙
江大学出版社 2010 年版

浙江德清亭子桥战国窑址发掘简报

　　浙江省文物考古研究所、德清县博物馆：《文物》2009 年第 12 期

德清亭子桥战国窑址

　　陈元甫：《浙江考古新纪元》，科学出版社 2009 年版

浙江德清县独仓山及南王山土墩墓发掘简报

　　浙江省文物考古研究所、德清县博物馆：《考古》2001 年第 10 期

浙江德清发现战国时期越国"官窑"

　　陈元甫、郑建明、周建忠、费胜成：《中国文物报》2008 年 4 月 16 日

浙江德清战国原始青瓷制作工艺初探——江苏无锡鸿山越国贵族墓原始青瓷的产地

　　朱建明：《中国古陶瓷研究》第 12 辑，紫禁城出版社 2007 年版

浙江德清越文化史迹的初步探析

　　朱建明：《2002 年绍兴越文化国际学术研讨会论文集》，浙江古籍出版社 2006 年版

浙江德清越文化史迹的初步探析

　　朱建明：《探索中国瓷之源——德清窑》，西泠印社出版社 2009 年版

浙江德清三合塔山土墩墓

　　朱建明：《东南文化》2003 年第 3 期

浙江德清三合塔山土墩墓

　　朱建明：《探索中国瓷之源——德清窑》，西泠印社出版社 2009 年版

浙北东苕溪流域的古代越国瓷业——兼谈早期越国都邑及青瓷的起源

　　朱建明：《南方文物》2009 年第 2 期

浙北东苕溪流域的古代越国瓷业——兼谈早期越国都邑及青瓷的起源

　　朱建明：《探索中国瓷之源——德清窑》，西泠印社出版社 2009 年版

德清发掘商周春秋土墩墓群

　　田正标、陈元甫：《中国文物报》2000 年 3 月 22 日

浙江德清出土的原始青瓷器——兼谈原始青瓷生产和使用中的若干问题

　　姚仲源:《文物》1982 年第 4 期

德清独仓山与南王山的土墩墓

　　田正标、陈元甫、孙荣华:《浙江考古新纪元》,科学出版社 2009 年版

长兴抛渎岗、西山头的土墩遗存

　　孟国平、何炜:《浙江考古新纪元》,科学出版社 2009 年版

浙江长兴县出土两件铜器

　　浙江省文物管理委员会:《文物》1960 年第 7 期

浙江长兴县的两件青铜器

　　浙江省文物管理委员会:《文物》1973 年第 1 期

浙江长兴县发现西周铜鼎

　　长兴县革委会报导组:《文物》1977 年第 9 期

浙江长兴县发现东周青铜器

　　浙江长兴县博物馆:《文物》1981 年第 12 期

浙江长兴出土五件商周铜器

　　夏星南:《文物》1979 年第 11 期

浙江长兴县发现吴越楚铜剑

　　夏星南:《考古》1989 年第 1 期

浙江长兴发现大型越国贵族墓

　　陈元甫、田正标:《中国文物报》2004 年 5 月 7 日

长兴发现大型越国贵族墓

　　陈元甫、田正标:《文物天地》2006 年第 12 期

浙江长兴鼻子山越国贵族墓

　　浙江省文物考古研究所、长兴县博物馆:《文物》2007 年第 1 期

长兴鼻子山越墓

　　浙江省文物考古研究所编:《浙江越墓》,科学出版社 2009 年版

长兴鼻子山越国贵族墓

　　陈元甫:《浙江考古新纪元》,科学出版社 2009 年版

浙江长兴发现东周遗物

　　夏星南:《考古学集刊》第 5 辑,中国社会科学出版社 1987 年版

浙江长兴县石狮土墩墓发掘简报

　　浙江省文物考古研究所：《浙江省文物考古研究所学刊（1993）》，科学出版社 1993 年版

浙江长兴县便山土墩墓发掘报告

　　浙江省文物考古研究所：《浙江省文物考古研究所学刊（1993）》，科学出版社 1993 年版

长兴县土墩墓调查报告

　　李刚：《中国柯桥·越国文化高峰论坛文集》，浙江人民出版社 2011 年版

浙江安吉发现一件青铜矛

　　程亦胜：《文物》1999 年第 4 期

浙江安吉出土商代铜器

　　浙江安吉县博物馆：《文物》1986 年第 2 期

安吉发现一件西周时期铜铙

　　周意群：《文物》2005 年第 1 期

浙江安吉发掘一座石构建筑

　　安吉县文化馆：《考古》1979 年第 2 期

浙江安吉发现"郢爰"

　　匡得鳌：《考古》1982 年第 3 期

安吉古城土墩墓考古调查

　　程亦胜：《东方博物》（第 6 辑），浙江大学出版社 2002 年版

浙江安吉古城发现楚金币

　　程亦胜：《考古》1995 年第 10 期

浙江安吉县上马山西汉墓的发掘

　　安吉县博物馆：《考古》1996 年第 7 期

对浙江上马山小铜鼓的认识

　　蒋廷瑜：《2002 年绍兴越文化国际学术研讨会论文集》，浙江古籍出版社 2006 年版

中国浙江新发现的东山铜鼓

　　［越］郑生著，农立夫译：《考古学》1997 年第 3 期

浙江安吉县发现一座战国墓

　　金翔:《考古》2001 年第 7 期

浙江安吉垅坝 D12 土墩墓发掘简报

　　汪琴:《南方文物》2003 年第 3 期

安吉大树墩商周时期遗址

　　陈元甫:《浙江考古新纪元》,科学出版社 2009 年版

论安吉、长兴的商代青铜器

　　李学勤:《东方博物》(第 1 辑),杭州大学出版社 1997 年版

浙江安吉古城区土墩墓考古调查

　　程亦胜:《东方博物》(第 6 辑),浙江大学出版社 2001 年版

安吉县发掘大树墩商周墓

　　陈元甫等:《浙江文物年鉴 2005 年》

浙江安吉五福楚墓

　　浙江省文物考古研究所、安吉县博物馆:《文物》2007 年第 7 期

安吉五福战国至西汉初木椁墓的发掘

　　田正标、刘建安、程亦胜:《浙江考古新纪元》,科学出版社 2009
年版

浙江安吉发现大型战国时期越国墓葬

　　陈元甫、田正标:《中国文物报》2005 年 2 月 16 日

安吉笔架山春秋战国古墓葬

　　田正标、黄昊德:《中国考古学年鉴(2006)》,文物出版社 2007
年版

浙江安吉笔架山春秋战国墓葬发掘简报

　　田正标、夏朝日、黄昊德、邱宏亮:《东南文化》2009 年第 1 期

安吉笔架山春秋战国古墓葬

　　黄昊德、田正标:《浙江考古新纪元》,科学出版社 2009 年版

安吉龙山越墓

　　浙江省文物考古研究所编:《浙江越墓》,科学出版社 2009 年版

浙江安吉龙山越国贵族墓

　　浙江省文物考古研究所浙江安吉县博物馆:《南方文物》2008 年第
3 期

安吉龙山越国贵族墓

　　陈元甫：《浙江考古新纪元》，科学出版社 2009 年版

浙江衢州市发现原始青瓷器

　　衢州市文管会：《考古》1984 年第 2 期

浙江衢州西山西周土墩墓

　　金华地区文管会：《考古》1984 年第 7 期

浙江衢州西山西周土墩墓

　　金华地区文管会：《考古》1984 年第 7 期

浙江衢州市发现原始青瓷

　　衢州市文物管理委员会：《考古》1984 年第 2 期

江山县南区古遗址墓葬调查试掘

　　牟永抗、毛兆廷：《浙江省文物考古所学刊（1981 年）》，文物出版
社 1981 年版

江山县南区古遗址墓葬调查试掘

　　牟永抗：《牟永抗考古学文集》，科学出版社 2009 年版

浙江省江山县发现战国墓

　　江山县文管会、毛兆廷：《文物》1985 年第 6 期

记浙江江山出土的一套青铜编钟

　　柴福有：《南方文物》1995 年第 3 期

浙江江山出土青铜编钟

　　柴福有：《文物》1996 年第 6 期

浙江江山小红岗土墩遗存试掘简报

　　柴福有：《南方文物》1993 年第 4 期

龙游石窟：两千年前的战备基地

　　董楚平：《寻根》1999 年第 4 期

不知巨灵手、何时事斧凿：龙游石窟随笔

　　王荔：《浙江工艺美术》1998 年第 4 期

从工程科学角度看浙西大地的龙游石窟

　　孙钧等：《岩石力学与工程学报》2001 年第 1 期

浙江省义乌县平畴西周墓——兼论原始青瓷器的制作工艺

　　金华地区文管会：《考古》1985 年第 7 期

浙江东阳六石西周土墩墓

　　浙江省磐安县文管会：《考古》1986 年第 9 期

浙江磐安深泽出土一件云纹铙

　　赵一新：《考古》1987 年第 8 期

东阳前山越墓

　　浙江省文物考古研究所编：《浙江越墓》，科学出版社 2009 年版

浙江东阳前山越国贵族墓

　　浙江省文物考古研究所、东阳市博物馆：《文物》2008 年第 7 期

东阳前山越国贵族墓

　　陈元甫：《浙江考古新纪元》，科学出版社 2009 年版

浙江东阳发现大型越国贵族墓

　　陈元甫：《文物天地》2007 年第 6 期

东阳巍山、歌山周代土墩墓

　　沈岳明：《浙江考古新纪元》，科学出版社 2009 年版

浙江宁波考古述略

　　林士民：《浙东文化》1994 年第 1、2 期

《宁波文物考古研究文集》简介

　　雨珩：《考古》2008 年第 10 期

宁波钱盂商周遗址试掘简报

　　林士民、徐惠定：《东南文化》2003 年第 3 期

浙江宁波古代瓷窑遗址概述

　　林士民：《中国古陶瓷研究》第 2 辑，紫禁城出版社 1988 年版

宁波地区发现的古墓和文化遗址

　　赵人俊：《考古通讯》1956 年第 4 期

浙江鄞县出土春秋时代铜器

　　曹锦炎、周生望：《考古》1984 年第 8 期

浙江鄞县出土春秋时代铜器

　　曹锦炎：《吴越历史与考古论丛》，文物出版社 2007 年版

浙江鄞县出土一件珍贵铜钺

　　林华东：《中国水运史研究专辑》（第 1 辑）1987 年版

从北仑出土的青铜块谈起

　　陈美丽：《浙东文化》1995 年第 1 期

余姚老虎山一号墩发掘

　　陈元甫：《沪杭甬高速公路考古报告》，文物出版社 2002 年版

象山县塔山遗址第一、二期发掘

　　浙江省文物考古研究所等：《浙江省文物考古研究所学刊（1997年）》，长征出版社 1997 年版

慈溪市彭东、东安土墩墓与土墩石室墓

　　浙江省文物考古研究所等：《浙江省文物考古研究所学刊（1993年）》，科学出版社 1993 年版

从考古发现看台州秦以前文化

　　金祖明：《东南文化》1990 年第 6 期

临海县上山冯发现春秋战国时期遗址

　　郑文斌：《台州文物》1980 年版

浙江仙居下汤遗址调查简报

　　台州地区文管会：《考古》1987 年第 12 期

黄岩出土大批西周文物

　　宋梁：《中国文物报》1990 年 7 月 12 日

黄岩小人尖西周时期土墩墓

　　浙江省文物考古研究所：《浙江省文物考古研究所学刊》，科学出版社 1993 年版

研究沿海岛屿史前文化的珍贵史料：玉环发现三合潭古文化遗址

　　《文汇报》1987 年 1 月 8 日

玉环发现三合潭古文化遗址

　　《文物报》1987 年 2 月 20 日

浙江玉环岛发现的古文化遗址

　　台州市文管会：《考古》1996 年第 5 期

玉环三合潭遗址发掘

　　孙国平等：《浙江文物年鉴 2001 年》

玉环三合潭遗址

　　孙国平：《浙江考古新纪元》，科学出版社 2009 年版

温岭出土的西周蟠龙铜盘

　　曹锦炎、江尧章：《台州文物》1984 年第 2 期

浙江温岭发现东瓯国墓葬

　　浙江省文物考古研究所等：《东南文化》2007 年第 3 期

浙江温岭市塘山西汉东瓯国贵族墓

　　浙江省文物考古研究所等：《考古》2007 年第 11 期

温岭塘山越墓

　　浙江省文物考古研究所编：《浙江越墓》，科学出版社 2009 年版

温岭塘山东瓯国贵族墓

　　陈元甫：《浙江考古新纪元》，科学出版社 2009 年版

温岭大溪古城的调查与试掘

　　田正标、陈元甫、徐军：《浙江考古新纪元》，科学出版社 2009 年版

温岭元宝山发现西汉东瓯国墓葬

　　叶艳莉：《东方博物》（第 35 辑），浙江大学出版社 2010 年版

浙江温岭大溪古城遗址的调查与试掘

　　浙江省文物考古研究所等：《东南文化》2008 年第 2 期

浙江永嘉出土一批青铜器简介

　　徐定水：《文物》1980 年第 8 期

浙江温州附近的新石器时代遗址

　　方介堪：《考古通讯》1956 年第 6 期

浙江瓯海杨府山西周土墩墓发掘报告

　　浙江省文物考古研究所、瓯海区文物馆：《文物》2007 年第 11 期

浙江瓯海西周土墩墓出土青铜器的实验室考古清理

　　马菁毓、梁宏刚、霍海俊：《考古》2009 年第 7 期

温州瓯海杨府山西周土墩墓

　　陈元甫：《浙江考古新纪元》，科学出版社 2009 年版

瑞安岱石山"石棚"和大石盖墓发掘报告

　　浙江省文物考古研究所：《浙江省文物考古研究所学刊》，长征出版社 1997 年版

浙江苍南县桐桥石棚调查简报

　　浙江省文物考古研究所等：《东方文明之韵——吴文化国际学术研讨会论文集》，岭南美术出版社 2000 年版

浙江"石棚"遗存的初步研究

　　陈元甫：《浙江省文物考古研究所学刊》，长征出版社 1997 年版

浙江瑞安陶山区发现古代石器窑址和墓葬

　　邱尹心：《文物参考资料》1955 年第 12 期

浙江瑞安隆山发现新石器晚期墓葬

　　俞天舒：《文物资料丛刊》1983 年第 8 期

浙江瑞安凤凰山周墓清理简报

　　俞天舒：《考古》1987 年第 8 期

浙江苍南县埔坪乡发现一座商代土墩墓

　　王同军：《考古》1992 年第 8 期

浙江乐清古文化遗址发掘简报

　　徐定水、金福来：《考古》1992 年第 9 期

乐清白石出土古文物整理简报

　　徐定水、金福来：《温州文物》（4）

浙江瓯江下游发现四处古代遗址

　　古塞：《文物参考资料》1954 年第 12 期

读"浙江瓯江下游发现四处古代遗址"报道的意见

　　朱伯谦：《文物参考资料》1955 年第 7 期

舟山发现东周青铜农具

　　王和平：《文物》1983 年第 6 期

浙江舟山地区出土的青铜农具和破土器

　　王和平：《农业考古》1984 年第 1 期

舟山群岛及岛人探源

　　章新亚：《浙江方志》1990 年第 2 期

浙江舟山发现东周青铜器

　　王和平：《浙江日报》1982 年 7 月 29 日

舟山地区发现东周青铜农具

　　王和平：《文物》1983 年第 6 期

浙江舟山地区出土的青铜农具和破土器

　　王和平:《农业考古》1984 年第 1 期

浙江定海县蓬莱新村出土战国稻谷

　　阚勇:《农业考古》1989 年第 1 期

越大夫诸稽郢墓

　　袁震:《东南文化》1991 年第 6 期

钱塘江以南的古文化及其相关问题

　　牟永抗:《牟永抗考古学文集》, 科学出版社 2009 年版

论浙江地区土墩墓分期

　　陈元甫:《纪念浙江省文物考古研究所建所二十周年论文集》, 西泠印社出版社 1999 年版

江南地区大型土墩墓形制研究

　　谷建祥、林留根:《东南文化》1998 年第 1 期

吴越土墩墓与马韩坟丘墓的构造比较

　　[韩] 林永珍、[中] 孙璐:《东南文化》2010 年第 5 期

上海青浦福泉山战国墓的清理

　　周丽娟:《考古》2003 年第 11 期

上海发现春秋青铜矛

　　孙维昌:《南方文物》1992 年第 3 期

无锡鸿山越国贵族墓发掘简报

　　张敏、朱国平等:《文物》2006 年第 1 期

无锡鸿山越墓出土青瓷的分析研究

　　吴隽、鲁晓珂、吴军明、邓泽群:《鸿山越墓发掘报告》附录二, 文物出版社 2007 年版

鸿山越墓发掘报告序

　　李伯谦:《鸿山越墓发掘报告》, 文物出版社 2007 年版

越国考古的重大发现和启迪——读鸿山越墓发掘报告

　　曹锦炎:《中国文物报》2008 年 1 月 30 日

鸿山越墓考察纪行

　　晓松:《绍兴文理学院报·越文化研究》2006 年第 13 期

越文化研究的珍贵资料（鸿山越国贵族墓）

　　　越人：《绍兴文理学院报·越文化研究》2005 年第 8 期

重视越国文化研究重视探求时空界限——笔谈《越国贵族墓惊现无锡鸿山》

　　　盛鸿郎等：《越文化研究通讯》2005 年第 5 期

吴越考古汇志

　　　卫聚贤：《说文月刊》1940 年第 1 卷

江苏六合程桥东周墓

　　　江苏省文物管理委员会、南京博物院：《考古》1965 年第 3 期

江苏越城遗址的发掘

　　　南京博物院：《考古》1982 年第 5 期

邗城遗址与邗沟流经区域文化遗存的发现

　　　陈达祚、朱江：《文物》1973 年第 12 期

苏州市长桥新塘战国墓地的发掘

　　　苏州博物馆：《考古》1994 年第 6 期

淮阴高庄战国墓铜器图像考释

　　　王顺崇、王厚宇：《东南文化》1995 年第 4 期

淮阴高庄战国墓铜器刻纹和：《山海图》

　　　王立仕：《东南文化》1991 年第 6 期

江苏灌云县出土战国青铜器

　　　刘家恕、陈龙山、冯欣海：《东南文化》1989 年第 4、5 期

江苏淮安市运河村一号战国墓

　　　尹增淮、王剑：《考古》2009 年第 10 期

淮阴高庄战国墓出土铜器的分析研究

　　　孙淑云、王金潮、田建花、刘建华：《考古》2009 年第 2 期

江苏江都大桥窖藏青铜器

　　　夏根林：《东南文化》2010 年第 1 期

江苏丹徒薛家村大墩、边墩土墩墓发掘简报

　　　镇江博物馆：《东南文化》2010 年第 5 期

安徽天长出土一批战国青铜器

　　　纪春华、吕训、杨以平、乔国荣：《文物》2009 年第 6 期

安徽宿县出土的两种铜乐器

　　胡悦谦:《文物》1964 年第 7 期

安徽宣城出土的青铜器

　　王爱武:《文物》2007 年第 2 期

皖南出土商代青铜容器的年代与性质

　　张爱冰、陆勤毅:《考古》2010 年第 6 期

略论屯溪土墩墓群的年代与族属

　　王俊:《东南文化》2008 年第 4 期

安徽舒城九里墩春秋墓

　　安徽省文物工作队:《考古学报》1982 年第 2 期

舒城九里墩春秋墓的年代与族属析论

　　徐少华:《东南文化》2010 年第 1 期

南陵县牯牛山周代城址

　　南陵县文物管理所:《中国考古学年鉴（1999）》,文物出版社 2001
年版

湖南发现的几件越族风俗的文物

　　高至喜:《文物》1980 年第 12 期

湖南省博物馆新发现的几件铜器

　　湖南省博物馆:《文物》1966 年第 4 期

湖南益阳战国两汉墓

　　湖南省博物馆、益阳县文化馆:《考古学报》1981 年第 4 期

长沙子弹库战国木椁墓

　　湖南省博物馆:《文物》1974 年第 2 期

长沙新发现春秋晚期的钢剑和铁器

　　长沙铁路车站建设工程文物队:《文物》1978 年第 10 期

湖广地区出土的"王"字铜器

　　傅聚良:《文物》2003 年第 1 期

横峰出土春秋战国铜器

　　滕引忠:《江西文物》1991 年第 2 期

江西吴城青铜文化不是中原商文化的一支

　　彭适凡:《江西社会科学》1983 年第 5 期

山东地区吴文化遗存分析

　　刘延常、曲传刚、穆红梅：《东南文化》2010 年第 5 期

春秋晚期楚墓出土铜剑探源

　　高至喜：《东南文化》2010 年第 5 期

从绍兴博物馆新征集青铜镇看陶瓷半球形器的用途

　　刘侃、陈元甫：《东南文化》2010 年第 5 期

吴越考古：新思维、新方法、新课题——《南方文物》"吴越考古"专栏开栏语

　　张敏：《南方文物》2009 年第 2 期

第二部分　先越文化研究论文

（一）概论

中国文明的起源

　　夏鼐：《文物》1986 年第 8 期

试论文明的起源

　　安志敏：《考古》1987 年第 5 期

中华文明的新曙光

　　苏秉琦：《东南文化》1988 年第 5 期

湖州钱山漾石器之发现与中国文化之起源

　　慎微之：《吴越文化论丛》，上海文艺出版社 1990 年影印本

略谈我国东南沿海地区的新石器时代考古——长江下游新石器时代文化学术讨论会上的一次发言提纲

　　苏秉琦：《文物》1978 年第 3 期

略谈我国东南沿海地区的新石器时代考古——长江下游新石器时代文化学术讨论会上的一次发言提纲

　　苏秉琦：《苏秉琦考古学论述选集》，文物出版社 1984 年版

论太湖流域古文化古城古国

　　苏秉琦：《东方文明之光——良渚文化发现 60 周年纪念文集》，海南国际新闻出版中心 1996 年版

苏秉琦学术体系的形成和尚待研究证实的两个问题——苏秉琦与中国文明起源研究

　　朱乃诚：《东南文化》2008 年第 1 期

有关文明起源的几个问题——与安志敏先生商榷

　　童恩正：《考古》1989 年第 1 期

中国文明的起源与形成

　　李伯谦：《华夏考古》1995 年第 4 期

文明起源研究的回顾与思考

　　严文明：《文物》1999 年第 10 期

中国文明起源的探索

　　严文明：《中原文物》1996 年第 1 期

中国古代文明起源新探

　　姚政：《南充师院学报》1985 年第 3 期

对中国文明起源的探索

　　田昌五：《殷都学刊》1986 年第 4 期

略谈文明的起源与发展

　　智纯：《宁夏大学学报》1987 年第 2 期

中国文明起源的考古线索及其启示

　　李绍连：《中州学刊》1987 年第 11 期

文明与国家——东夷民族的文明起源

　　王震中：《中国史研究》1990 年第 3 期

文明起源研究略说

　　蒋乐平：《考古与文物》1993 年第 5 期

中国文明起源的考古学研究

　　耿铁华：《中原文物》1990 年第 2 期

中国文明起源的多角度思索

　　郑重：《寻根》1995 年第 6 期

中国古代文明的发展状况与特点

　　李友谋：《中原文物》1996 年第 1 期

中国新石器时代与中国古代文明

　　郑光：《华夏考古》1988 年第 2 期

概述中国文明起源问题的讨论

　　李绍连：《中国文物报》1988 年 12 月 2 日

考古学研究敲响中华五千年文明史的钟声

　　吴汝祚：《北京科技报》1989 年 3 月 29 日

从考古发现谈中国古代文明的起源问题

　　孙广清：《中原文物》1989 年第 2 期

中国相互作用圈与文明的形成

　　张光直：《庆祝苏秉琦考古五十五年论文集》，文物出版社 1989
年版

论"中国文明的起源"

　　张光直：《文物》2004 年第 1 期

追寻早期文明起源与演进轨迹

　　彭适凡：《南方文物》2006 年第 2 期

中国文明源头问题研究述评

　　易谋远：《民族研究》1990 年第 6 期

碳—14 测定年代和中国史前考古学

　　夏鼐：《考古》1977 年第 4 期

碳—14 断代和中国史前考古学

　　安志敏：《文物》1994 年第 3 期

新石器时代考古研究的回顾与前瞻

　　严文明：《文物》1985 年第 3 期

中国新石器时代考古文化体系及其有关问题

　　石兴邦：《亚洲文明论丛》，四川人民出版社 1986 年版

关于中国新石器时代文化体系的问题

　　石兴邦：《南京博物院集刊》1980 年第 2 期

中国新石器时代文化三个接触地带论——中国新石器时代文化综合研究
之一

　　佟柱臣：《史前研究》1985 年第 2 期

新石器时代早期文化几个问题的探讨

　　张之恒：《考古与文物》1984 年第 1 期

略论三十年我国的新石器时代考古

　　安志敏：《考古》1981 年第 3 期

新石器时代文化的特点和发展序列

　　曾骐：《考古与文物》1983 年第 1 期

略论古代石器的用途和定名问题

　　纪仲庆：《南京博物院集刊》1983 年第 6 期

中国新石器时代文化的多中心发展论和发展不平衡——论中国新石器时代文化发展的规律和文明的起源

　　佟柱臣：《文物》1986 年第 2 期

中国史前文化的统一性与多样性

　　严文明：《文物》1987 年第 3 期

重建中国古史的远古时代

　　苏秉琦：《史学史研究》1991 年第 3 期

重建中的中国史前史

　　苏秉琦：《百科知识》1992 年第 5 期

试论中国南方新石器时代居民的种系源流

　　周黎明：《东南文化》2003 年第 3 期

"古代文明研究国际论坛·2007"纪要

　　杨晖、高江涛：《考古》2008 年第 2 期

中国文化起源于东南发达西北的探讨

　　卫聚贤：《东方杂志》第 34 卷第 7 期，1937 年

中国古文化由东南传播于黄河流域

　　卫聚贤：《吴越文化论丛》，上海文艺出版社 1990 年影印本

先越文化

　　朱松乔：《越风（2009）》，中国戏剧出版社 2010 年版

先越文化与于越历史

　　李学功：《中国柯桥·越国文化高峰论坛文集》，浙江人民出版社 2011 年版

华南新石器时代遗存与先越文化

　　刘诗中：《南方文物》1995 年第 3 期

长江流域——中华民族远古文明的又一摇篮

　　周国兴：《史前研究》1983 年第 2 期

为什么说长江流域也是中华民族文化摇篮

　　黄崇岳：《文物天地》1984 年第 6 期

长江流域的新石器时代文化

　　任式楠：《新中国的考古发现和研究》，文物出版社 1984 年版

东南地区：夏文化的萌生与崛起——从中国新石器时代晚期主要文化圈的比较研究探寻夏文化

　　陈剩勇：《东南文化》1991 年第 1 期

东南地区：夏文化的萌生与崛起——从中国新石器时代晚期主要文化圈的比较研究探寻夏文化

　　陈剩勇：《国际百越文化研究》，中国社会科学出版社 1994 年版

近二十年来东南地区的考古新发现及国外学者对我国南方古文明起源的研究

　　童恩正：《西南民族学院学报》1983 年第 3 期

东南亚史前文明的演进道路

　　［美］Karil Hutterer、魏小萍：《东南文化》1987 年第 3 期

南方——中华民族古文明的重要孕育之地

　　童恩正：《南方民族考古》1987 年第 1 辑

历史上“东南”地域简考

　　苏文：《东南文化》1987 年第 3 期

中国东南区新石器文化特征之一：有段石锛

　　林惠祥：《考古学报》1958 年第 3 期

从考古发现看东南地区上古和中古时代文化上的起伏

　　蒋赞初：《东南文化》1988 年第 2 期

史前中国东南滨海文化的生态学研究

　　乔晓勤：《东南文化》1987 年第 3 期

中国东南海岸的“富裕的食物采集文化”

　　张光直：《上海博物馆集刊》1988 年第 4 期

我国东南地区原始文化的分布

　　蒋赞初：《学术月刊》1961 年第 11 期

我国东南沿海新石器时代文化的分布和年代探讨

　　　梁钊韬:《考古》1959 年第 9 期

东南沿海地区新石器时代文化的共同特性及地域差别

　　　杨新民:《东南文化》1990 年第 5 期

东南文化的历史发展及其特色

　　　陈忠平:《东南文化》1988 年第 2 期

东南古文化的启示

　　　郭大顺:《东南文化》1988 年第 5 期

中国东部晚更新世以来海面升降与气候变化的关系

　　　王靖泰、汪品先:《地理学报》1980 年第 4 期

江南海岸线变迁的考古地理研究

　　　孙林、高蒙河:《东南文化》2006 年第 4 期

宁绍地区早期遗址群的考古地理学分析

　　　冯小妮、高蒙河:《百越文化研究》,厦门大学出版社 2005 年版

从考古资料看历史时期宁绍平原的海进海退

　　　葛国庆:《越风(2008)》,西泠印社出版社 2008 年版

万年前后的“亚洲东南海洋地带”

　　　吴春明:《浙江省文物考古研究所学刊》,科学出版社 2006 年版

华南沿海新石器文化的系统环境及稳定性

　　　史红蔚:《考古》1999 年第 10 期

南方史前文化的发展及其意义——代“史前文化”专栏主持辞

　　　张弛:《南方文物》2006 年第 2 期

试论中国东南沿海的新石器早期文化

　　　张之恒:《中国考古学会第三次年会(1981)论文集》,文物出版社 1984 年版

关于我国东部沿海地区新石器时代文化系统的区分

　　　张之恒:《文物集刊》(第 1 期),文物出版社 1980 年版

东南远古文化的发展与文明的进程

　　　杨群:《东方文明之光——良渚文化发现 60 周年纪念文集》,海南国际新闻出版中心 1996 年版

我对江南地区新石器时代文化的几点认识

　　蒋华：《文物集刊》（第 1 期），文物出版社 1980 年版

简论南中国地区新石器时代早期文化

　　张弛：《"中国考古学跨世纪的回顾与前瞻"国际学术研讨会论文》1999 年版

中原地区和东南沿海的鸭形壶

　　陈国庆：《东南文化》1991 年第 5 期

关于江苏南部新石器时代陶器性质问题

　　朱江：《考古学报》1957 年第 5 期

夏夷蛮貊戎羌越得名考源

　　刘惠孙：《中国古代史论丛》1983 年第 3 辑

黄河长江同为中华文明的摇篮——评述近几年来长江流域的考古发现

　　卢晶等：《瞭望周刊》（海外版）1991 年第 5 期

黄河文明与长江文明

　　〔日〕贝冢茂树著，彭适凡译：《江西社会学刊》1981 年第 5—6 期

略论长江、黄河两流域史前时的太阳神崇拜

　　吴汝祚：《华夏考古》1996 年第 2 期

论古国时代

　　车广锦：《东南文化》1988 年第 5 期

酋邦的考古学观察

　　陈淳：《文物》1998 年第 7 期

长江下游新石器时代文化学术讨论会纪要

　　《文物》1978 年第 3 期

在长江下游新石器时代文化学术讨论会的讲话

　　苏秉琦：《东南文化》1986 年第 2 期

长江下游地区文明化进程学术研讨会纪要

　　谷丛、陈杰、翟阳：《考古》2003 年第 3 期

长江流域文明的进程

　　李伯谦：《考古与文物》1997 年第 4 期

长江下游的文明化进程及其原因

　　曹峻：《中国社会经济史研究》2005 年第 2 期

长江下游文明化进程中宗教信仰的变迁

　　曹峻：《学术月刊》2007 年第 7 期

长江三角洲地区史前聚落的考察

　　贺云翱：《南京博物院集刊》1985 年总第 8 期

长江下游先民对中国古代文明的几项重要贡献

　　赵青芳：《南京博物院集刊》（建院五十周年论文专号）1983 年总
第 6 期

长江流域的新石器文化

　　任式楠：《新中国的考古发现和研究》，文物出版社 1984 年版

长江下游地区史前文化的炊器研究

　　陈国庆：《考古学文化论集》（2），文物出版社 1989 年版

长江流域是远古人类栖息之地

　　计宏祥：《化石》1985 年第 1 期

长江下游新石器时代文化若干问题的探析

　　南京博物院：《文物》1978 年第 4 期

长江下游新石器时代文化若干问题的探析

　　南京博物院：《文物集刊》（第 1 期），文物出版社 1980 年版

长江下游古文化研究简述

　　胡安贵：《历史教学》1988 年第 5 期

长江下游新石器时代文化的考古学编年版

　　曾骐、蒋乐平：《中国原始文化论集》，文物出版社 1989 年版

试谈安徽新石器时代文化与长江下游诸文化的关系

　　安徽省博物馆：《文物集刊》（第 1 期），文物出版社 1980 年版

长江三角洲古地理与新石器时代文化的关系

　　林承坤：《文物集刊》（第 1 期），文物出版社 1980 年版

长江河口海岸考古地理三题

　　刘志岩、孙林、高蒙河：《浙江省文物考古研究所学刊》，科学出
版社 2006 年版

长江、钱塘江中下游地区新石器时代古地理与稻作的起源和分布

　　林承坤：《文博通讯》1984 年第 4、5 期

长江、钱塘江中下游地区新石器时代古地理与稻作的起源和分布

　　　林承坤：《农业考古》1987 年第 1 期

长江三角洲全新世海侵问题

　　　严钦尚、洪学晴：《长江三角洲现代沉积研究》，华东师范大学出版社 1987 年版

长江黄河中下游新石器时代文化的交流

　　　任式楠：《庆祝苏秉琦考古五十五周年论文集》，文物出版社 1989 年版

长江下游新石器文化源流散论

　　　龚若栋：《江海学刊》1990 年第 4 期

试论长江下游的史前文化区域

　　　高蒙河：《学术月刊》1990 年第 10 期

长江流域考古与中国古代文明——牟永抗先生访谈录

　　　芮国耀：《东南文化》1992 年第 6 期

长江下游地区新石器时代玉器

　　　牟永抗：《牟永抗考古学文集》，科学出版社 2009 年版

对于长江下游新石器时代文化几个问题的再认识

　　　蒋赞初：《文物集刊》（第 1 期），文物出版社 1980 年版

论长江三角洲及太湖平原史前文化和环境的关系

　　　苏文：《南京大学学报》1968 年增刊

试论长江流域在我国古代文化发展中的地位

　　　裘士京：《安徽师大学报》1982 年第 2 期

长江三角洲史前遗址的分布与环境变迁

　　　吴建民：《东南文化》1988 年第 6 期

长江流域史前古城的初步研究

　　　张之恒：《东南文化》1998 年第 2 期

长江流域环境变化与人类活动的相互影响

　　　武仙竹：《东南文化》2000 年第 1 期

长江下游史前文化对海东的影响

　　　安志敏：《考古》1984 年第 5 期

长江三角洲的史前环境

　　吴锤、曹柯平:《东南文化》2000 年第 9 期

长江下游的水田农业

　　宋兆麟:《中国历史博物馆馆刊》1984 年第 6 期

从考古材料试看太湖地区新石器时代遗址分布的特征及与古地理的关系

　　闻惠芬:《史前研究》1985 年第 4 期

太湖地区新石器文化剖析

　　黄宣佩:《史前研究》1984 年第 3 期

太湖流域考古问题

　　苏秉琦:《东南文化》1987 年第 1 期

太湖地区远古文明探源

　　陈淳:《上海大学学报》1987 年第 3 期

太湖、杭州湾地区史前文化在我国史前史上的地位

　　吴汝祚:《东南文化》1986 年第 2 期

古代太湖地区对开创中华文明的贡献

　　董楚平:《浙江学刊》1987 年第 4 期

太湖—宁绍平原新石器文化遗址分布与环境变迁

　　徐建春、郑升:《东南文化》1990 年第 5 期

太湖文化区史前时期的墓葬

　　吴汝祚:《文物》1992 年第 3 期

太湖地区的原始文明

　　耿曙生:《苏州大学学报》(哲社版) 1992 年第 4 期

史前的杭嘉湖地区

　　吴汝祚:《浙江学刊》1992 年第 4 期

杭嘉湖平原生态演替与古文化的兴衰

　　徐建春:《东南文化》1990 年第 5 期

宁绍地区史前时期的文化

　　吴汝祚:《浙江学刊》1994 年第 2 期

宁绍地区史前文化遗址地理环境特征及相关问题探索

　　孙国平:《东南文化》2002 年第 3 期

宁绍地区早期遗址群的量化分析

　　冯小妮、高蒙河:《东南文化》2004 年第 6 期

中国新石器时代海洋文化体系中不同文化圈之形成与交融

　　谷建祥、贺云翱:《东南文化》1990 年第 5 期

宁波沿海地区原始文化初探

　　林士民:《东南文化》1990 年第 5 期

试论湖熟文化中的太湖文化因素

　　林留根:《东南文化》1993 年第 5 期

太湖流域原始文化的分析

　　汪遵国:《中国考古学会第一次年会（1979）论文集》,文物出版社 1980 年版

太湖地区的原始文化

　　吴汝祚:《文物集刊》（第 1 期）,文物出版社 1980 年版

太湖地区的原始文化

　　南京博物院:《文物集刊》（第 1 期）,文物出版社 1980 年版

嵩山地区与太湖地区文明进程的比较研究

　　宋建:《上海博物馆建馆四十周年特辑》（第 6 期）,上海古籍出版社 1992 年版

徐海、太湖区原始文化的交流

　　姚德勤:《东南文化》1993 年第 8 期

略论自然环境在太湖流域文明进程中的地位

　　曹峻:《东南文化》2004 年第 3 期

环太湖地区史前社会复杂化进程的考古学探索

　　郑建明:《浙江省文物考古研究所学刊》,科学出版社 2006 年版

环太湖地区与中原地区文明进程的宏观比较

　　高江涛:《东南文化》2006 年第 6 期

人地关系简论——以环太湖史前的食物结构变化为例

　　贾学德、郑建明:《农业考古》2006 年第 1 期

新石器时代的太湖形态问题

　　张正祥:《南京博物院集刊》1985 年总第 8 期

浙北平原新石器文化的生态学分析

　　徐建春：《浙江学刊》1989 年第 1 期

环太湖与宁绍平原史前社会复杂化比较研究

　　郑建明、陈淳：《南方文物》2005 年第 4 期

太湖流域也是中国古文明的发祥地

　　张之恒：《东南文化》1992 年第 1 期

解惑与求真——在"环太湖地区新石器时代末期文化暨广富林遗存学术研讨会"的讲话

　　张忠培：《南方文物》2006 年第 4 期

环太湖地区新石器时代末期考古学研究的新进展

　　宋建：《南方文物》2006 年第 4 期

对江苏太湖地区新石器文化的一些认识

　　尹焕章、张正祥：《考古》1962 年第 3 期

根据孢粉分析推论沪杭地区一万多年以来的气候变迁

　　王开发、张玉兰：《历史地理》1981 年创刊号

从新石器时代文化遗址看杭州湾两岸的全新世古地理

　　吴维棠：《地理学报》1983 年第 2 期

杭州湾两岸新石器时代文化与环境

　　蔡保全：《厦门大学学报》2001 年第 3 期

环杭州湾地区史前文化与早期东亚海洋文化交流圈

　　刘恒武：《跨湖桥文化论集》，人民出版社 2009 年版

钱塘江两岸新石器时代晚期文化关系初论

　　丁品：《纪念浙江省文物考古研究所建所二十周年论文集》，西泠印社出版社 1999 年版

浙北平原新石器文化的生态学分析

　　徐建春：《浙江学刊》1989 年第 1 期

太湖平原中石器、新石器时代——人类文化的发展与环境

　　景存义：《南京师大学报》（自然）1989 年第 3 期

大湖地区全新世以来古地理环境的演变

　　景存义：《地理科学》第 5 卷第 3 期，1985 年

江南海岸线变迁的考古地理研究

　　孙林、高蒙河：《东南文化》2006 年第 4 期

太湖地区部分新石器时代遗址水稻硅酸体形状特征初探

　　俞为洁等：《中国水稻科学》1999 年第 1 期

太湖地区新石器时代的水稻硅酸体形状特征及其稻种演变初探

　　俞为洁等：《农业考古》1998 年第 1 期

从祭祀用稻看旱田陆稻先于水田水稻

　　俞为洁：《农业考古》2004 年第 1 期

文化生态史观视野下的文明化进程——中原地区与太湖地区的比较研究

　　陈杰：《中原文物》2010 年第 1 期

聚落形态研究与中华文明探源

　　王巍：《文物》2006 年第 5 期

我国新石器时代聚落的形成与发展

　　任式楠：《考古》2000 年第 7 期

中国新石器时代聚落形态的考察

　　严文明：《庆祝苏秉琦考古五十五周年论文集》，文物出版社 1989 年版

浅谈聚落形态考古与浙江史前聚落形态的考察

　　桑坚信：《南方文物》1992 年第 3 期

聚落考古与史前社会研究

　　严文明：《文物》1997 年第 6 期

聚落·居址与围墙·城址

　　陈淳：《文物》1997 年第 8 期

关于环壕聚落的几个问题

　　钱耀鹏：《文物》1997 年第 8 期

史前聚落与考古遗址

　　刘辉：《东南文化》2000 年第 5 期

自然环境的变迁在社会形态发展中的作用——环境考古学研究之一

　　董琦：《东南文化》1996 年第 1 期

中国史前的聚落围沟

　　裴安平：《东南文化》2004 年第 6 期

中国新石器时代水井的考古发现

　　　张明华:《上海博物馆集刊》1990 年第 5 期

浙江聚落：起源、发展与遗存

　　　徐建春:《浙江社会科学》2001 年第 1 期

中国的史前农业

　　　安志敏:《考古学报》1988 年第 4 期

中国史前农业概说

　　　安志敏:《农业考古》1987 年第 2 期

农业与文明

　　　吴汝祚、牟永抗:《农业考古》1992 年第 3 期

中国南方农业的起源及其特征

　　　童恩正:《农业考古》1989 年第 2 期

中国原始农业的产生和发展

　　　张之恒:《农业考古》1984 年第 2 期

试论我国原始农业起源与发展

　　　王在德:《农业考古》1991 年第 1 期

中国史前农业生产发生原因试说

　　　刘兴林:《中国农史》1991 年第 3 期

史前农业考古学研究述评

　　　谢仲礼、陈星灿:《农业考古》1991 年第 3 期

原始农业与中国古代文明

　　　尚民杰:《青海大学学报》1987 年第 2 期

试论我国农业史上的几个问题

　　　陈文华:《考古学报》1981 年第 4 期

太湖文化区的史前农业

　　　吴汝祚:《农业考古》1987 年第 2 期

上海地区农业考古资料概述

　　　顾音海:《农业考古》1987 年第 2 期

从出土文物看浙江省的原始农业

　　　王心喜:《浙江农业大学学报》1983 年第 3 期

杭州湾地区新石器时代农业概述

　　俞为洁:《古今农业》1993 年第 1、2 期

杭州湾地区新石器时代农业概述

　　俞为洁:《浙江文博七十年文萃》,浙江大学出版社 1999 年版

我国和世界其他地区农耕起源的比较研究

　　廖平原:《农业考古》1989 年第 2 期

最佳觅食模式与农业起源研究

　　陈淳:《农业考古》1994 年第 3 期

小农经济与中国文明的形成及特征——中国早期文明研究札记之三

　　曹兵武:《浙江省文物考古研究所学刊》,科学出版社 2006 年版

我国早期种植水稻的民族部落

　　吴汝祚:《史前研究》1985 年第 2 期

中国稻作农业的起源

　　严文明:《农业考古》1982 年第 1 期

中国稻作农业的起源（续）

　　严文明:《农业考古》1982 年第 2 期

略论中国栽培稻的起源和传播

　　严文明:《北京大学学报》1989 年第 2 期

中国史前的稻作农业

　　严文明:《东亚的稻作起源和古代稻作文化》,日本佐贺大学农学部 1995 年版

中国稻作起源的几个问题

　　陈文华:《农业考古》1989 年第 2 期

关于稻作起源的几个问题

　　[日] 贺川光夫著,缪晓艳译:《农业考古》1988 年第 1 期

中国稻作农业起源研究与考古发掘

　　王海明:《农业考古》1998 年第 1 期

亚洲稻作农业的起源及其向太平洋地区的传播

　　夏应元:《太平洋文集》,海洋出版社 1988 年版

略论中国栽培稻的起源与传播

　　严文明:《北京大学学报》1989 年第 2 期

再论中国稻作农业的起源

　　严文明:《农业考古》1989 年第 2 期

东亚的古代稻谷和稻作起源

　　〔日〕和佐野、喜久生:《东亚的稻作起源和古代稻作文化》,日本佐贺大学农学部 1995 年版

水稻起源于何地?

　　〔日〕佐藤洋一郎、藤原宏志:《农业考古》1992 年第 3 期

中国稻作农业的起源、分化与传播

　　游修龄:《稻作史论集》,中国农业科技出版社 1993 年版

太湖地区稻作起源及其传播和发展问题

　　游修龄:《中国农史》1986 年第 1 期

从考古发现试探我国栽培稻的起源演变及其传播

　　杨式挺:《岭南文物考古论集》,广东省地图出版社 1998 年版

中国史前时代的农耕部族和稻作文化的传播

　　苏哲:《东亚的稻作起源和古代稻作文化》,日本佐贺大学农学部 1995 年版

我国稻作起源研究的新进展

　　严文明:《考古》1997 年第 9 期

东亚稻作起源研究的新进展

　　〔加拿大〕加里·克劳福德、沈辰著,陈洪波译:《南方文物》2006 年第 2 期

中国稻作起源问题之检讨——兼抒长江中游起源说

　　向安强:《东南文化》1995 年第 1 期

稻作与史前社会演变的关系新探

　　裴安平:《浙江省文物考古研究所学刊》,科学出版社 2006 年版

世界谷物种植起源问题探索

　　程培英:《南开学报》1981 年第 5 期

长江中下游出土古稻考察报告

　　周季维:《云南农业科技》1981 年第 6 期

中国稻作农业起源新探——兼析稻在先秦居民饮食生活中的地位

　　姚伟钧:《南方文物》1997 年第 3 期

栽培稻与稻作农业的起源——《南方文物》"栽培稻与稻作农业的起源"专栏主持辞

    赵志军:《南方文物》2009 年第 3 期

栽培稻与稻作农业起源研究的新资料和新进展

    赵志军:《南方文物》2009 年第 3 期

中华远古稻作始于水稻

    凌启鸿、丁艳锋、张洪程:《东南文化》2005 年第 5 期

稻作农业与中华文明——贺兴邦老师八十寿辰

    牟永抗:《牟永抗考古学文集》,科学出版社 2009 年版

文明的根基——稻作文化

    俞为洁:《中国文物报》1999 年 11 月 14 日

关于史前几种植物遗存的说明

    俞为洁:《中国文物报》1998 年 7 月 22 日

稻谷是传播文明的媒介——中国文明起源探访札记之五

    郑重:《文汇报》1990 年 7 月 8 日

太湖地区稻作起源及其传播发展问题

    游修龄:《中国农史》1986 年第 1 期

长江、钱塘江中下游地区新石器时代古地理与稻作的起源和分布

    林承坤:《农业考古》1987 年第 1 期

上海出土新石器时代稻谷和农具

    孙维昌:《农业考古》2009 年第 1 期

中国东南海岸的"富裕的食物采集文化"

    张光直:《上海博物馆集刊》1987 年第 4 期

水稻对人类文明和人口增长的影响

    [菲] 张德慈著,虞文霞译:《农业考古》1988 年第 1 期

关于中国古代稻作文化的考古学调查

    [日] 冈崎敬著,李梁译:《农业考古》1988 年第 2 期

中国史前先民的食物来源和加工

    刘兴林:《中国农史》1989 年第 2 期

中国稻作农业考古新发现与思考

    林华东:日本《东亚古代文化》1995 年第 84 号

中国稻作农业的起源与东传日本

　　林华东:《农业考古》1992 年第 1 期

联结中、朝、日的稻米之路

　　林华东:日本《东亚古代文化》1993 年第 74 号

中国稻作的起源和东传日本的路线

　　陈文华:《农业考古》1989 年第 10 期

中国史前稻作农业遗存的新发现

　　严文明:《江汉考古》1990 年第 3 期

稻谷是传播文明的媒介——中国文明起源探访札记之五

　　郑重:《文汇报》1990 年 7 月 8 日

水稻、蚕丝和玉器——中华文化起源的若干问题

　　牟永抗、吴汝祚:《考古》1993 年第 6 期

毛昭晰教授谈中韩海上稻米之路

　　俞为洁:《浙博天地》1998 年第 6 期

太湖平原中石器、新石器时代农耕文化发展与环境

　　景存义:《农业考古》1991 年第 1 期

试论长江下游新石器时代的稻作和旱作

　　[日]尾山胜著,刘小燕译:《农业考古》1991 年第 3 期

试论长江下游新石器时代的稻作和旱作(续)

　　[日]尾山胜著,刘小燕译:《农业考古》1992 年第 1 期

长江下游原始稻作农业序列初论

　　郑云飞:《东南文化》1993 年第 3 期

中国史前稻作文化的宏观透视

　　卫斯:《农业考古》1995 年第 1 期

刍议籼稻演变

　　徐云峰:《中国农史》1995 年第 2 期

中国长江流域新石器时代稻谷遗存统计表

　　陈文华:《东亚的稻作起源和古代稻作文化》,日本佐贺大学农学
部 1995 年版

水稻的双峰乳突、古稻特征和栽培水稻的起源

　　张文绪:日本《"稻作、陶器和城市的起源"国际会议论文》1998

年版

秕和穗——野生稻与栽培稻的考古学读识

　　牟永抗：《牟永抗考古学文集》，科学出版社 2009 年版

苏州市唯亭草鞋山新石器时代水田遗迹

　　李民昌：《中国考古学年鉴（1996）》，文物出版社 1998 年版

张家港东山村遗址的古稻作研究

　　王才林、丁金龙：《农业考古》1999 年第 3 期

河姆渡、罗家角两遗址水稻硅酸体形状特征之比较

　　郑云飞等：《株洲工学院学报》第 14 卷第 4 期，2000 年

长江下游新石器时代水稻田与稻作农业的起源

　　丁金龙：《东南文化》2004 年第 2 期

太湖与杭州湾地区原始稻作农业起源初探

　　朱乃斌：《东南文化》2004 年第 2 期

彭头山文化的稻作遗存与中国史前稻作农业

　　裴安平：《农业考古》1989 年第 2 期

论长江中游新石器时代早期遗存的农业

　　向安强：《农业考古》1991 年第 1 期

我国新石器时代生产工具综述

　　曾骐：《考古与文物》1985 年第 5 期

我国的原始农具

　　宋兆麟：《农业考古》1986 年第 1 期

中国原始生产工具述论

　　陆勤毅：《东南文化》1991 年第 2 期

中国原始社会生产工具试析

　　李仰松：《考古》1980 年第 6 期

江浙的石犁和破土器——试论我国犁耕的起源

　　牟永抗、宋兆麟：《农业考古》1981 年第 2 期

江浙的石犁和破土器——试论我国犁耕的起源

　　牟永抗、宋兆麟：《牟永抗考古学文集》，科学出版社 2009 年版

浙江余姚上林湖出土大型石犁

　　金祖明：《考古通讯》1958 年第 9 期

试述先越民族的两种生产工具

　　彭适凡:《百越史研究》, 贵州人民出版社 1987 年版

试述先越民族的两种生产工具

　　彭适凡:《江西历史文物》1985 年第 1 期

中国东南区新石器文化特征之一: 有段石锛

　　林惠祥:《考古学报》1958 年第 3 期

论有段石锛和有肩石斧

　　傅宪国:《考古学报》1988 年第 1 期

斧、锛是原始农业的主要工具

　　谭渊:《东南文化》1986 年第 1 期

中国东部地区半月形石刀初探

　　俞为洁: 韩国《古文化》1998 年第 51 辑

中国古代收获工具的基础研究

　　[日] 寺泽薰:《东亚的稻作起源和古代稻作文化》, 日本佐贺大学
农学部 1995 年版

论中国南方及东南亚地区早期砾石石器

　　谢光茂:《东南文化》1997 年第 2 期

江南地区史前木器初探

　　谢仲礼:《东南文化》1993 年第 6 期

中国长江下游新石器时代木器的应用

　　陈晶:《华夏考古》1994 年第 1 期

中国新石器时代家畜起源问题

　　袁靖:《文物》2001 年第 5 期

我国原始畜牧业及其与农业的关系窥探

　　黄崇岳:《中原文物》1983 年第 3 期

在 "长江文化" 中见到的 "渔猎文明" 的曙光

　　陆思贤:《东南文化》1993 年第 1 期

中国的史前渔业

　　邢湘臣:《化石》1989 年第 1 期

中国史前时期的渔捞

　　[日] 甲元真之著, 滕铭予译:《东南文化》1996 年第 4 期

浙江新石器时代的渔具——兼论宁绍与杭嘉湖平原捕鱼方式的异同

　　郑建明：《农业考古》2002 年第 1 期

中国陶器的起源

　　朱乃诚：《考古》2004 年第 6 期

陶起源探讨

　　黄宣佩：《东南文化》1997 年第 2 期

略谈釜甑的起源和发展

　　葛治功：《南京博物院集刊》1982 年总第 5 期

中国古代的陶支脚

　　严文明：《考古》1982 年第 6 期

华东地区新石器时代的陶支座

　　马洪路：《考古与文物》1983 年第 2 期

长江下游史前彩陶初析

　　佟珊：《跨湖桥文化论集》，人民出版社 2009 年版

浙江省新石器时代陶器及其文化内涵

　　王心喜：《杭州师院学报》1984 年第 1 期

新石器时代陶器发展概况

　　刘良佑：台湾《故宫文物月刊》1988 年第 68 期

关于我国新石器时代制陶术的若干问题

　　牟永抗：《考古学文化论集》（二），文物出版社 1989 年版

关于我国新石器时代制陶术的若干问题

　　牟永抗：《牟永抗考古学文集》，科学出版社 2009 年版

试论长江流域史前时期的白色陶器

　　牟永抗：《牟永抗考古学文集》，科学出版社 2009 年版

试论我国史前单色陶器的艺术成就及社会意义

　　牟永抗：《牟永抗考古学文集》，科学出版社 2009 年版

长江下游地区史前文化的炊器研究

　　陈国庆：《考古学文化论集》（二），文物出版社 1989 年版

新石器时代早期陶器的研究——兼论中国陶器起源

　　李家治等：《考古》1996 年第 5 期

古代陶器的研究视野

　　汪海宁：《东南文化》1997 年第 2 期

我国谷物酿酒起源于新石器时代早期

　　李仰松：《中国文物报》1992 年 12 月

我国谷物酿酒起源新论

　　李仰松：《考古》1993 年第 6 期

夏鼐的丝绸史考古研究

　　梁加农：《考古》2000 年第 4 期

略论中国养蚕业起源于长江三角洲

　　魏东：《中国农史》1983 年第 1 期

养蚕起源问题的研究

　　周匡明：《农史考古》1982 年第 1 期

史前玉文化与中华文明起源研究

　　牟永抗：《牟永抗考古学文集》，科学出版社 2009 年版

略论我国新石器时代玉器

　　黄宣佩：《上海博物馆集刊》1987 年第 4 期

略论我国新石器时代玉器

　　黄宣佩：《中国文物报》1988 年 4 月 29 日

试论玉器时代——中国文明时代产生的一个重要标志

　　牟永抗：《牟永抗考古学文集》，科学出版社 2009 年版

再论玉器时代

　　牟永抗：《牟永抗考古学文集》，科学出版社 2009 年版

玉器时代续议

　　牟永抗：《牟永抗考古学文集》，科学出版社 2009 年版

关于《试论玉器时代》一文的若干说明——答谢仲礼、张明华诸同志

　　牟永抗：《牟永抗考古学文集》，科学出版社 2009 年版

中国历史上的玉器时代

　　牟永抗：《牟永抗考古学文集》，科学出版社 2009 年版

长江下游地区文明起源考古学研究的回顾与思考

　　牟永抗：《牟永抗考古学文集》，科学出版社 2009 年版

试论中国古玉的考古学研究

　　牟永抗:《牟永抗考古学文集》,科学出版社 2009 年版

读玉偶悟——形态与内涵发展演变的一些思考

　　牟永抗:《牟永抗考古学文集》,科学出版社 2009 年版

南方地区古玉考古学研究进展与成果之我见

　　牟永抗:《牟永抗考古学文集》,科学出版社 2009 年版

东方摇篮中的奇葩——中华史前古玉研究再思考

　　牟永抗:《牟永抗考古学文集》,科学出版社 2009 年版

中国古代玉器发展历程（上）

　　杨伯达:《东南文化》1988 年第 6 期

中国古代玉器发展历程（下）

　　杨伯达:《东南文化》1989 年第 1 期

中国古代玉器面面观

　　杨伯达:《故宫博物院院刊》1989 年第 1、2 期

中国古代的玉

　　闻广:《建材地质》1989 年第 3 期

中国玉文化简论

　　殷志强:《东南文化》1990 年第 1、2 期

古玉新诠——百年来古玉研究的回顾

　　邓淑:台湾《故宫文物月刊》1990 年第 85 期

中国史前玉器类型初析

　　任式楠:《中国考古学论丛》,科学出版社 1993 年版

历史悠久的中国古玉文化

　　陈全方:《文博》1993 年增刊号

中国史前玉器研究中的几个问题

　　刘国祥、田广林:《中国文物报》2003 年 8 月 22 日

中国史前艺术的瑰宝——新石器时代玉器巡礼

　　牟永抗:《牟永抗考古学文集》,科学出版社 2009 年版

中国史前古玉概论

　　牟永抗:《牟永抗考古学文集》,科学出版社 2009 年版

长江中、下游的史前玉块

　　牟永抗：《牟永抗考古学文集》，科学出版社 2009 年版

长江流域早期玉文化初论（上）

　　贺云翱：《南方文物》2004 年第 2 期

长江流域早期玉文化初论（下）

　　贺云翱：《南方文物》2004 年第 3 期

长江下游史前玉器概论

　　肖梦龙：《南方文物》2005 年第 1 期

中国史前玉器反映的宇宙观——兼论中国东部史前复杂社会的上层
交流网

　　李新伟：《东南文化》2004 年第 3 期

太湖地区史前玉器述略

　　殷志强：《史前研究》1986 年第 3、4 期

苏南新石器时代玉器的考古地质学研究

　　闻广：《文物》1986 年第 10 期

太湖地区早期玉文化系夏文化的重要渊源

　　闻惠芬：《东方文明之光》，海南国际新闻出版中心 1996 年版

中国新石器时代的祭祀遗迹

　　靳桂云：《东南文化》1993 年第 2 期

巫的原始及流变

　　钟年：《东南文化》1998 年第 2 期

中国传统文化论——关于生殖崇拜和祖先崇拜的考古学研究

　　车广锦：《东南文化》1992 年第 5 期

略论江浙地区史前文化的埋葬习俗

　　陈国庆：《东南文化》1990 年第 5 期

我国史前时期的墓葬

　　曾骐：《史前研究》1985 年第 2 期

三十年来的中国考古学

　　夏鼐：《考古》1979 年第 5 期

略论三十年来我国的新石器时代考古

　　安志敏：《考古》1979 年第 5 期

三十年来上海地区考古收获

上海博物馆：《文物考古工作三十年（1949—1979）》，文物出版社1979 年版

上海地区古文化遗址综述

黄宣佩等：《上海博物馆集刊》1982 年第 2 期

远古时代上海历史探索

黄宣佩：《东南文化》1990 年第 1、2 期

上海考古的世纪回顾与展望

宋建：《考古》2002 年第 10 期

江苏文物考古工作三十年版

南京博物院：《文物考古工作三十年（1949—1979）》，文物出版社1979 年版

近十年来江苏考古的新成果

南京博物院：《文物考古工作十年（1979—1989）》，文物出版社1990 年版

江苏近年考古发现综述

苏文：《东南文化》1985 年第 1 辑

江苏史前考古的发现与研究

张之恒：《东南文化》2006 年第 2 期

试论江苏常州地区新石器时代文化序列及其有关问题

陈丽华：《华夏考古》1988 年第 3 期

略论苏州地区的原始文化

吴奈夫：《中学历史》1981 年第 4 期

关于江苏的原始文化遗址

蒋赞初：《考古学报》1959 年第 4 期

古代江苏历史上的两个问题

曾昭燏、尹焕章：《江苏省出土文物选集》，文物出版社1963 年版

苏南浙北新石器文化的区域特点和相关问题

何平：《南开学报》1985 年第 5 期

浙江省考古五十年主要收获

浙江省文物考古研究所：《新中国考古五十年》，文物出版社1999

年版

浙江省五十年来史前考古的主要收获

　　王明达:《东方博物》(第 4 辑),浙江大学出版社 1999 年版

浙江考古的世纪回顾与展望

　　刘军:《考古》2001 年第 10 期

三十年来浙江文物考古工作

　　浙江省博物馆:《文物考古工作三十年(1949—1979)》,文物出版

社 1979 年版

三十年来浙江文物考古工作

　　牟永抗:《牟永抗考古学文集》,科学出版社 2009 年版

浙江省新近十年的考古工作

　　牟永抗:《牟永抗考古学文集》,科学出版社 2009 年版

浙江新石器时代考古十年述要

　　刘军:《浙江省文物考古所学刊》(建所十周年纪念),科学出版社

1993 年版

浙江新石器时代研究概述

　　李信、何春慰:《浙江社会科学》1995 年第 4 期

原始社会时期的浙江

　　王士伦:《浙江日报》1962 年 7 月 29 日

试论江浙新石器时代遗址的类型

　　张翔:《考古》1964 年第 9 期

浙江新石器时代文化的初步认识

　　牟永抗:《中国考古学会第三次年会(1981)论文集》,文物出版

社 1984 年版

浙江新石器时代文化的初步认识

　　牟永抗:《牟永抗考古学文集》,科学出版社 2009 年版

浙江省新石器时代文化的特点

　　王心喜:《杭州师院学报》1982 年第 2 期

浙江史前文化初论

　　芮国耀:《东南文化》1989 年第 6 期

浙江史前文化演进的形态与轨迹

　　蒋乐平:《南方文物》1996 年第 4 期

钱塘江以南的古文化及相关问题

　　牟永抗:《福建文博》1991 年第 1 期

新安江中上游流域的史前遗存调查

　　房迎三、宫希成:《东南文化》2000 年第 1 期

我国南方古文化概论

　　许智范、申夏:《南方文物》1997 年第 3 期

中国沿海史前文化的交往和海上交通

　　吴汝祚:《东南文化》1993 年第 2 期

江南地区新石器时代文化对日本的影响的蠡测

　　王心喜:《江西大学学报》1987 年第 4 期

史前时期先越文化输入日本诸问题刍议

　　王心喜:《绍兴文理学院学报》2003 年第 2 期

(二) 新石器时代早期文化

浦江上山遗址

　　蒋乐平:《浙江考古新纪元》,科学出版社 2009 年版

浙江浦江县发现距今万年左右的早期新石器时代遗址

　　蒋乐平等:《中国文物报》2003 年 11 月 7 日

浙江浦江县上山新石器时代早期遗址——长江下游万年前稻作遗存的最
新发现

　　盛丹平、郑云飞、蒋乐平:《农业考古》2006 年第 1 期

浙江浦江上山遗址进行第三次考古发掘

　　蒋乐平、盛丹平:《中国文物报》2006 年 2 月 8 日

专家研讨浦江上山遗址新发现

　　李政:《中国文物报》2006 年 11 月 10 日

上山遗址与上山文化

　　黄琦、蒋乐平:《中国文物报》2006 年 12 月 29 日

上山遗址与上山文化

　　蒋乐平、盛丹平:《环境考古研究》(第四辑), 北京大学出版社

2007 年版

浙江浦江县上山遗址发掘简报

　　　浙江省文物考古研究所、浦江县博物馆:《考古》2007 年第 9 期

上山遗址出土的古稻遗存及其意义

　　　郑云飞、蒋乐平:《考古》2007 年第 9 期

嵊州小黄山新石器时代遗址

　　　王海明:《浙江考古新纪元》,科学出版社 2009 年版

浙江嵊州小黄山遗址发现新石器时代早期遗存

　　　张恒、王海明、杨卫:《中国文物报》2005 年 9 月 30 日

九千年前的远古文化——浙江嵊州小黄山遗址

　　　王海明:《浙江省文物考古研究所学刊》,科学出版社 2006 年版

浙江嵊州小黄山遗址发掘

　　　王海明、张恒、杨卫:《2005 中国重要考古发现》,文物出版社
2006 年版

专家谈浙江嵊州小黄山遗址

　　　嵊州市人民政府、浙江省文物考古研究所:《中国文物报》2006 年
1 月 11 日

浙江嵊州小黄山遗址文化时代的研讨

　　　张之恒:《中国文物报》2006 年 2 月 17 日

从东亚最早陶器谈跨湖桥和小黄山遗址年代

　　　陈淳:《中国文物报》2006 年 3 月 3 日

浙江嵊州小黄山和浦江上山两遗址的文化时代和年代再研讨

　　　张之恒:《中国文物报》2006 年 6 月 30 日

萧山跨湖桥新石器时代遗址

　　　浙江省文物考古研究所:《浙江省文物考古研究所学刊》,长征出
版社 1997 年版

萧山跨湖桥新石器时代遗址

　　　蒋乐平:《浙江考古新纪元》,科学出版社 2009 年版

跨湖桥文化与嵊州小黄山和浦江上山文化内涵和文化时代的研讨

　　　张之恒:《跨湖桥文化论集》,人民出版社 2009 年版

跨湖桥遗址学术研讨会讨论纪要

　　赵辉：《中国文物报》2002 年 4 月 5 日

跨湖桥遗址的发现与挖掘

　　施加农：《跨湖桥文化论集》，人民出版社 2009 年版

关于跨湖桥遗址第二次、第三次发掘区性质的探讨

　　施加农：《跨湖桥文化论集》，人民出版社 2009 年版

文明比河姆渡又早一千年——跨湖桥遗址发掘实录

　　诸巍、于靓：《中国地名》2002 年第 4 期

我参加的 1990 年跨湖桥遗址发掘

　　方向明：《跨湖桥文化论集》，人民出版社 2009 年版

萧山下孙新石器时代遗址

　　蒋乐平：《浙江考古新纪元》，科学出版社 2009 年版

跨湖桥遗址发现中国最早独木舟

　　蒋乐平等：《中国文物报》2003 年 3 月 21 日

跨湖桥独木舟三题

　　蒋乐平：《跨湖桥文化论集》，人民出版社 2009 年版

中华第一舟——杭州跨湖桥遗址古船发现记

　　王心喜：《发明与创新》2005 年第 8 期

论跨湖桥文化独木舟的年代

　　朱乃诚：《浙江省文物考古研究所学刊》，科学出版社 2006 年版

独木舟与水文化的萌芽——从跨湖桥发现的中华第一舟说起

　　吴振华：《跨湖桥文化论集》，人民出版社 2009 年版

独木舟——新石器时代东北亚地区海上文化交流的工具

　　［韩］姜寅虎：《跨湖桥文化论集》，人民出版社 2009 年版

浙江杭州萧山跨湖桥遗址发掘中的一些地学问题研究

　　梁河、冯宝英、胡艳华、毛汉川：《中国地质》2011 年第 2 期

浙江跨湖桥遗址的古稻遗存研究

　　郑云飞、蒋乐平、郑建明：《中国水稻科学》2004 年第 2 期

跨湖桥文化先民栽培的可能是陆稻

　　张崇根：《跨湖桥文化论集》，人民出版社 2009 年版

跨湖桥遗址的人们在浙江史前史上的贡献

　　吴汝祚：《杭州师院学报》2002 年第 5 期

跨湖桥遗址与越文化

　　胡文炜：《越文化研究通讯》2002 年第 8 期

浙江跨湖桥遗址所出刻划符号试析

　　王长丰、张居中、蒋乐平：《东南文化》2008 年第 1 期

跨湖桥契刻考释

　　柴焕波：《湖南考古辑刊》（第 8 集），岳麓书社 2009 年版

跨湖桥文化的命名及其学术意义

　　王心喜：《东方博物》（第 18 辑），浙江大学出版社 2006 年版

跨湖桥文化的命名及年代学的讨论

　　王心喜：《杭州师范学院学报》2006 年第 1 期

论跨湖桥文化的来源

　　焦天龙：《浙江省文物考古研究所学刊》，科学出版社 2006 年版

浦阳江流域新石器时代遗址的发现与思考

　　蒋乐平：《浙江省文物考古研究所学刊》，科学出版社 2006 年版

跨湖桥文化是浦阳江文明的传承与发展

　　于立岳、柴海生：《跨湖桥文化论集》，人民出版社 2009 年版

河姆渡遗址与跨湖桥遗址的比较研究

　　黄渭金、张殿发、杨晓平：《东方博物》（第 27 辑），浙江大学出版社 2008 年版

跨湖桥新石器时代文化遗存的考古学观察

　　王心喜：《文博》2004 年第 1 期

跨湖桥文化初析

　　林华东：《跨湖桥文化论集》，人民出版社 2009 年版

论跨湖桥文化

　　孙维昌：《跨湖桥文化论集》，人民出版社 2009 年版

试论跨湖桥文化

　　王心喜：《绍兴文理学院学报》2003 年第 6 期

试论跨湖桥文化

　　王心喜：《四川文物》2006 年第 4 期

再读跨湖桥

　　陈淳、潘艳、魏敏：《东方博物》（第 27 辑），浙江大学出版社
2008 年版

生态学视野中的跨湖桥文化

　　陈淳、潘艳：《跨湖桥文化论集》，人民出版社 2009 年版

浙江艺术史图录——跨湖桥文化遗址

　　陈子达：《浙江艺术职业学院学报》2008 年第 4 期

实用美观相得益彰——论跨湖桥文化的原始艺术

　　何汉生、肖梦龙：《跨湖桥文化论集》，人民出版社 2009 年版

发现距今八千年前的磨床——杭州萧山跨湖桥文化遗址出土文物考察报
告之一

　　柳志青、柳翔：《浙江国土资源》2006 年第 2 期

跨湖桥遗址建筑遗迹分析

　　宋煊：《跨湖桥文化论集》，人民出版社 2009 年版

八千年前钻木取火工具现身跨湖桥遗址

　　秦苍力：《东方消防》2010 年第 3 期

跨湖桥文化先民发明了陶轮和制盐

　　柳志青、沈忠悦、柳翔、施加农：《浙江国土资源》2006 年第 3 期

浙江文化源远流长的历史实证——略记萧山跨湖桥文化与浦江上山遗址

　　金利权：《今日浙江》2005 年第 9 期

文化断层现象与考古层位学——跨湖桥遗址的启示

　　叶文宪：《跨湖桥文化论集》，人民出版社 2009 年版

跨湖桥文化下线对马家浜河姆渡文化早期的辐射和影响

　　张丽敏：《跨湖桥文化论集》，人民出版社 2009 年版

卫星遥感探讨杭州湾跨湖桥古文化消失原因

　　王永江、姜晓玮：《国土资源遥感》2005 年第 1 期

（三）河姆渡文化

试论河姆渡文化

　　牟永抗：《中国考古学会第一次年会论文集》，文物出版社 1979
年版

试论河姆渡文化

　　牟永抗：《牟永抗考古学文集》，科学出版社 2009 年版

再论河姆渡文化——庆祝佟柱臣老师八十五寿辰

　　牟永抗：《牟永抗考古学文集》，科学出版社 2009 年版

河姆渡文化的历史地位

　　徐中舒、唐嘉弘：《中国古代史论丛》（第 8 辑），福建人民出版社
1983 年版

河姆渡文化再认识

　　刘军：《中国考古学会第三次年会论文集》，文物出版社 1984 年版

河姆渡文化

　　任式楠：《中国大百科全书·考古学》，中国大百科全书出版社
1986 年版

光辉灿烂的河姆渡文化

　　叶树望：《历史知识》1983 年第 4 期

祖国古代文化的明珠

　　劳伯敏：《学习与思考》1984 年第 12 期

古老的河姆渡遗址

　　毛昭晰、梅福根：《文化交流》1986 年创刊号

河姆渡文化研究的回顾与前瞻

　　刘军：《河姆渡文化新论》，海洋出版社 2002 年版

再论河姆渡文化的溯源和追流问题

　　石兴邦：《河姆渡文化新论》，海洋出版社 2002 年版

略论河姆渡文化

　　方酉生：《武汉大学学报》1994 年第 1 期

河姆渡文化国际学术研讨会综述

　　邵九华：《浙江学刊》1994 年第 4 期

中国河姆渡文化国际学术讨论会综述

　　陈旭钦等：《文物》1994 年第 10 期

河姆渡文化国际学术研讨会纪要

　　金帆：《浙江社会科学》1994 年第 4 期

《河姆渡文化新论》序

　　毛昭晰:《河姆渡文化新论》，海洋出版社 2002 年版

河姆渡遗址研究获得新成果——《浙江余姚河姆渡新石器时代遗址动物群》出版

　　宋达:《浙江学刊》1990 年第 6 期

河姆渡考古与中华民族文化源

　　何鸿:《河姆渡文化新论》，海洋出版社 2002 年版

河姆渡文化的文化生态研究

　　李抱荣:《东南文化》1993 年第 4 期

辛勤耕耘、嘉惠学林——《河姆渡文化初探》述评

　　蔡乃武:《南方文物》1992 年第 4 期

河姆渡遗址与河姆渡文化

　　王海明:《东南文化》2000 年第 7 期

河姆渡遗址与河姆渡文化

　　王海明:《河姆渡文化新论》，海洋出版社 2002 年版

稻作文化的见证——河姆渡遗址

　　孙维昌:《中华文明的历史足迹——新中国重大考古发现记》，上海远东出版社 1999 年版

试论河姆渡文化的本质内涵

　　陈忠来:《河姆渡文化新论》，海洋出版社 2002 年版

河姆渡文化的演变

　　叶树望:《海峡两岸大禹文化研究》，中国社会科学出版社 2010 年版

河姆渡文化创造者的族属探讨

　　叶树望:《河姆渡文化新论》，海洋出版社 2002 年版

河姆渡文化发现的意义

　　张之恒:《河姆渡文化研究》，杭州大学出版社 1998 年版

河姆渡遗址浅析

　　安志敏:《河姆渡文化研究》，杭州大学出版社 1998 年版

河姆渡人在中华文化缔造中的贡献

　　曾骐:《河姆渡文化研究》，杭州大学出版社 1998 年版

辉煌灿烂的河姆渡文化

　　林华东：台湾《故宫文物月刊》1992 年总第 110 期

《河姆渡文化初探》序

　　[日] 林巳奈夫：《农业考古》1992 年第 1 期

全面揭示河姆渡文化的著作——《河姆渡文化初探》序

　　陈文华：《农业考古》1992 年第 1 期

河姆渡文化研究的里程碑——评《河姆渡文化初探》

　　李先登：《东南文化》1992 年第 5 期

河姆渡遗址的几个问题

　　吴汝祚：《河姆渡文化研究》，杭州大学出版社 1998 年版

中国南方史前文明的代表河姆渡文化

　　李永飞：《光明日报》1993 年 5 月 9 日

河姆渡文化——华夏民族的雏形

　　徐定宝：《河姆渡文化新论》，海洋出版社 2002 年版

河姆渡文化的九大“世界之最”

　　林华东：《文化交流》1993 年总第 14 期

河姆渡文化发现的意义

　　吴绵吉：《河姆渡文化新论》，海洋出版社 2002 年版

中华江海文化发源地——河姆渡文化遗址

　　杨成鉴：《河姆渡文化新论》，海洋出版社 2002 年版

试论中国东南沿海史前的海洋族群

　　陈仲玉：《河姆渡文化新论》，海洋出版社 2002 年版

关于河姆渡遗址年代的讨论

　　黄宣佩：《河姆渡文化研究》，杭州大学出版社 1998 年版

河姆渡文化早期姚江流域的生态环境

　　张之恒：《河姆渡文化新论》，海洋出版社 2002 年版

水环境压力和河姆渡文化迁徙的研究

　　邵九华、邵尧明、夏梦河：《河姆渡文化新论》，海洋出版社 2002
年版

略论地理环境在河姆渡文化兴衰中的作用

　　李小江：《河姆渡文化新论》，海洋出版社 2002 年版

浙江余姚河姆渡新石器时代遗址与全新世海面的变化

朗鸿儒：《浙江地质》1987 年第 1 期

七千年来姚江平原的演变

吴维棠：《地理学报》1983 年第 3 期

我国亚洲象的盛衰及原因——兼论历史气候和生态的变迁

张梅坤：《东南文化》1992 年第 6 期

浙江余姚河姆渡遗址中鳄的发现

魏丰、徐玉斌：《古脊椎动物与古人类》第 19 卷第 4 期，1981 年

河姆渡先人生活时期的古植被、古气候

孙湘君等：《植物学报》1981 年第 2 期

河姆渡地区中全新世温暖期古植被和古气候的研究

周予康、刘为纶、吴维棠：《河姆渡文化研究》，杭州大学出版社
1998 年版

未来气候变暖的经验模式——浙江河姆渡古气候

刘为纶、周予康、吴维棠：《河姆渡文化研究》，杭州大学出版社
1998 年版

河姆渡文化对研究环太平洋区域文明的起源与传播的重大意义

陈炎：《河姆渡文化新论》，海洋出版社 2002 年版

河姆渡遗址的发现对中国历史和世界历史产生的重大影响

史式、赵晓波：《河姆渡文化新论》，海洋出版社 2002 年版

河姆渡文化对中国历史的重大影响

黄大受：《河姆渡文化新论》，海洋出版社 2002 年版

文化与文明的差异——河姆渡文化研究中一个应该区分的问题

王慕民：《河姆渡文化新论》，海洋出版社 2002 年版

中华民族海洋文化的曙光——河姆渡文化对探索海上丝绸之路起源的
意义

陈炎：《中华民族史研究》第一辑，广西人民出版社 1993 年版

先越文化初探——河姆渡文化族属试考

林华东：《浙江省文物考古研究所专辑》1980 年第 1 期

试论河姆渡文化与古越族的关系

林华东：《百越民族史论文集》，中国社会科学出版社 1980 年版

论河姆渡暨越文化的海外传播

　　林华东：《河姆渡文化研究》，杭州大学出版社 1998 年版

河姆渡遗址文化与越族先民

　　杨成鉴：《宁波大学学报》1994 年第 2 期

河姆渡遗址文化与越族先民

　　杨成鉴：《河姆渡文化研究》，杭州大学出版社 1998 年版

河姆渡文化——百越文化与海洋文化

　　管敏义：《河姆渡文化新论》，海洋出版社 2002 年版

河姆渡文化渊源思考

　　王海明：《河姆渡文化研究》，杭州大学出版社 1998 年版

河姆渡文化与马家浜文化关系简论

　　王海明：《东南文化》1991 年第 6 期

论河姆渡文化与马家浜文化的关系

　　吴汝祚：《南方文物》1996 年第 3 期

河姆渡文化与半坡文化的比较研究

　　张维慎：《河姆渡文化新论》，海洋出版社 2002 年版

浙江史前文化的两朵金花——河姆渡与良渚文化

　　林华东：《文史知识》1996 年第 10 期

河姆渡遗址在越文化研究中的意义

　　陈桥驿：《河姆渡文化新论》，海洋出版社 2002 年版

先秦时期以河姆渡为中心的浙东原始文化的演变

　　钱茂伟：《河姆渡文化新论》，海洋出版社 2002 年版

河姆渡文化·长江文化·中华文化

　　季学原：《河姆渡文化新论》，海洋出版社 2002 年版

河姆渡文化与越国经济发展

　　乐承耀：《河姆渡文化新论》，海洋出版社 2002 年版

河姆渡遗址·大禹陵

　　钱汝平：《文史知识》2004 年第 9 期

河姆渡文化和舜耕历山

　　邵九华：《浙江社会科学》1994 年第 6 期

河姆渡遗址为姚墟说

　　史树青：《浙东文化论丛》，中央编译出版社 1995 年版

河姆渡文化和良渚文化若干问题的探讨

　　王铁中：《文博》2008 年第 1 期

浅析河姆渡遗址的原始农业生产

　　黄渭金：《农业考古》1996 年第 3 期

河姆渡在中华乃至人类经济文化中的地位与影响

　　陈依元：《河姆渡文化新论》，海洋出版社 2002 年版

河姆渡文化——我国稻作农业的先驱和"采集农业"的拓植者

　　石兴邦：《河姆渡文化研究》，杭州大学出版社 1998 年版

对河姆渡遗址第四文化层出土稻谷和骨耜的几点看法

　　游修龄：《文物》1976 年第 8 期

从河姆渡遗址出土稻谷试谈亚洲栽培稻的起源

　　游修龄：《光明日报》1978 年 12 月 6 日

从河姆渡遗址出土稻谷试论我国栽培稻的起源、分化和传播

　　游修龄：《作物学报》1979 年第 3 期

河姆渡遗址稻的硅酸体分析

　　郑云飞、游修龄：《浙江农业大学学报》1994 年第 1 期

水稻品种和河姆渡出土稻谷外稃乳突的扫描电镜观察

　　张文绪、汤圣祥、刘军：《河姆渡文化研究》，杭州大学出版社
1998 年版

河姆渡稻谷研究进展及展望

　　游修龄、郑云飞：《农业考古》1995 年第 1 期

河姆渡稻谷研究进展及展望

　　游修龄、郑云飞：《河姆渡文化研究》，杭州大学出版社 1998 年版

中国水稻农业的兴起——河姆渡文化遗址与共工氏

　　张佩琦：《农业考古》1995 年第 1 期

河姆渡遗址"稻谷堆积层"成因析

　　劳伯敏：《农业考古》1995 年第 1 期

河姆渡稻谷的启示

　　刘军：《农业考古》1991 年第 1 期

河姆渡稻作农业剖析

　　黄渭金:《农业考古》1998 年第 1 期

河姆渡周边遗址原始稻作农业的研究

　　赵晓波:《农业考古》1998 年第 1 期

河姆渡遗址稻作渊源探析

　　邵九华:《浙东文化论丛》,中央编译出版社 1995 年版

河姆渡遗址稻作渊源探析

　　邵九华:《农业考古》1997 年第 3 期

试论河姆渡遗址稻谷发现的文化学意义

　　虞浩旭:《浙东文化论丛》,中央编译出版社 1995 年版

试论河姆渡遗址稻谷发现的文化学意义

　　虞浩旭:《农业考古》1997 年第 3 期

河姆渡野生稻发现的意义

　　严文明:《河姆渡文化研究》,杭州大学出版社 1998 年版

小议河姆渡农业

　　柳勇明:《农业考古》1987 年第 2 期

"火耕水耨"辨析

　　彭世奖:《中国农史》1987 年第 2 期

河姆渡的谷物收割与加工

　　俞为洁:《农业考古》1992 年第 3 期

河姆渡时期稻田的获取和整治

　　俞为洁:《古今农业》1993 年第 4 期

河姆渡遗址稻的硅酸体分析

　　郑云飞、游修龄、徐建民、边其均、俞为洁:《浙江农业大学学报》1994 年第 1 期

河姆渡碳化稻中普通野生稻谷的发现

　　汤圣祥、俞为洁:《农业考古》1994 年第 3 期

河姆渡、罗家角两遗址水稻硅酸体形状特征之比较

　　郑云飞、俞为洁、芮国耀、〔日〕宇田津彻郎、〔日〕藤原宏志、游修龄:《株洲工学院学报》2000 年第 4 期

河姆渡人的族源和稻作的传播问题

　　游修龄:《河姆渡文化新论》,海洋出版社 2002 年版

河姆渡遗址出土骨耜的研究

　　宋兆麟:《考古》1979 年第 2 期

河姆渡文化"骨耜"新探

　　黄渭金:《文物》1996 年第 1 期

河姆渡文化的"骨耜"及相关问题

　　江宁生:《国际百越文化研究》,中国社会科学出版社 1994 年版

河姆渡文化的"骨耜"及相关问题

　　汪宁生:《东南文化》1991 年第 1 期

对河姆渡遗址骨制耕具的几点看法

　　华泉:《文物》1977 年第 7 期

河姆渡文化植物遗存的研究

　　俞为洁、徐耀良:《东南文化》2000 年第 7 期

河姆渡文化植物遗存的研究

　　俞为洁、徐耀良:《河姆渡文化新论》,海洋出版社 2002 年版

葫芦的家世——从河姆渡出土的葫芦种子谈起

　　游修龄:《文物》1977 年第 8 期

河姆渡遗址出土的菱角及相关问题的讨论

　　俞为洁:《农业考古》1992 年第 1 期

河姆渡文化"五叶纹"研究

　　康育义:《东南文化》1992 年第 6 期

试论河姆渡盆栽五叶纹植物

　　俞为洁:《农业考古》1991 年第 1 期

再论河姆渡五叶纹植物

　　俞为洁:《农业考古》2004 年第 3 期

三论五叶纹陶块

　　俞为洁:《农业考古》2006 年第 1 期

河姆渡文化"五叶纹"、陶块考略

　　黄渭金:《农业考古》1997 年第 1 期

对河姆渡遗址第一期文化"三叶纹"、"五叶纹"陶块的几点看法

　　　　熊巨龙:《东方博物》(第19辑),浙江大学出版社2006年版

"鱼藻纹盆"刍议

　　　　周新华:《东南文化》1994年第1期

河姆渡遗址"鱼藻"纹盆考析

　　　　黄渭金:《农业考古》1995年第1期

略论中国养蚕业起源于长江三角洲

　　　　魏东:《中国农史》1983年第1期

我国远古时期的踞织机——河姆渡文化的纺织技术

　　　　宋兆麟、牟永抗:《凉山彝族奴隶制研究》1982年第1期

河姆渡先民的家畜饲养业

　　　　李跃:《农业考古》1994年第3期

猪的驯化及其在"六畜"中的地位变迁

　　　　俞为洁:《古今农业》1988年第1期

从河姆渡遗址出土猪骨和陶猪试论我国养猪的起源

　　　　钟遐:《文物》1976年第8期

河姆渡文化猪形塑及猪形图案装饰新探

　　　　俞为洁:《农业考古》1994年第3期

河姆渡文化猪形塑及猪形图案装饰新探

　　　　俞为洁:《河姆渡文化研究》,杭州大学出版社1998年版

河姆渡遗址石器初探

　　　　黄渭金:《河姆渡文化新论》,海洋出版社2002年版

论河姆渡文化中的石锛

　　　　林士民:《河姆渡文化新论》,海洋出版社2002年版

河姆渡遗址陶器的研究

　　　　李家治等:《中国古陶瓷论文集》,文物出版社1982年版

河姆渡陶器研究

　　　　刘军:《东方博物》(第1辑),杭州大学出版社1997年版

中国长江下游新石器时代木器的应用

　　　　陈晶:《华夏考古》1994年第1期

谈河姆渡木筒的用途

　　吴玉贤：《浙江省文物考古研究所学刊》，文物出版社 1981 年版

话说木履

　　林华东：台湾《故宫文物月刊》1991 年总第 102 期

骨匕浅析

　　赵晓波：《浙东文化》1994 年第 1、2 期

我国海洋经济的曙光——论河姆渡原始海洋渔业及其意义

　　虞浩旭：《河姆渡文化新论》，海洋出版社 2002 年版

河姆渡舟船技术浅析

　　陈延杭：《海交史研究》1997 年第 2 期

试论河姆渡出土的"陶舟"

　　李跃：《南方文物》1995 年第 1 期

一支七千年前的船桨

　　劳伯敏：《光明日报》1981 年 1 月 12 日

从考古发现谈宁波沿海地区原始居民的海上交通

　　吴玉贤：《史前研究》1983 年第 1 期

再议河姆渡人的水上交通工具

　　李跃：《东方博物》（第 9 辑），浙江大学出版社 2003 年版

河姆渡的原始艺术

　　吴玉贤：《文物》1982 年第 7 期

关于河姆渡原始艺术的探讨

　　李彤：《东南文化》2000 年第 7 期

河姆渡原始艺术的地位和价值

　　龚若栋：《民间文艺》1988 年第 1 期

论河姆渡原始艺术的美学特征——兼论中国绘画南北差异之起源

　　康育义：《东南文化》1990 年第 5 期

河姆渡文化艺术的美学新解

　　周玮：《河姆渡文化新论》，海洋出版社 2002 年版

关于河姆渡原始艺术研究的思考

　　李彤：《河姆渡文化新论》，海洋出版社 2002 年版

七千年前的远古艺术——河姆渡图案

    宋馨萍：《浙江工艺美术》1982 年第 2 期

河姆渡文化与原始审美意识的产生

    俞建伟：《河姆渡文化新论》，海洋出版社 2002 年版

河姆渡器物的审美特征

    朱志荣：《浙江社会科学》2006 年第 6 期

河姆渡骨器的审美特征

    陶国山：《浙江社会科学》2006 年第 6 期

河姆渡文化鸟纹及相关图像辨正

    黄厚明：《南方文物》2005 年第 4 期

涡纹·湖沼崇拜·鸟形器

    蒋卫东：《河姆渡文化研究》，杭州大学出版社 1998 年版

河姆渡双鸟与日（月）同体刻纹

    董楚平：台湾《故宫文物月刊》1994 年版

河姆渡"双鸟朝阳"纹象牙蝶形器

    林华东：台湾《故宫文物月刊》1992 年版

从羽人纹饰看羽人源流

    毛昭晰：《河姆渡文化研究》，杭州大学出版社 1998 年版

关于河姆渡 T226（3B）：79"双鸟朝阳"蝶形器

    方向明：《东方博物》（第 21 辑），浙江大学出版社 2006 年版

河姆渡文化的艺术珍品——释蝶形牙雕"双鸟异日"

    吕洪年：《文史知识》1996 年第 10 期

河姆渡发现的原始骨笛

    《文物报》1987 年 1 月 30 日

骨哨

    张书敏：《浙江画报》1987 年第 6 期

原始艺术科技的结晶——河姆渡出土骨哨

    华光、陆洲：《艺术科技》1988 年第 2 期

原始艺术科技的结晶——河姆渡出土骨哨

    陆洲、华光：《河姆渡文化研究》，杭州大学出版社 1998 年版

河姆渡遗址"骨哨"小议

　　袁尧民：《中国文物报》1996 年 5 月 26 日

河姆渡遗址骨哨河姆渡遗址陶埙

　　刘东升编：《中国乐器图志》，轻工业出版社 1987 年版

原始社会骨哨

　　萧鸣：《上海博物馆集刊》（第 2 期），上海古籍出版社 1982 年版

河姆渡文化原始雕塑

　　刘军：《河姆渡文化研究》，杭州大学出版社 1998 年版

稚拙的河姆渡家猪形象

　　李纪贤：《中国文物报》1990 年 8 月 30 日

猪纹钵

　　顾苏宁：《国宝大观》，上海文化出版社 1990 年版

河姆渡遗址几何图形试析

　　梁大成：《史前研究》1990—1991 年辑刊

河姆渡陶器纹样初探

　　黄颖琦：《台州师专学报》1991 年第 1 期

初探河姆渡文化人们的数理知识

　　吴汝祚：《河姆渡文化新论》，海洋出版社 2002 年版

河姆渡先民的原始历法

　　叶树望：《河姆渡文化研究》，杭州大学出版社 1998 年版

河姆渡干栏式建筑遗迹初探

　　劳伯敏：《南方文物》1995 年第 1 期

河姆渡遗址发现的部分木制建筑构件和木器的初步研究

　　吴汝祚：《浙江学刊》1997 年第 2 期

河姆渡干栏式建筑的思考和探索——纪念半坡遗址发掘五十周年版

　　牟永抗：《牟永抗考古学文集》，科学出版社 2009 年版

"干栏"式建筑的考古研究

　　安志敏：《考古学报》1963 年第 2 期

河姆渡聚落建筑浅析

　　潘欣信：《南方文物》1999 年第 2 期

河姆渡遗址干栏式建筑的再认识

　　赵晓波:《河姆渡文化新论》,海洋出版社 2002 年版

河姆渡遗址木构水井鉴定及早期木构工艺考察

　　杨鸿勋:《科技史文集》1980 年第 5 辑

河姆渡遗址木构水井鉴定

　　杨鸿勋:《建筑考古学论文集》,文物出版社 1987 年版

河姆渡遗址早期木构工艺考察

　　杨鸿勋:《建筑考古学论文集》,文物出版社 1987 年版

河姆渡人饮食习俗

　　黄渭金:《农业考古》1997 年第 3 期

河姆渡人所创造的饮食文化

　　曾骐:《河姆渡文化新论》,海洋出版社 2002 年版

河姆渡人如何食用稻米

　　天津自然博物馆:《农业考古》1989 年第 2 期

河姆渡遗址出土的陶灶

　　毛昭晰:《河姆渡文化新论》,海洋出版社 2002 年版

从河姆渡的陶质耳栓说起

　　邓聪:《河姆渡文化新论》,海洋出版社 2002 年版

鸟图腾的起源及崇拜对象——试论河姆渡文化之鸟图腾

　　俞为洁:《民俗研究》1990 年第 2 期

河姆渡文化鸟形象探讨

　　孙其刚:《中国历史博物馆馆刊》第 10 期,文物出版社 1987 年版

我国东方沿海和东南地区古代文化中鸟类图像与鸟祖崇拜的有关问题

　　石兴邦:《中国原始文化论集——纪念尹达八十诞辰》,文物出版社
1989 年版

新石器时代的鸟形装饰与太阳崇拜

　　陆思贤:《史前研究》1986 年第 1 期

华夏和合文化的原始雏形——河姆渡先民连体双鸟图腾新释

　　唐德中、徐翔:《河姆渡文化新论》,海洋出版社 2002 年版

论鸟在河姆渡文化中的双重意义

　　施祖青:《东方博物》(第 6 辑),浙江大学出版社 2000 年版

东西方太阳神形象比较研究

　　董楚平：《河姆渡文化新论》，海洋出版社 2002 年版

河姆渡文化蝶形器的用途和名称

　　王仁湘、袁靖：《考古与文物》1984 年第 5 期

河姆渡遗址出土蝶形器的研究

　　宋兆麟：《中国原始文化论集——纪念尹达八十诞辰》，文物出版社
1989 年版

河姆渡文化蝶形器再研究

　　黄渭金：《南方文物》1998 年第 2 期

河姆渡人的宗教观念和"凤"的起源

　　周庆基：《河北大学学报》1993 年第 2 期

试论河姆渡无头葬及肢骨不全葬

　　黄渭金：《河姆渡文化研究》，杭州大学出版社 1998 年版

河姆渡残陶画的释读——兼论河姆渡文化的原始崇拜

　　王宁远：《南方文物》1997 年第 1 期

"河姆渡人"及其后裔的敬犬习俗

　　徐建春：《河姆渡文化新论》，海洋出版社 2002 年版

河姆渡发现原始社会重要遗址

　　浙江省文管会、浙江省博物馆：《文物》1976 年第 8 期

河姆渡遗址第一期发掘工作座谈会纪要

　　《文物》通讯员：《文物》1976 年第 8 期

河姆渡遗址第一期发掘报告

　　浙江省文物管理委员会、浙江省博物馆：《考古学报》1978 年第
1 期

河姆渡遗址动植物遗存的鉴定问题

　　浙江省博物馆自然组：《考古学报》1978 年第 1 期

碳—14 年代测定报告（四）——河姆渡遗址年代的测定与讨论

　　钱江初等：《文物》1979 年第 12 期

浙江河姆渡遗址第二期发掘的主要收获

　　河姆渡遗址考古队：《文物》1980 年第 5 期

河姆渡遗址出土文物

　　浙江省文物考古所:《浙江学刊》1980 年第 1 期

河姆渡文化遗址调查概况

　　刘军:《浙江省文物考古研究所专辑》1980 年第 1 期

河姆渡新石器时代遗址发现的两种犀牛化石及其意义

　　吴维棠:《古脊椎动物与古人类》第 21 卷第 2 期,1983 年

文物之邦:河姆渡遗址主要考古成果

　　袁尧明等:《浙江学刊》1994 年第 4 期

浙江余姚市鲞架山新石器时代遗址调查

　　河姆渡遗址博物馆考古调查组:《考古》1997 年第 1 期

浙江余姚田螺山遗址初现端倪

　　孙国平、黄渭金:《中国文物报》2004 年 8 月 6 日

余姚田螺山遗址

　　孙国平:《2004 中国重要考古发现》,文物出版社 2005 年版

2004 年田螺山遗址发掘简报

　　浙江省文物考古研究所等:《文物》2007 年第 11 期

河姆渡文化稻作农业发展水平又获重要证据

　　郑云飞、孙国平、陈旭高:《中国文物报》2009 年 2 月 6 日

7000 年前考古遗址出土稻谷的小穗轴特征

　　郑云飞、孙国平、陈旭高:《科学通报》第 52 卷第 9 期

余姚田螺山新石器时代遗址

　　孙国平:《浙江考古新纪元》,科学出版社 2009 年版

浙江宁波市八字桥发现新石器时代遗址

　　林士民:《考古》1979 年第 6 期

宁波慈湖新石器时代遗址

　　王明达:《中国考古学年鉴(1989)》,文物出版社 1990 年版

慈湖遗址发掘获重要成果

　　晓永:《中国文物报》1988 年 12 月 23 日

宁波慈湖遗址发掘简报

　　浙江省文物考古研究所、宁波市文物考古研究所:《浙江省文物考古研究所学刊》,科学出版社 1993 年版

慈城小东门新石器时代及商周遗址

　　王海明：《中国考古学年鉴（1993）》，文物出版社 1994 年版

记慈溪东门慈巽乡新石器时代村落遗址的发现

　　何天行：《浙江日报》1950 年 6 月 28 日

浙江发掘塔山遗址

　　蒋乐平：《中国文物报》1991 年 3 月 17 日

象山县塔山新石器时代遗址

　　蒋乐平：《中国考古学年鉴（1991）》，文物出版社 1992 年版

象山县塔山遗址第一、二期发掘

　　浙江省文物考古研究所等：《浙江省文物考古研究所学刊》，长征
出版社 1997 年版

塔山下层墓地与塔山文化

　　蒋乐平：《东南文化》1999 年第 6 期

塔山中层一号房址性质探析

　　蒋乐平：《东南文化》2003 年第 11 期

象山塔山新石器时代遗址

　　蒋乐平：《浙江考古新纪元》，科学出版社 2009 年版

浅论新石器时期塔山遗址的文化类型

　　《浙东文化》1996 年第 1 期

奉化名山后发现五千年前的人工土台

　　王海明：《中国文物报》1992 年 1 月 26 日

奉化名山后遗址第一期发掘的主要收获

　　名山后遗址考古队：《浙江省文物考古研究所学刊》，科学出版社
1993 年版

茗山后三角石器析

　　陈银根：《浙东文化》1996 年第 1 期

谈茗山后遗址出土的陶鼎足符号——5600 年的原始文字

　　应长裕：《浙东文化》1996 年第 2 期

试谈奉化茗山后史前氏族部落的图腾

　　应长裕：《浙东文化》1996 年第 1 期

舟山群岛发现新石器时代遗址

　　王和平、陈金生：《考古》1983 年第 1 期

浙江定海县唐家墩新石器时代遗址

　　王明达、王和平：《考古》1983 年第 1 期

浙江定海唐家墩又发现一批石器

　　王和平：《考古》1984 年第 1 期

舟山群岛出土大型石器

　　王和平：《文物报》1986 年 1 月 7 日

绍兴仙人山新石器时代遗址

　　王明达：《中国考古学年鉴（1986）》，文物出版社 1988 年版

绍兴壶瓶山新石器时代至汉代遗址

　　陈元甫：《中国考古学年鉴（1992）》，文物出版社 1994 年版

浙江乐清古文化遗址发掘简报

　　徐定水、金福来：《考古》1992 年第 9 期

附：

诸暨市楼家桥新石器时代遗址

　　浙江省文物考古研究所：《中国考古学年鉴（2000）》，文物出版社
2001 年版

诸暨楼家桥遗址发现犀牛遗骸

　　《绍兴史志》2001 年第 2 期

诸暨楼家桥古文化遗址

　　绍兴市文物管理局：《绍兴文物志》，中华书局 2006 年版

诸暨楼家桥新石器时代遗址

　　蒋乐平：《浙江考古新纪元》，科学出版社 2009 年版

（四）马家浜文化

马家浜文化和良渚文化——太湖流域原始文化的分期问题

　　牟永抗、魏正瑾：《文物》1978 年第 4 期

马家浜文化和良渚文化——太湖流域原始文化的分期问题

　　牟永抗、魏正瑾：《文物集刊》（一）1981 年版

马家浜文化和良渚文化——太湖流域原始文化的分期问题

　　牟永抗：《牟永抗考古学文集》，科学出版社 2009 年版

关于良渚、马家浜考古的若干回忆——纪念马家浜文化发现四十周年版

　　牟永抗：《牟永抗考古学文集》，科学出版社 2009 年版

二论马家浜文化

　　姚仲源：《中国考古学会第二次年会论文集》，文物出版社 1982 年版

略论马家浜文化的几个问题

　　殷志强：《南京博物院集刊》1982 年第 2 期

马家浜文化两个类型的分析

　　陈晶：《中国考古学会第三次年会（1981）论文集》，文物出版社 1984 年版

浅谈嘉兴地区史前文化——纪念马家浜遗址发掘四十周年版

　　陆耀华：《农业考古》1999 年第 3 期

马家浜文化：东方文明的曙光

　　车广锦：《农业考古》1999 年第 3 期

杭嘉湖平原的新发现——嘉兴马家浜文化遗存

　　孙维昌：《中华文明的历史足迹——新中国重大考古发现记》，上海远东出版社 1999 年版

马家浜文化的社会生产问题的探讨

　　吴汝祚：《农业考古》1999 年第 3 期

马家浜文化时期的自然环境与人类活动

　　丁金龙：《农业考古》1999 年第 3 期

试论马家浜文化的分布和分期

　　耿曙生：《苏州大学学报》1985 年第 2 期

关于良渚、马家浜考古的若干回忆——纪念马家浜文化发现四十周年版

　　牟永抗：《农业考古》1999 年第 3 期

回忆·认识和建议——在纪念马家浜遗址考古发掘四十周年座谈会上的即席发言

　　姚仲源：《农业考古》1999 年第 3 期

漫话马家浜文化的发现和命名

　　汪济英：《农业考古》1999 年第 3 期

关于马家浜文化的类型问题

　　张照根：《农业考古》1999 年第 3 期

马家浜文化罗家角时期的交往网络和信息传递

　　张梅坤：《农业考古》1999 年第 3 期

马家浜诸文化墓葬头向等变化探源

　　彭景元：《南方文物》1998 年第 4 期

马家浜文化研究的回顾与展望——纪念马家浜遗址发现 45 周年版

　　郑建民、陈淳：《东南文化》2005 年第 4 期

论马家浜文化自南而北传播

　　贺云翱：《史前研究》1987 年第 1 期

河姆渡文化与马家浜文化关系简论——长江文明探源之三

　　王海明：《东南文化》1991 年第 6 期

试论河姆渡文化与马家浜文化的关系

　　吴汝祚：《南方文物》1996 年第 3 期

马家浜文化玉质装饰品考察

　　魏正瑾：《农业考古》1999 年第 3 期

漫话马家浜文化的发现和命名

　　汪济英：《农业考古》1999 年第 3 期

漫谈嘉兴史前马家浜文化

　　丁仲康：《农业考古》1999 年第 3 期

试析马家浜文化罗家角类型的内涵与特征

　　张梅坤：《农业考古》1999 年第 3 期

浙江嘉兴举办纪念马家浜遗址考古发掘 40 周年座谈会暨马家浜考古标本展

　　戴永华、陈建江：《农业考古》1999 年第 3 期

后李类型与马家浜文化之联系初探

　　张学海：《中国文物报》1998 年 1 月 7 日

马家浜—良渚文化若干问题的探讨

　　方向明：《纪念浙江省考古研究所建所二十周年论文集》，西泠印

社出版社 1999 年版

试析北辛文化与马家浜文化的关系

　　卢建英：《东南文化》2009 年第 6 期

浙江嘉兴马家浜新石器时代遗址的发掘

　　浙江省文物管理委员会：《考古》1961 年第 7 期

浙江嘉兴马家浜发现早期新石器时代遗址

　　《光明日报》1959 年 5 月 11 日

浙江嘉兴发现新石器时代遗址

　　《人民日报》1959 年 5 月 9 日

浙江吴兴邱城遗址发掘简介

　　梅福根：《考古》1959 年第 9 期

海盐县彭城遗址发现人面纹陶片

　　《文物》1960 年第 7 期

浙江嘉兴马家浜新石器时代遗址的发掘

　　浙江省文物管理委员会：《考古》1961 年第 7 期

嘉兴市古遗址调查

　　陆耀华：《浙江省文物考古所学刊》，文物出版社 1981 年版

嘉兴吴家浜遗址发掘简报

　　浙江省文物考古研究所等：《文物》2005 年第 3 期

嘉兴吴家浜遗址

　　徐新民：《浙江考古新纪元》，科学出版社 2009 年版

余杭吴家埠新石器时代遗址

　　浙江省文物考古研究所：《浙江省文物考古所学刊》（建所十周年纪念刊），科学出版社 1995 年版

浙江崇德罗家角古遗址调查记

　　冯信敖：《考古通讯》1957 年第 4 期

桐乡罗家角遗址考古略谈

　　张梅坤：《嘉兴师专学报》1981 年第 2 期

桐乡罗家角遗址发掘报告

　　罗家角考古队：《浙江省文物考古所学刊》，文物出版社 1981 年版

罗家角遗址的动物群

　　张明华:《浙江省文物考古所学刊》, 文物出版社 1981 年版

桐乡罗家角遗址考古略谈

　　张梅坤:《嘉兴师专学报》1961 年第 2 期

罗家角遗址发掘记

　　高燕等:《浙江日报》1980 年 6 月 17 日

桐乡罗家角发现原始村落遗址

　　牟永抗、姚仲源:《浙江日报》1980 年 9 月 29 日

罗家角陶片的初步研究

　　张福康:《浙江省文物考古所学刊》, 文物出版社 1981 年版

浙江罗家角遗址的孢粉研究

　　王开发、蒋新禾:《考古》1985 年第 12 期

罗家角陶片的初步研究

　　张福康:《浙江省文物考古所学刊》, 文物出版社 1981 年版

桐乡新桥遗址试掘报告

　　张梅坤:《农业考古》1999 年第 3 期

湖州市邱城新石器时代遗址

　　刘斌:《中国考古学年鉴 (1987)》, 文物出版社 1988 年版

浙江湖州塔地新石器时代遗址

　　蒋卫东:《2004 年中国重要考古发现》, 文物出版社 2005 年版

湖州塔地——太湖西南史前序列较完整的遗址

　　蒋卫东:《浙江考古新纪元》, 科学出版社 2009 年版

德清瓦窑遗址——马家浜文化筒形陶器瓮棺葬的发现

　　王海明:《浙江考古新纪元》, 科学出版社 2009 年版

浙江长兴县江家山遗址发掘取得重要收获

　　楼航:《中国考古学年鉴 (2005)》, 文物出版社 2006 年版

浙江长兴县江家山遗址发掘重要收获

　　楼航、梁弈建等:《中国文物报》, 2006 年 4 月 21 日

浙江长兴江家山遗址发掘的主要收获

　　楼航、梁弈建:《浙江省文物考古所学刊》, 科学出版社 2006 年版

长兴江家山新石器时代遗址

　　楼航：《浙江考古新纪元》，科学出版社 2009 年版

绍兴杨汛桥寺前山新石器时代遗址——马家浜文化时期石砌围沟的发现

　　王海明：《浙江考古新纪元》，科学出版社 2009 年版

对草鞋山遗址马家浜文化时期稻作农业的初步认识

　　谷建祥、邹厚本、李民昌、汤陵华、丁金龙、姚勤德：《东南文化》1998 年第 3 期

草鞋山遗址发掘追记

　　汪遵国：《苏州杂志》2001 年第 6 期

江苏吴县草鞋山遗址

　　南京博物院：《文物资料丛刊》（三），文物出版社 1980 年版

江苏唯亭草鞋山遗址孢粉组合及其地理环境

　　王开发等：《第四纪孢粉分析与古环境》，科学出版社 1984 年版

中国江苏省草鞋山遗址和浙江省河姆渡遗址出土的有关植物遗体的分析结果

　　［日］佐藤洋一郎等：《东亚的稻作和古代的稻作文化》，日本佐贺大学农学部 1995 年版

从绰墩遗址的马家浜文化遗存谈起

　　钱公麟：《东南文化》2003 年增刊

江苏昆山绰墩遗址的调查与发掘

　　南京博物院、昆山县文化馆：《文物》1984 年第 2 期

江苏昆山市绰墩遗址发掘报告

　　苏州博物馆、昆山市文物管理所：《东南文化》2000 年第 4 期

江苏昆山绰墩遗址

　　丁金龙：《2000 年中国重要考古发现》，文物出版社 2001 年版

江苏昆山市绰墩遗址第二次发掘报告

　　苏州博物馆、昆山市文物管理所：《东南文化》2000 年第 11 期

江苏昆山绰墩遗址第一至第五次发掘简报

　　苏州博物馆、昆山市文物管理所、昆山市正仪镇政府：《东南文化》2003 年增刊

绰墩遗址考古钻探与发掘

　　朱伟峰:《东南文化》2003 年增刊

绰墩遗址新石器时代墓葬人骨鉴定报告

　　李民昌:《东南文化》2003 年增刊

绰墩遗址马家浜文化时期水稻田

　　谷建祥:《东南文化》2003 年增刊

绰墩遗址的原始稻作遗存

　　汤陵华:《东南文化》2003 年增刊

绰墩遗址新石器时代自然环境与人类活动

　　丁金龙、萧家仪:《东南文化》2003 年增刊

绰墩遗址古植物群、古环境与古文化

　　萧家仪、丁金龙、郭平、张瑞虎、王丹:《东南文化》2003 年增刊

常州市圩墩新石器时代遗址分期——兼谈马家浜文化

　　陈晶:《江苏省考古学会 1981 年年会暨吴文化学术研讨会论文》
(打印稿),南京博物院藏

江苏常州圩墩村新石器时代遗址的调查和试掘

　　常州博物馆:《考古》1974 年第 2 期

圩墩新石器时代遗址发掘简报

　　吴苏:《考古》1978 年第 4 期

常州圩墩遗址第五次发掘报告

　　江苏省圩墩遗址考古发掘队:《东南文化》1995 年第 1 期

圩墩遗址第五次发掘人骨鉴定

　　李民昌:《东南文化》1996 年第 1 期

常州圩墩新石器时代遗址

　　常州市博物馆、中山大学人类学系考古实习队:《中国考古学年鉴
(1986)》,文物出版社 1988 年版

常州圩墩新石器时代遗址第三次发掘简报

　　常州市博物馆:《史前研究》1984 年第 2 期

1985 年江苏常州圩墩遗址的发掘

　　常州市博物馆:《考古学报》2001 年第 1 期

圩墩新石器时代遗址出土动物遗骸的鉴定

　　黄文几：《考古》1978 年第 4 期

江苏常州圩墩遗址孢粉组合及其环境

　　王开发等：《历史地理》第三辑，上海人民出版社 1983 年版

常州圩墩新石器时代遗址第四次（1985）发掘出土的动物遗骸研究

　　黄象洪：《考察与研究》，上海科学技术文献出版社 1990 年版

圩墩遗址第五次发掘植物孢粉和硅酸体分析

　　萧家仪：《东南文化》1996 年第 1 期

江阴祁头出发现大型马家浜文化遗址

　　陆澄：《江阴文博》2000 年第 2 期

江阴祁头山遗址考古获新突破

　　杭涛、陆建芳、唐汉章：《中国文物报》2001 年 2 月 28 日

江阴祁头山遗址

　　杭涛、刁文伟：《2001 年中国重要考古发现》，文物出版社 2002
年版

论祁头山文化

　　张童心、王斌：《东南文化》2009 年第 5 期

江苏金坛三星村遗址

　　王根富：《1998 年中国重要考古发现》，文物出版社 2000 年版

金坛三星村遗址发掘获重大成果

　　王根富：《中国文物报》1996 年 9 月 22 日

金坛三星村遗址考古喜获重大成果

　　王根富：《中国文物报》1998 年 9 月 13 日

三星村遗址考古新发现

　　王根富、孙参：《人民画报》1999 年第 1 期

考古学上新发现三星遗迹

　　王根富、孙参：《中国画报》1999 年第 1 期

罕见的大规模史前文化区——金坛三星村新石器时代遗址

　　王根富：《中国十年百大考古新发现》（1990—1999），文物出版社
2002 年版

金坛三星村新石器时代人骨研究

  韩康信：《东南文化》2003 年第 9 期

江苏金坛三星村新石器时代墓葬中的人口统计与研究

  张君、王根富：《文物》2004 年第 2 期

长江下游史前文明的明珠——金坛三星村遗址考古收获

  王根富：《最新中国考古大发现——中国最近 20 年 32 次考古新发现》，山东画报出版社 2002 年版

江苏金坛三星村新石器时代遗址

  江苏省三星村联合考古队：《文物》2004 年第 2 期

江苏吴江梅埝新石器时代遗址发掘简报

  江苏省文物工作队：《考古》1963 年第 6 期

江苏张家港许庄新石器时代遗址调查与试掘

  苏州博物馆、张家港市文管会：《考古》1990 年第 5 期

张家港市许庄新石器时代遗址

  王德庆：《中国考古学年鉴（1988）》，文物出版社 1989 年版

江苏吴县南部地区古遗址调查简报

  姚勤德：《考古》1990 年第 10 期

江苏武进潘家塘新石器时代遗址调查与试掘

  武进县文化馆、常州博物馆：《考古》1979 年第 5 期

江苏越城遗址的发掘

  南京博物院：《考古》1982 年第 5 期

江苏吴江广福村遗址发掘简报

  苏州博物馆、吴江市文物陈列室：《文物》2001 年第 3 期

江苏宜兴市骆驼墩新石器时代遗址的发掘

  南京博物院考古研究所：《考古》2003 年第 7 期

江苏宜兴骆驼墩遗址发掘报告

  林留根、田名利、徐建清等：《东南文化》2009 年第 5 期

骆驼墩文化初论

  林留根：《东南文化》2009 年第 5 期

江苏溧阳神墩遗址发掘简报

  田名利、郝明华、彭辉：《东南文化》2009 年第 5 期

江苏宜兴西溪遗址发掘纪要

　　田名利、谈国华、徐建清、周润垦：《东南文化》2009 年第 5 期

马家浜文化玉玦小考

　　葛金根：《东方博物》（第 21 辑），浙江大学出版社 2006 年版

（五）崧泽文化

略论崧泽文化的分期

　　黄宣佩：《中国考古学会第三次年会（1981）论文集》，文物出版社 1984 年版

东方明珠的骄傲——上海崧泽文化

　　孙维昌：《中华文明的历史足迹——新中国重大考古发现记》，上海远东出版社 1999 年版

试论崧泽文化分期

　　郭明：《东方博物》（第 11 辑），浙江大学出版社 2004 年版

上海市青浦县崧泽遗址的试掘

　　上海市文物保管委员会：《考古学报》1962 年第 2 期

青浦县崧泽遗址第二次发掘

　　黄宣佩、张明华：《考古学报》1980 年第 1 期

上海市松江县汤庙村遗址

　　张明华、孙维昌：《考古》1985 年第 7 期

上海青浦寺前村和果园村遗址试掘

　　孙维昌：《南方文物》1998 年第 1 期

上海青浦崧泽遗址考古发掘获重要成果

　　崧泽遗址考古队：《中国文物报》2004 年 6 月 9 日

上海青浦县的古文化遗址和西汉墓

　　上海市文物保管委员会：《考古》1965 年第 4 期

上海松江县姚家圈遗址的发掘

　　上海市文物管理委员会考古部：《考古》2001 年第 9 期

崧泽墓地随葬陶器的编年研究

　　赵辉：《东南文化》2000 年第 3 期

汤庙村崧泽文化墓葬出土文物珍赏

　　孙维昌：《云间文博丛书》，上海古籍出版社 2010 年版

上海出土新石器时代稻谷和农具

　　孙维昌：《农业考古》2009 年第 1 期

浙江嘉兴南河浜遗址发掘简报

　　刘斌、蒋卫东：《文物》2005 年第 6 期

嘉兴南河浜新石器时代遗址

　　刘斌、蒋卫东：《中国考古学年鉴（1997）》，文物出版社 1999
年版

江苏吴县张陵山遗址发掘简报

　　吴山：《文物资料丛刊》第 6 辑

江苏张家港市东山村遗址崧泽文化聚落发掘的重要收获

　　顾篑：《东南文化》2010 年第 1 期

张家港市东山村遗址发掘的主要收获

　　张照根、姚瑶：《东南文化》1999 年第 4 期

张家港市东山村遗址发掘简报

　　苏州博物馆、张家港市文物管理委员会：《文物》2000 年第 10 期

曙光照耀东山村

　　吕大安、缪自强：《苏州杂志》2001 年第 6 期

宜兴下湾发现崧泽文化大型壕沟和土墩墓

　　徐建清、周润恳、周恒明等：《中国文物报》2003 年 5 月 30 日

崧泽遗址的孢粉分析研究

　　王开发等：《考古学报》1980 年第 1 期

试论崧泽文化向良渚文化的转变

　　丁品：《良渚文化研究——纪念良渚文化发现六十周年国际学术讨
论会论文集》，科学出版社 1999 年版

祁头山文化遗址、南楼崧泽文化遗址的发掘与思考

　　陆建芳、张童心、左骏：《浙江省文物考古研究所学刊》，科学出
版社 2006 年版

崧泽文化、良渚文化是吴越先人文化

　　王文清：《东方文明之光——良渚文化发现 60 周年纪念文集》，海

南国际新闻出版中心 1996 年版

良渚文化早期陶器的特征及与崧泽的关系

　　丁品：《良渚文化——中国文明的曙光（日中文化研究第 11 号）》，日本勉诚社 1996 年版

安吉芝里遗址——揭示崧泽文化新的地方类型

　　王宁远、周亚乐、程永军：《浙江考古新纪元》，科学出版社 2009 年版

浙江长兴县江家山遗址发掘取得重要收获

　　楼航：《中国考古学年鉴（2005）》，文物出版社 2006 年版

浙江长兴县江家山遗址发掘重要收获

　　楼航、梁弈建等：《中国文物报》2006 年 4 月 21 日

浙江长兴江家山遗址发掘的主要收获

　　楼航、梁弈建：《浙江省文物考古所学刊》，科学出版社 2006 年版

长兴江家山新石器时代遗址

　　楼航：《浙江考古新纪元》，科学出版社 2009 年版

湖州昆山遗址 2004 年度的发掘——首次发现崧泽墓葬中陶盉和石犁的多例随葬

　　方向明：《浙江考古新纪元》，科学出版社 2009 年版

浙江海盐仙坛庙发现崧泽文化早期到良渚文化晚期文化遗存

　　王宁远、蒋卫东、李林、沈明生：《中国文物报》2004 年 2 月 16 日

浙江海盐仙坛庙遗址

　　王宁远、李林：《2003 年中国重要考古发现》，文物出版社 2006 年版

海盐仙坛庙遗址

　　王宁远、李林：《浙江考古新纪元》，科学出版社 2009 年版

新石器时代崧泽文化陶器珍品鉴赏

　　孙维昌：香港《中国文物世界》2000 年版

崧泽文化陶器珍品鉴赏

　　孙维昌：《上海文博论坛》2002 年版

上海出土新石器时代崧泽文化玉器鉴赏

　　孙维昌：香港《中国文物世界》1999 年版

崧泽文化玉器综论

　　孙维昌：《长江文化论丛》（第 3 辑），中国文史出版社 2005 年版

（六）良渚文化

良渚文化研究的过去、现在和展望

　　石兴邦：《良渚文化研究——纪念良渚文化发现六十周年国际学术讨论会文集》，科学出版社 1999 年版

良渚文化的回顾与展望

　　汪济英：《良渚文化》（余杭县文史资料）1987 年第三辑

良渚文化研究的回顾与前瞻

　　黄宣佩：《浙江学刊》1996 年第 5 期

良渚遗址的发现

　　毛昭晰：《浙江省文物考古研究所学刊》，科学出版社 2006 年版

也谈良渚文化的发现人

　　张炳火、蒋卫东：《良渚文化探秘》，人民出版社 2006 年版

再谈良渚遗址的发现是在 1935 年

　　吴汝祚：《浙江省文物考古研究所学刊》，科学出版社 2006 年版

关于施昕更与《良渚》

　　杨楠：《良渚文化研究——纪念良渚文化发现六十周年国际学术讨论会文集》，科学出版社 1999 年版

卫聚贤与中国考古学

　　刘斌、张婷：《南方文物》2009 年第 1 期

良渚文化研究史

　　［日］中村慎一：《良渚文化——中国文明的曙光（日中文化研究第 11 号）》，日本勉诚社 1996 年版

纪念良渚文化遗址发掘五十周年版

　　牟永抗、刘斌：《良渚文化》（余杭县文史资料）1987 年第三辑

论良渚——良渚发掘五十周年之回顾

　　牟永抗：《牟永抗考古学文集》，科学出版社 2009 年版

浙江良渚考古又十年版

　　牟永抗：《东南文化》1997 年第 1 期

浙江良渚考古又十年版

　　牟永抗：《牟永抗考古学文集》，科学出版社 2009 年版

纪念良渚遗址发现七十周年版

　　牟永抗：《浙江省文物考古研究所学刊》，科学出版社 2006 年版

纪念良渚遗址发现七十周年版

　　牟永抗：《牟永抗考古学文集》，科学出版社 2009 年版

论良渚文化的基础研究

　　陈桥驿：《文明的曙光——良渚文化》，浙江人民出版社 1996 年版

论良渚文化的基础研究

　　陈桥驿：《吴越文化论丛》，中华书局 1999 年版

论良渚文化的基础研究

　　陈桥驿：《历史地理》第 13 辑，上海人民出版社 1996 年版

十年磨一剑——世纪之交的浙江史前考古（代序）

　　曹锦炎：《浙江省文物考古研究所学刊》，科学出版社 2006 年版

"中国·良渚文化国际学术讨论会"纪要

　　王明达：《文物》1997 年第 7 期

值得一读的考古佳作——推荐：《良渚文化研究》

　　许智范：《南方文物》1999 年第 2 期

《文明的曙光——良渚文化》序

　　毛昭晰：《文明的曙光——良渚文化》，浙江人民出版社 1996 年版

略论良渚文化

　　汪遵国：《南京博物院集刊》1983 年第 6 期

良渚文化与东方文明之光

　　汪遵国：《浙江学刊》1996 年第 5 期

中国文明的黎明时代——关于良渚文化的提纲

　　汪遵国：《东方文明之光——良渚文化发现 60 周年纪念文集》，海
南国际新闻出版中心 1996 年版

良渚文化

　　吴汝祚：《中国大百科全书·考古学》，中国大百科全书出版社

1986 年版

良渚文化——中华文明的曙光

　　吴汝祚:《文明的曙光——良渚文化》,浙江人民出版社 1996 年版

良渚文化与文明起源

　　安志敏:《浙江学刊》1996 年第 5 期

良渚文化和中国文明的起源

　　严文明:《良渚文化——中华文明的曙光(日中文化研究第 11 号)》,日本勉诚社 1996 年版

良渚玉器和中华文明起源研究

　　牟永抗:《牟永抗考古学文集》,科学出版社 2009 年版

良渚文化与中华文明的起源

　　陈剩勇:《浙江学刊》1996 年第 5 期

从良渚文化看中国文明的起源

　　林华东:日本《东西古代文化》1996 年第 86 号

从良渚文化看中国文明的起源

　　林华东:《文明的曙光——良渚文化》,浙江人民出版社 1996 年版

从良渚文化看中国文明的起源

　　林华东:《浙江学刊》1994 年第 6 期

良渚文化与文明起源

　　孙维昌:《浙江学刊》2003 年增刊(良渚文化论集)

城市化和国家形成——良渚文化的政治考古学

　　[日] 中村慎一:《良渚文化研究——纪念良渚文化发现六十周年国际学术讨论会文集》,科学出版社 1999 年版

良渚文化的礼制与中华文明的起源

　　陈剩勇:《良渚文化研究——纪念良渚文化发现六十周年国际学术讨论会文集》,科学出版社 1999 年版

农业与中国文明的形成——兼论良渚文化在中国文明形成过程中的地位

　　魏京武:《良渚文化研究——纪念良渚文化发现六十周年国际学术讨论会文集》,科学出版社 1999 年版

史前中国原始农业与良渚文明的思考

　　胡兆华:《良渚文化研究——纪念良渚文化发现六十周年国际学术

讨论会文集》，科学出版社 1999 年版

良渚文化的历史地位——纪念良渚遗址发现 60 周年版

　　苏秉琦：《文明的曙光——良渚文化》，浙江人民出版社 1996 年版

良渚文化的历史地位——纪念良渚遗址发现 60 周年版

　　苏秉琦：《中国文物报》1996 年 10 月 13 日

良渚随笔

　　严文明：《文明的曙光——良渚文化》，浙江人民出版社 1996 年版

良渚随笔

　　严文明：《文物》1996 年第 3 期

良渚遗址的历史地位

　　严文明：《浙江学刊》1996 年第 5 期

简论良渚文化的几个问题

　　张忠培：《文明的曙光——良渚文化》，浙江人民出版社 1996 年版

良渚文化的年代及其所处的社会阶段——五千年前中国进入文明的一个例证

　　张忠培：《文物》1995 年第 5 期

玉器时代说

　　吴汝祚、牟永抗：《东方文明之光——良渚文化发现 60 周年纪念文集》，海南国际新闻出版中心 1996 年版

"玉器时代" 管窥

　　林华东：《浙江社会科学》1996 年第 4 期

面目朦胧的玉器时代——良渚文化撷英

　　孙维昌：《中华文明的历史足迹——新中国重大考古发现记》，上海远东出版社 1999 年版

良渚文化简述

　　舒衡：《杭州师范学院学报》1987 年第 3 期

良渚方国与古史传说

　　林华东：《浙江学刊》1996 年第 5 期

浙江史前文化的两朵金花——河姆渡与良渚文化

　　林华东：《文史知识》1996 年第 10 期

良渚文化及其文明诸因素的剖析

　　安志敏：《良渚文化研究——纪念良渚文化发现六十周年国际学术讨论会文集》，科学出版社 1999 年版

良渚文化与文明界说

　　李学勤：《浙江学刊》1996 年第 5 期

良渚文化与文明起源之管见

　　毛昭晰：《浙江学刊》1996 年第 5 期

良渚遗址发掘的意义

　　吴汝祚：《良渚文化》（余杭县文史资料）1987 年第三辑

良渚文化时期的太湖流域

　　诸汉文：《良渚文化》（余杭县文史资料）1987 年第三辑

关于良渚文化绝对年代的探讨

　　黄宣佩：《文明的曙光——良渚文化》，浙江人民出版社 1996 年版

论良渚文化的分期

　　黄宣佩：《上海博物馆集刊》（第 6 期），上海古籍出版社 1992 年版

良渚文化分期及相关问题

　　陈国庆：《东南文化》1989 年第 6 期

略论良渚文化的分期

　　张之恒：《良渚文化》（余杭县文史资料）1987 年第三辑

论良渚文化分期

　　杨晶：《东南文化》1991 年第 6 期

良渚文化的分期与分区

　　栾丰实：《东方文明之光——良渚文化发现 60 周年纪念文集》，海南国际新闻出版中心 1996 年版

良渚文化下限年代的探讨

　　蒋卫东：《良渚文化探秘》，人民出版社 2006 年版

良渚文化后续的若干问题

　　刘斌：《良渚文化探秘》，人民出版社 2006 年版

有关良渚文化的几个问题

　　方酋生：《武汉大学学报》1987 年第 6 期

良渚文化的社会性质及其与夏王朝的关系

　　方酋生：《浙江学刊》1997 年第 5 期

良渚文化形态与社会形态试说

　　王奇志：《东南文化》1998 年第 2 期

早期国家的黎明——兼谈良渚文化社会政治演化水平

　　陈淳：《东南文化》1999 年第 6 期

试论良渚文化与防风国

　　方酋生：《百越文化研究》，厦门大学出版社 2005 年版

试论良渚文化的社会性质——兼论良渚文化与防风国

　　方酋生：《龙虎山崖葬与百越民族文化》，吉林人民出版社 2001
年版

从钱山漾等原始文化遗址看社会分工和私有制的产生

　　吴汝祚：《考古》1975 年第 5 期

试论良渚文化的社会性质

　　吴绵吉：《南方文物》1992 年第 1 期

试论良渚文化的社会性质及其相关问题

　　袁樾方：《良渚文化》（余杭县文史资料）1987 年第三辑

试论良渚文化的内部分层与社会结构

　　林留根：《东方文明之光——良渚文化发现 60 周年纪念文集》，海
南国际新闻出版中心 1996 年版

良渚文化祭坛、墓地及其反映的社会形态初探

　　赵晔：《良渚文化研究——纪念良渚文化发现六十周年国际学术讨
论会文集》，科学出版社 1999 年版

文明曙光从这里升起——良渚文化综述

　　《文明的曙光——良渚文化》，浙江人民出版社 1996 年版

良渚文化与中国文明的起源

　　杨群：《文明的曙光——良渚文化》，浙江人民出版社 1996 年版

良渚文化时空论

　　芮国耀：《文明的曙光——良渚文化》，浙江人民出版社 1996 年版

良渚遗址群的时空观察

　　赵晔：《浙江省文物考古研究所学刊》，科学出版社 2006 年版

良渚文化的初步分析

　　朔知:《考古学报》2000 年第 1 期

良渚文化时期社会探析

　　李之龙:《考古》2002 年第 9 期

良渚文化研究中的几点感触

　　张明华:《浙江学刊》1996 年第 5 期

从良渚文化遗址群看方国的形成

　　费国平:《浙江学刊》1997 年第 2 期

良渚文化的影响与古史传说

　　纪仲庆:《东南文化》1990 年第 5 期

部族和良渚文化

　　陆建方:《东南文化》1990 年第 5 期

良渚文化古城古国研究

　　车广锦:《东南文化》1994 年第 5 期

良渚发现的并非古城

　　林华东:《观察与思考》2008 年 2 月 1 日

再论良渚文化"古城"的性质与年代

　　林华东:《跨湖桥文化论集》,人民出版社 2009 年版

良渚文化"古城"再质疑

　　林华东:《观察与思考》2010 年 1 月 1 日

从聚落中心到良渚酋邦

　　戴尔俭:《东南文化》1997 年第 3 期

从神人族徽、聚落网络和文化关系看文明前夕的良渚酋邦

　　戴尔俭:《良渚文化研究——纪念良渚文化发现六十周年国际学术讨论会文集》,科学出版社 1999 年版

论聚落的层次性——红山文化与良渚文化的比较研究

　　郭大顺:《良渚文化研究——纪念良渚文化发现六十周年国际学术讨论会文集》,科学出版社 1999 年版

良渚文化与聚落考古

　　魏正瑾、吴玉贤:《南方文物》1997 年第 1 期

良渚文化的聚落考古

　　魏正瑾、吴玉贤：《良渚文化研究——纪念良渚文化发现六十周年国际学术讨论会文集》，科学出版社 1999 年版

良渚文化的聚落级差及城市萌芽

　　张恒武、王力军：《东南文化》2007 年第 3 期

论良渚文化中心聚落的特殊性

　　陈声波：《东南文化》2005 年第 2 期

良渚文化聚落研究的线索与问题

　　刘斌：《良渚文化研究——纪念良渚文化发现六十周年国际学术讨论会文集》，科学出版社 1999 年版

关于良渚聚落与居住址建筑形式及结构的探讨

　　丁金龙：《浙江省文物考古研究所学刊》，科学出版社 2006 年版

余杭良渚遗址群聚落形态的初步考察

　　赵晔：《东南文化》2002 年第 3 期

良渚遗址群聚落考古研究问题的思考

　　芮国耀：《长江下游地区文明化进程学术研讨会论文集》，上海书画出版社 2004 年版

良渚文化聚落群研究

　　张之恒：《东方文明之光——良渚文化发现 60 周年纪念文集》，海南国际新闻出版中心 1996 年版

海盐仙坛庙遗址中期聚落试析

　　王宁远：《浙江省文物考古研究所学刊》，科学出版社 2006 年版

失落的文明——论良渚遗址群

　　芮国耀：《良渚文化研究——纪念良渚文化发现六十周年国际学术讨论会文集》，科学出版社 1999 年版

余杭良渚遗址群概况

　　费国平：《文明的曙光——良渚文化》，浙江人民出版社 1996 年版

良渚遗址群再认识

　　王明达：《浙江省文物考古研究所学刊》，科学出版社 2006 年版

良渚文化遗址群概述

　　王明达：《良渚文化——中国文明的曙光（日中文化研究第 11

号)》,日本勉诚社 1996 年版

良渚文化和中国东南的新石器时代文化

　　[日] 后藤雅彦:《良渚文化——中国文明的曙光(日中文化研究第 11 号)》,日本勉诚社 1996 年版

良渚文化住居的结构形态

　　高蒙河:《南方文物》1997 年第 4 期

良渚文化的范围——兼论考古学文化共同体

　　朔知:《南方文物》1998 年第 2 期

良渚文化分布范围的探讨

　　黄宣佩:《文物》1998 年第 2 期

良渚文化在东亚文明进程中的贡献

　　王明达:《浙江学刊》1996 年第 5 期

披羽与泛舟——良渚文化的海洋文化因素及其流传

　　陈江:《湖南省博物馆文集》(四),《船山学刊》杂志社 1998 年版

良渚文化遗址发祥地史迹漫笔

　　张长弓:《良渚文化》(余杭县文史资料) 1987 年第三辑

叩访良渚文明

　　俞爽曼:《绍兴文理学院报·越文化研究》2008 年第 34 期

从逐疫文化现象谈良渚文化的衰落

　　朱建明:《南方文物》1999 年第 4 期

从逐疫文化现象试析良渚文化的衰落

　　朱建民:《良渚文化探秘》,人民出版社 2006 年版

试论良渚文化中断的成因及其去向

　　程鹏、宋诚:《东南文化》1999 年第 4 期

良渚文化的衰落原因剖析

　　孙维昌:《良渚文化探秘》,人民出版社 2006 年版

精美绝伦,却走向死亡——小议良渚文化衰落的原因

　　裘樟松:《良渚文化探秘》,人民出版社 2006 年版

良渚文化衰变研究

　　宋建:《浙江省文物考古研究所学刊》,科学出版社 2006 年版

良渚文明崩溃探究——社会动力及与玛雅崩溃之比较研究

　　陈淳：《浙江省文物考古研究所学刊》，科学出版社 2006 年版

史前社会复杂化崩溃的考古学探索——以良渚文化为例

　　郑建明：《良渚文化探秘》，人民出版社 2006 年版

论良渚文明的兴衰过程

　　宋建：《良渚文化研究——纪念良渚文化发现六十周年国际学术讨论会文集》，科学出版社 1999 年版

良渚文化去向蠡测

　　叶文宪：《良渚文化》（余杭县文史资料）1987 年第三辑

距今 4000 年前后的文化断层现象和良渚文化的北迁及其归宿

　　叶文宪：《良渚文化探秘》，人民出版社 2006 年版

良渚文化北征及其影响

　　丁品：《良渚文化探秘》，人民出版社 2006 年版

良渚文化去向析

　　朱国平：《东方文明之光——良渚文化发现 60 周年纪念文集》，海南国际新闻出版中心 1996 年版

谈良渚文化的渊源与去向

　　沈德祥：《良渚文化》（余杭县文史资料）1987 年第三辑

"江南地区"良渚文化晚期人的迁徙地及迁徙原因

　　林志方：《良渚文化探秘》，人民出版社 2006 年版

从良渚文化原始艺术看良渚文化的去向

　　吴诗池等：《良渚文化探秘》，人民出版社 2006 年版

良渚文化的去向和后良渚文化

　　杨群：《无锡文博》1994 年第 3 期

良渚文化的若干特殊性——论一处中国史前文明的衰落原因

　　赵辉：《良渚文化研究——纪念良渚文化发现六十周年国际学术讨论会文集》，科学出版社 1999 年版

良渚文化消亡研究中的两个关键问题

　　张明华：《良渚文化探秘》，人民出版社 2006 年版

良渚文化突然消亡的原因是洪水泛滥

　　张明华：《江汉考古》1998 年第 1 期

公元前 2000 年左右发生的一次自然灾害异常期

　　任振球：《大自然探索》1984 年第 4 期

良渚文化的去向和后良渚文化

　　杨群：《良渚文化》（余杭县文史资料）1987 年第三辑

良渚文化：虞代的考古学文化——兼论良渚文化的去向

　　陈民镇：《绍兴文理学院学报》2009 年第 4 期

良渚文化到哪里去了

　　许倬云：《良渚文化研究——纪念良渚文化发现六十周年国际学术讨论会文集》，科学出版社 1999 年版

神秘的良渚文化

　　俞为洁：《浙博天地》2000 年第 1、2 期合刊

良渚与大地湾文化的衰落研究

　　徐日辉：《良渚文化探秘》，人民出版社 2006 年版

论生态环境对良渚文化兴衰的影响

　　王心喜：《良渚文化探秘》，人民出版社 2006 年版

良渚文化人地环境因素初探——以良渚遗址群为例

　　郭青岭：《良渚文化探秘》，人民出版社 2006 年版

太湖地区良渚文化时期的古环境

　　陈杰、吴建民：《东方文明之光——良渚文化发现 60 周年纪念文集》，海南国际新闻出版中心 1996 年版

太湖流域良渚文化时期的自然环境

　　王富葆：《东方文明之光——良渚文化发现 60 周年纪念文集》，海南国际新闻出版中心 1996 年版

距今 4000 年前后的环境变迁与社会发展

　　王青：《东方文明之光——良渚文化发现 60 周年纪念文集》，海南国际新闻出版中心 1996 年版

杭嘉湖平原生态演替与古文化兴衰的关系

　　徐建春：《历史地理》（第 12 辑），上海人民出版社 1995 年版

良渚文化时期的地理环境——杭嘉湖地区

　　吴维棠：《良渚文化——中国文明的曙光（日中文化研究第 11 号）》，日本勉诚社 1996 年版

良渚文化时期的自然环境——太湖地区

　　王富葆、曹琼英:《良渚文化——中国文明的曙光（日中文化研究第 11 号）》，日本勉诚社 1996 年版

良渚文化区的人文景观

　　高蒙河:《良渚文化探秘》，人民出版社 2006 年版

浙江史前考古学文化之环境观

　　王海明:《良渚文化探秘》，人民出版社 2006 年版

浙江余杭良渚遗址群的环境背景与良渚文化的兴衰

　　赵丽君:《良渚文化探秘》，人民出版社 2006 年版

卞家山遗址树木遗存和花粉所记录的良渚文化晚期古植被

　　郑云飞等:《良渚文化探秘》，人民出版社 2006 年版

从玉器考察南中国史前文化传播和影响

　　杨建芳:《东南文化》2008 年第 4 期

神话"大禹诛防风"与良渚文化断代

　　张长工:《文明的曙光——良渚文化》，浙江人民出版社 1996 年

初探良渚文化衰落的原因流转与传承——良渚文化对周边文化及后续文化的影响

　　张炳火、周黎明:《良渚文化探秘》，人民出版社 2006 年版

从良渚文化的衰落说到防风国及与夏王朝的关系

　　方酋生:《良渚文化探秘》，人民出版社 2006 年版

以良渚文化为主的古越文化北迁构成夏文化的一部分

　　张秋芬:《2002 年绍兴越文化国际学术研讨会论文集》，浙江古籍出版社 2006 年版

良渚与陶寺——中国历史南北格局的滥觞

　　宋建忠:《文物》2010 年第 1 期

良渚文化与中原、北方红山文化的比较

　　朱薇君:《南方文物》1997 年第 1 期

初识薛家岗与良渚的文化交流——兼论皖江通道与太湖南道问题

　　朔知:《浙江省文物考古研究所学刊》，科学出版社 2006 年版

大汶口文化对良渚文化及屈家岭—石家河文化的影响

　　张弛:《浙江省文物考古研究所学刊》，科学出版社 2006 年版

试论良渚文化与山东龙山文化的关系

　　吴诗池：《东南文化》1989 年第 6 期

论良渚文化与大汶口、龙山文化的关系

　　吴汝祚：《东南文化》1989 年第 6 期

试论良渚文化和大汶口文化的关系

　　牟永抗：《牟永抗考古学文集》，科学出版社 2009 年版

陶豉祭天的鸟纹符号探析——兼论良渚文化与大汶口文化的交流

　　俞美霞：《良渚文化探秘》，人民出版社 2006 年版

红山与良渚——考古学文化交流和凝聚的若干思考

　　牟永抗：《牟永抗考古学文集》，科学出版社 2009 年版

大汶口、良渚文化的汇聚点——读《花厅——新石器时代墓地发掘报告》

　　栾丰实：《文物》2004 年第 4 期

花厅墓地初论

　　栾丰实：《东南文化》1992 年第 1 期

花厅墓地初探

　　王根富：《东南文化》1992 年第 2 期

好川·良渚·花厅

　　孙国平：《浙江省文物考古研究所学刊》，科学出版社 2006 年版

好川文化的几个问题

　　王海明：《长江下游地区文明进程学术研讨会论文集》，上海书画出版社 2004 年版

温州好川文化遗址的内涵特征和地理环境

　　蔡钢铁：《瓯文化论集》，浙江人民出版社 2009 年版

高祭台类型初析

　　牟永抗：《牟永抗考古学文集》，科学出版社 2009 年版

良渚文化对台湾史前文化的影响

　　张崇根：《良渚文化探秘》，人民出版社 2006 年版

从东中国海看日本的吉野ヶ里遗址

　　安志敏：《良渚文化探秘》，人民出版社 2006 年版

良渚时期的农业

　　游修龄：《良渚文化研究——纪念良渚文化发现六十周年国际学术讨论会文集》，科学出版社 1999 年版

良渚文化经济形态与社会形态试说

　　王奇志：《东南文化》1998 年第 2 期

良渚文化时期的农业

　　俞为洁：《良渚文化——中国文明的曙光（日中文化研究第 11 号）》，日本勉诚社 1996 年版

农业，灼亮良渚文化的曙光

　　程世华：《文明的曙光——良渚文化》，浙江人民出版社 1996 年版

良渚文化时期的稻作

　　游修龄：《浙江学刊》1996 年第 5 期

良渚文化与稻的生产

　　游修龄：《文明的曙光——良渚文化》，浙江人民出版社 1996 年版

良渚文化时期的主要耕作农具和部分石器的探讨

　　沈德祥：《良渚文化》（余杭县文史资料）1987 年第三辑

释杭州良渚等地出土的三角形石器——一种远古越人的用具

　　汪宁生：《湖南省博物馆文集》（四），《船山学刊》杂志社 1998 年版

良渚文化石器装柄技术探究

　　赵晔：《南方文物》2008 年第 3 期

良渚文化时期的栝楼

　　俞为洁：《吴文化博览》2006 年第 9 期

良渚文化时期的农业

　　俞为洁：《良渚文化——中国文明的曙光（日中文化研究第 11 号）》，日本勉诚社 1996 年版

越族先民的饮食和居住方式

　　陈剩勇：《浙江学刊》1988 年第 5 期

良渚人之饮食与衣着

　　程世华：《良渚文化探秘》，人民出版社 2006 年版

良渚人的人体装饰品及衣冠服饰初考

　　俞为洁：《良渚文化研究——纪念良渚文化发现六十周年国际学术讨论会文集》，科学出版社 1999 年版

良渚文化植物遗存的研究

　　俞为洁：《良渚文化论坛》1999 年第 1 辑

良渚文化植物遗存研究之二

　　俞为洁：《良渚文化论坛》，浙江古籍出版社 2002 年版

吴兴新出土的谷物证明新石器时代就有人种花生芝麻

　　《人民日报》1958 年 4 月 18 日

杭州发现原始社会重要文物证明新石器时代就已种植花生芝麻等多种植物

　　《浙江日报》1958 年 10 月 13 日

杭州发现新石器时代文物证明西瓜、花生、芝麻不是“外来”之物

　　《文汇报》1958 年 10 月 15 日

甜瓜起源的考古学研究——从长江下游出土的甜瓜属（Cucumis）种子谈起

　　郑云飞、陈旭高：《浙江省文物考古研究所学刊》，科学出版社 2006 年版

良渚先人的治水实践——试论塘山遗址的功能

　　张炳火：《东南文化》2003 年第 7 期

良渚织机复原

　　赵丰：《东南文化》1992 年第 2 期

钱山漾残绢片出土的启示

　　周匡明：《文物》1980 年第 1 期

关于吴兴钱山漾遗址的发掘

　　汪济英、牟永抗：《考古》1980 年第 4 期

钱山漾出土丝织品的验证

　　徐辉：《丝绸》1981 年第 2 期

湖州钱山漾遗址出土古渔具考

　　邱鸿炘：《农业考古》2001 年第 1 期

钱山漾遗址与杭嘉湖丝绸的起源

　　陈云琴：《文明的曙光——良渚文化》，浙江人民出版社 1996 年版

我国栽桑育蚕起始时代初探——兼论湖州钱山漾遗址出土的有关标本

　　卫斯：《农业研究》1985 年第 6 期

浅论良渚文化的建筑

　　朱薇君：《南方文物》2000 年第 1 期

余杭卞家山遗址发现良渚时期"木构码头"等遗存

　　赵晔：《中国文物报》2003 年 9 月 27 日

塔山中层一号房址性质探析

　　蒋乐平：《东南文化》2003 年第 11 期

广富林遗址良渚文化墓葬与水井的发掘

　　周丽娟：《东南文化》2003 年第 11 期

从龙南遗址看良渚文化的住居和祭祀

　　郑小炉：《东南文化》2004 年第 1 期

浙江嘉善新港发现良渚文化木构水井

　　陆跃华等：《文物》1984 年第 2 期

良渚古井遗存及其文化特色

　　张志新：《东方文明之光——良渚文化发现 60 周年纪念文集》，海南国际新闻出版中心 1996 年版

江苏吴县澄县古井群的发掘

　　南京博物院等：《文物资料丛刊（9）》，文物出版社 1984 年版

江苏江阴璜塘奥发现四口良渚文化古井

　　尤维组：《文物资料丛刊（5）》，文物出版社 1981 年版

哈佛大学所藏良渚黑陶上的符号试释

　　饶宗颐：《浙江学刊》1990 年第 6 期

哈佛大学所藏良渚黑陶上的符号试释

　　饶宗颐：《国际百越文化研究》，中国社会科学出版社 1994 年版

良渚文化与大汶口文化中的图像记号

　　［日］林巳奈夫：《东南文化》1991 年第 3、4 期

良渚文化和大汶口文化中的图像记号

　　［日］林巳奈夫著，徐朝龙译：《国际百越文化研究》，中国社会科

学出版社 1994 年版

余杭县出土良渚文化和马桥文化的陶器刻划符号

　　余杭县文管会:《东南文化》1991 年第 5 期

试论余杭南湖良渚文化黑陶罐的刻划符号

　　李学勤:《浙江学刊》1992 年第 4 期

良渚文化的原始文字

　　牟永抗:《文明的曙光——良渚文化》,浙江人民出版社 1996 年版

良渚文化的原始文字

　　牟永抗:《牟永抗考古学文集》,科学出版社 2009 年版

余杭南湖良渚文化陶文初探

　　沈德祥:《文明的曙光——良渚文化》,浙江人民出版社 1996 年版

从史前陶文谈中国文字的起源与发展

　　张敏:《东南文化》1998 年第 1 期

良渚文化的多字陶文

　　李学勤:《苏州大学学报》(吴学研究专辑)1992 年版

太湖地区新石器时代的陶文

　　张明华、王惠菊:《考古》1990 年第 10 期

良渚文化陶文释例——最古的太阳年星历记录

　　陆思贤:《考古与文物》1993 年第 5 期

良渚文字的刻划符号及文字初论

　　钱玉趾:《东方文明之光——良渚文化发现 60 周年纪念文集》,海南国际新闻出版中心 1996 年版

从符号到文字——关于中国文字起源的探讨

　　王震中:《考古文物研究——纪念西北大学考古专业成立四十周年文集》,三秦出版社 1996 年版

南方古代刻划文字和符号浅谈

　　李家和:《江西历史文物》1985 年第 1 期

长江下游史前刻划符号

　　张振彬:《东南文化》2001 年第 3 期

"方钺会矢"——良渚文字释读之一

　　董楚平:《东南文化》2001 年第 3 期

汉字起源与良渚文化刻符的走向

　　任平：《良渚文化探秘》，人民出版社 2006 年版

瑶山良渚文化祭坛小议

　　林华东：《东南文化》1988 年第 5 期

良渚文化祭坛释义——兼释人工大土台和安溪玉璧刻符

　　董楚平：《浙江社会科学》1999 年第 3 期

良渚文化上帝小考

　　董楚平：《浙江学刊》1996 年第 5 期

良渚神祇与祭坛

　　杜金鹏：《考古》1997 年第 2 期

论良渚文化中原始宗教的规范化

　　许顺湛：《东南文化》1990 年第 4 期

良渚文化神像释义——兼与牟永抗先生商榷

　　董楚平：《浙江学刊》1997 年第 6 期

安徽含山凌家滩祭坛的初步研究——兼及良渚文化祭坛

　　周玮：《东南文化》2001 年第 1 期

良渚文化土筑高台遗址探析

　　丁金龙、何凤英：《东南文化》1997 年第 3 期

良渚文化祭坛与大墓共存的关系探索

　　沈德祥：《东南文化》1994 年第 5 期

从上海福泉山遗址的考古发现谈我国古代有关祀天活动几个问题

　　葛治功：《东南文化》1988 年第 2 期

"巫咸"考——兼论良渚文化向中原的传播

　　张怀通：《东南文化》2000 年第 7 期

良渚文化玉器所反映的原始宗教

　　方向明：《江西文物》1991 年第 1 期

良渚文化人殉人祭现象试析

　　赵晔：《南方文物》2001 年第 1 期

从玉器纹饰看良渚文化宗教信仰中的两类因素

　　陈洪波：《南方文物》2006 年第 1 期

良渚文化神徽解析

　　黄建康：《东南文化》2006 年第 3 期

余杭反山良渚文化玉琮上的神像形纹新释

　　吴汝祚：《中原文物》1996 年第 4 期

良渚文化墓葬研究

　　陆建方：《东方文明之光——良渚文化发现 60 周年纪念文集》，海南国际新闻出版中心 1996 年版

余杭横山良渚文化墓葬刍议

　　陈文宝：《文明的曙光——良渚文化》，浙江人民出版社 1996 年版

龙的研究

　　孙仲威：《东南文化》2000 年第 2 期

陶纹上的龙纹

　　孙琦：《东南文化》2000 年第 2 期

良渚的蛇纹陶片和陶寺的彩绘龙盘——兼论良渚文化北上中原的性质

　　朱乃诚：《东南文化》1998 年第 2 期

史前日晷初探——试释含山出土玉片图形的天文学意义

　　李斌：《东南文化》1993 年第 1 期

良渚玉器上神崇拜的探索

　　牟永抗：《庆祝苏秉琦考古五十五年论文集》，文物出版社 1989 年版

良渚玉器上神崇拜的探索

　　牟永抗：《牟永抗考古学文集》，科学出版社 2009 年版

伏羲：良渚文化的祖宗神

　　董楚平：《杭州师范学院学报》1999 年第 4 期

从玉器纹饰看良渚文化宗教信仰中的两类因素

　　陈洪波：《南方文物》2006 年第 1 期

良渚文化鸟形玉器的宗教文化功能

　　黄厚明：《中国历史文物》2006 年第 4 期

史前时期的崇鸟习俗及其历史背景

　　爱德华·A.阿姆斯特朗、陈淑卿：《南方文物》2006 年第 4 期

良渚文化"鸟蛇样组合图案"试释

　　方向明：《东南文化》1992 年第 2 期

良渚文化鸟人纹像的内涵和功能（上）

　　黄厚明：《民族艺术》2005 年第 1 期

良渚文化鸟人纹像的内涵和功能（下）

　　黄厚明：《民族艺术》2005 年第 2 期

良渚文化与凤鸟关系初探

　　杨菊华：《北京教育学院学报》1994 年第 2 期

鸟崇拜与良渚文化神人兽面纹

　　孙荣华：《东方博物》（第 10 辑），浙江大学出版社 2004 年版

也谈龙凤形象的塑造及东夷文化的历史地位

　　孙玮：《临沂师范学院学报》2000 年第 1 期

史前东方沿海地区菱形图案初析

　　方向明：《南方文物》1998 年第 3 期

东方史前时期太阳崇拜的考古学观察

　　牟永抗：《牟永抗考古学文集》，科学出版社 2009 年版

祭祀、战争与国家

　　王震中：《中国史研究》1993 年第 3 期

从龙南遗址看良渚文化的住居和祭祀

　　郑小炉：《东南文化》2004 年第 1 期

良渚玉器"神人兽面纹"新解

　　萧兵：《东南文化》1992 年第 3、4 期

良渚文化玉器神人纹饰和有关诸问题

　　唐复年：《故宫博物院院刊》1993 年第 3 期

良渚文化"神徽"与商代美术中的人兽母题

　　陈声波：《南京艺术学院学报》2005 年第 3 期

九届神人与良渚古玉纹饰

　　潘守永、雷虹霁：《民族艺术》2000 年第 1 期

史前玉器中的"双子琮"——兼说良渚文化玉器上的兽面冠饰

　　王仁湘：《文物》2008 年第 6 期

良渚文化玉器与饕餮纹的演变

　　李学勤：《东南文化》1991 年第 5 期

良渚文化瑶山玉神器分化及巫权调整之探讨

　　杨伯达：《故宫博物院院刊》2006 年第 5 期

从玉器纹饰看良渚文化宗教信仰中的两类因素

　　陈洪波：《南方文物》2006 年第 1 期

余杭反山良渚文化玉琮上的神像形纹新释

　　吴汝祚：《中原文物》1996 年第 4 期

瑶山祭坛及良渚文化神徽含义的初步解释

　　王立新：《江汉考古》1994 年第 3 期

良渚文化"玉殓葬"述略

　　汪遵国：《文物》1984 年第 2 期

良渚文化的"玉殓葬"——兼谈良渚文化是中国古代文明的渊源之一

　　汪遵国：《南京博物院集刊》1984 年总第 7 期

玉殓葬式散论

　　朱启新：《东方文明之光——良渚文化发现 60 周年纪念文集》，海南国际新闻出版中心 1996 年版

良渚礼制研究

　　卜工：《浙江省文物考古研究所学刊》，科学出版社 2006 年版

反山 M12"权杖"玉镦、玉瑁的启示

　　邓淑苹：《浙江省文物考古研究所学刊》，科学出版社 2006 年版

平湖庄桥坟遗址动物祭祀的初步认识

　　徐新民：《浙江省文物考古研究所学刊》，科学出版社 2006 年版

海岱地区史前祭祀遗存二题

　　栾丰实：《浙江省文物考古研究所学刊》，科学出版社 2006 年版

良渚文化的祭坛与观象测年版

　　刘斌：《浙江省文物考古研究所学刊》，科学出版社 2006 年版

良渚文化陶器内涵及其礼器化现象探讨

　　芮国耀：《浙江省文物考古研究所学刊》，科学出版社 2006 年版

古国、方国阶段神权在社会结构扩大和维系中的作用管见——《反山》报告学习体会

　　李岩：《浙江省文物考古研究所学刊》，科学出版社 2006 年版

良渚文化祭坛与大墓共存的关系探索

　　沈德祥:《东南文化》1994 年第 5 期

高祭台类型初析

　　牟永抗:《浙江省文物考古研究所学刊——建所十周年纪念(1980—1990)》,科学出版社 1993 年版

良渚文化土筑高台遗址探析

　　丁金龙、何凤英:《东南文化》1997 年第 3 期

良渚文化"祭台"遗址浅论

　　贺云翱:《上海博物馆集刊》第六期,上海古籍出版社 1992 年版

一个持续五千年的文化现象——良渚玉器上神人兽面图形的内涵及其衍变

　　冯其庸:《中国文化》1991 年第 2 期

一个持续五千年的文化现象——良渚玉器上神人兽面图形的内涵及其衍变

　　冯其庸:《东方文明之光——良渚文化发现 60 周年纪念文集》,海南国际新闻出版中心 1996 年版

论良渚文化玉器

　　汪遵国:《文明的曙光——良渚文化》,浙江人民出版社 1996 年版

良渚玉器三题

　　牟永抗:《牟永抗考古学文集》,科学出版社 2009 年版

《良渚文化玉器》前言

　　牟永抗:《牟永抗考古学文集》,科学出版社 2009 年版

良渚古玉综论

　　张明华:《东南文化》1992 年第 2 期

关于良渚玉器分类与定名的几点认识

　　刘斌:《文明的曙光——良渚文化》,浙江人民出版社 1996 年版

良渚文化玉器研究的现实与方法探讨

　　方向明:《东南文化》2002 年第 5 期

良渚文化用玉种类的考古学认识

　　方向明:《东方博物》(第 15 辑),浙江大学出版社 2005 年版

良渚文化玉器原料来源探讨

　　何国俊:《南方文物》2005 年第 4 期

良渚治玉的社会性问题初探

　　刘斌:《东南文化》1993 年第 1 期

长江下游地区史前玉器研究

　　杨晶:《东南文化》1994 年第 4 期

良渚文化玉器分期

　　吴荣清:《东方文明之光——良渚文化发现 60 周年纪念文集》,海南国际新闻出版中心 1996 年版

良渚文化玉器探析

　　郝明华:《东方文明之光——良渚文化发现 60 周年纪念文集》,海南国际新闻出版中心 1996 年版

史前玉礼器的起源与发展

　　张得水:《东南文化》2000 年第 11 期

从福泉山发掘看良渚文化玉器

　　孙维昌:台湾大学《海峡两岸古玉学会议专辑》2001 年版

良渚古玉界定

　　张明华:《南方文物》1997 年第 1 期

良渚古玉用途新论

　　张明华:《南方文物》1993 年第 4 期

试论良渚文化玉器的历史地位

　　殷志强:《东方文明之光——良渚文化发现 60 周年纪念文集》,海南国际新闻出版中心 1996 年版

太湖地区早期玉文化系夏文化的重要渊源

　　闻惠芬:《东方文明之光——良渚文化发现 60 周年纪念文集》,海南国际新闻出版中心 1996 年版

略论良渚玉器与商代玉器的关系

　　孙志新:《东方文明之光——良渚文化发现 60 周年纪念文集》,海南国际新闻出版中心 1996 年版

良渚文化出土玉器地点分布图

　　汪遵国编:《东方文明之光——良渚文化发现 60 周年纪念文集》,

海南国际新闻出版中心 1996 年版

良渚文化玉器发现与研究的心路历程

　　蒋卫东：《浙江省文物考古研究所学刊》，科学出版社 2006 年版

新石器时代的中国玉器——谈美国佛里尔艺术馆玉器藏品

　　〔美〕朱莉亚·凯·默里、苏文：《东南文化》1988 年第 2 期

鉴赏美国收藏的良渚文化玉器

　　〔美〕陈甘棣：《东方文明之光——良渚文化发现 60 周年纪念文集》，海南国际新闻出版中心 1996 年版

余杭市博物馆良渚文化玉器精赏

　　吴彬森：《东南文化》2000 年第 10 期

良渚文化博物馆收藏的几件玉器

　　施时英：《东方文明之光——良渚文化发现 60 周年纪念文集》，海南国际新闻出版中心 1996 年版

福泉山出土的良渚文化玉器

　　孙维昌：台北《故宫文物月刊》1996 年第 165 期

新安江流域发现良渚文化玉器

　　鲍绪先：《东南文化》1993 年第 1 期

长江中下游史前玉人的比较

　　赵宏伟：《东南文化》2002 年第 4 期

句容城头山遗址出土的史前玉器及相关问题的讨论

　　张敏：《东南文化》2001 年第 6 期

从寺墩三号墓到南越王墓：论史前到汉代玉器角色的转变

　　黄翠梅：《东方文明之光——良渚文化发现 60 周年纪念文集》，海南国际新闻出版中心 1996 年版

玉器与寺墩遗址

　　车广锦：《东方文明之光——良渚文化发现 60 周年纪念文集》，海南国际新闻出版中心 1996 年版

寺墩遗址出土良渚文化玉器鉴定报告

　　郑建：《东方文明之光——良渚文化发现 60 周年纪念文集》，海南国际新闻出版中心 1996 年版

常州市博物馆收藏的良渚文化玉器

　　陈丽华:《东方文明之光——良渚文化发现 60 周年纪念文集》,海南国际新闻出版中心 1996 年版

溧阳出土的良渚文化玉器珍品

　　汪青青:《东方文明之光——良渚文化发现 60 周年纪念文集》,海南国际新闻出版中心 1996 年版

试论良渚玉器的制作工艺

　　林华东:《东方文明之光——良渚文化发现 60 周年纪念文集》,海南国际新闻出版中心 1996 年版

关于史前琢玉工艺考古学研究的一些看法

　　牟永抗:《牟永抗考古学文集》,科学出版社 2009 年版

史前琢玉工艺拾零与再思

　　牟永抗:《牟永抗考古学文集》,科学出版社 2009 年版

良渚文化玉器的雕刻技术

　　林华东、王永太:《浙江学刊》1996 年第 5 期

良渚文化玉雕研究的几个问题

　　杨建芳:《东方文明之光——良渚文化发现 60 周年纪念文集》,海南国际新闻出版中心 1996 年版

也谈良渚文化玉器的雕琢工艺及发白现象

　　万俐:《东南文化》2002 年第 6 期

良渚文化玉器纹饰的雕刻技术

　　〔日〕林巳奈夫:《东方文明之光——良渚文化发现 60 周年纪念文集》,海南国际新闻出版中心 1996 年版

试解良渚文化玉器的雕琢之谜

　　吴京山:《东南文化》2001 年第 4 期

论良渚文化玉琮

　　林华东:《东南文化》1991 年第 6 期

从反山出土“玉琮王”看良渚文化玉琮的形制变化

　　顾幼静:《东方博物》(第 32 辑),浙江大学出版社 2009 年版

谈“琮”及其在中国古史上的意义

　　张光直:《文物与考古论集》,文物出版社 1986 年版

变琮说璧

　　林华东：香港《龙语·文物艺术》1993 年第 19、20 期

论良渚文化琮璧

　　沈衣食：《东南文化》1991 年第 6 期

对良渚文化玉琮的探讨

　　李文明：《东南文化》1989 年第 6 期

良渚文化玉琮在中华文明起源中的特殊作用

　　骆晓红：《浙江学刊》1997 年第 4 期

良渚文化玉琮纹饰探析

　　车广锦：《东南文化》1987 年第 3 期

良渚文化玉琮为何上大下小

　　殷志强：《东南文化》2000 年第 2 期

良渚文化玉琮名和形的探讨

　　周玮：《东南文化》2001 年第 11 期

良渚文化玉琮型式研究

　　周玮：《东南文化》2003 年第 3 期

良渚文化玉琮刍议

　　王巍：《考古》1986 年第 11 期

良渚文化玉琮的功能和象征系统

　　段渝：《考古》2007 年第 12 期

金沙良渚玉琮的年代和来源

　　朱乃诚：《中华文化论坛》2005 年第 4 期

江西出土的良渚文化型玉琮

　　万良田、万德强：《东方文明之光——良渚文化发现 60 周年纪念文集》，海南国际新闻出版中心 1996 年版

良渚文化分布区以外的史前玉琮研究

　　黄建秋：《浙江省文物考古研究所学刊》，科学出版社 2006 年版

良渚文化璧琮的考察

　　汪遵国：《良渚文化》（余杭县文史资料）1987 年第三辑

璧琮的功能——良渚玉器研究

　　牟永抗：《良渚文化——中国文明的曙光（日中文化研究第 11

号）》，日本勉诚社 1996 年版

关于璧琮功能的考古学观察——良渚古玉研究之一

　　牟永抗：《牟永抗考古学文集》，科学出版社 2009 年版

论良渚文化玉璧的功能

　　夏寒：《南方文物》2001 年第 2 期

良渚文化玉璧功能新探

　　黄建秋、幸晓峰：《东南文化》2008 年第 6 期

有关良渚文化玉璧的若干考察

　　蒋卫东：《良渚文化——中国文明的曙光（日中文化研究第 11号）》，日本勉诚社 1996 年版

良渚玉璧是一种权贵间的送葬礼品

　　俞为洁：《良渚文化玉璧研究论文集》1999 年版

良渚玉璧功能新论

　　俞为洁：《东方博物》（第 5 辑），杭州大学出版社 2000 年版

良渚文化图像玉璧的探讨

　　任式楠：《东方文明之光——良渚文化发现 60 周年纪念文集》，海南国际新闻出版中心 1996 年版

昆山少卿山遗址新发现的良渚玉璧刻符

　　王华杰、左骏：《东南文化》2009 年第 5 期

良渚文化图像玉璧试析

　　叶维军：《华夏考古》2002 年第 3 期

良渚文化玉璧制作工艺初探

　　刘卫东、陆文宝、戚水根：《东南文化》2009 年第 6 期

余杭安溪玉璧与有关符号的分析

　　李学勤：《文明的曙光——良渚文化》，浙江人民出版社 1996 年版

良渚文化的锥形玉器

　　［日］林巳奈夫：《文明的曙光——良渚文化》，浙江人民出版社1996 年版

再论良渚文化玉锥形器

　　吴敬：《东南文化》2004 年第 6 期

良渚文化"玉锥形器"的用途、名称考

薛理勇：《复旦大学学报》（社会科学版）1985 年第 2 期

良渚文化玉锥形器研究

王正书：《南方文物》1999 年第 4 期

试论良渚文化的锥形玉器

蒋卫东：《文物》1997 年第 7 期

海外遗珍——三叉形精致微纹器·兼论良渚文化时期的治玉工艺

［美］陈甘棣：《文明的曙光——良渚文化》，浙江人民出版社 1996 年版

良渚玉三叉形冠饰与皇冠

任式楠：《中国文物报》1991 年 10 月 20 日

良渚文化的冠状玉器

方向明：《良渚文化——中国文明的曙光（日中文化研究第 11 号）》，日本勉诚社 1996 年版

良渚文化的冠状饰与耘田器

刘斌：《文物》1997 年第 7 期

良渚文化的龙首纹玉器

刘斌：《良渚文化——中国文明的曙光（日中文化研究第 11 号）》，日本勉诚社 1996 年版

浅谈玉带钩

周太祥、张建康：《东南文化》2000 年第 8 期

长江下游新石器时代玉耳珰初探

费玲伢：《东南文化》2010 年第 2 期

有关玉玦佩戴法的探讨

俞为洁：《浙博天地》1999 年第 8 期

新石器时代玉玲

黄宣佩：《浙江省文物考古研究所学刊》，科学出版社 2006 年版

从良渚文化石镰看戈的起源

沈德祥：《良渚文化研究——纪念良渚文化发现六十周年国际学术讨论会文集》，科学出版社 1999 年版

广东石峡文化出土的琮和钺

　　朱非素：《良渚文化研究——纪念良渚文化发现六十周年国际学术讨论会文集》，科学出版社1999年版

良渚文化玉器与饕餮纹的演变

　　李学勤：《东南文化》1991年第5期

史前玉器中的"双子琮"——兼说良渚文化玉器上的兽面冠饰

　　王仁湘：《文物》2008年第6期

虎、豹之辨——良渚玉器兽面纹辨析

　　俞为洁：《东方博物》（第2辑），杭州大学出版社1998年版

良渚玉器纹饰的比较研究——从刻纹玉器看良渚社会的关系网络

　　秦岭：《浙江省文物考古研究所学刊》，科学出版社2006年版

凌家滩玉器与良渚玉器研究

　　张敬国：《浙江省文物考古研究所学刊》，科学出版社2006年版

红山文化与良渚文化玉器的比较研究

　　王炜：《北方文物》2003年第3期

从良渚文化玉器看中国美育精神之形成

　　郑旗：《东方文明之光——良渚文化发现60周年纪念文集》，海南国际新闻出版中心1996年版

赵陵山族徽在民族思维发展史上的重要意义

　　董欣宾等：《东方文明之光——良渚文化发现60周年纪念文集》，海南国际新闻出版中心1996年版

人、鸟、兽与琮

　　谷建祥：《东方文明之光——良渚文化发现60周年纪念文集》，海南国际新闻出版中心1996年版

略论良渚文化石器

　　［日］中村慎一：《浙江省文物考古研究所学刊》，科学出版社2006年版

穿孔石斧与良渚文化的钺兵器

　　沈衣食：《南方文物》1992年第4期

长江下游地区玉钺之研究

　　杨晶：《东南文化》2002年第7期

中国新石器时代的钺

　　[日] 量博满:《良渚文化——中国文明的曙光（日中文化研究第11号）》，日本勉诚社 1996 年版

关于新石器时代的钺——论圆孔的象征意义

　　[日] 量博满:《良渚文化研究——纪念良渚文化发现六十周年国际学术讨论会文集》，科学出版社 1999 年版

略谈浙江出土的"石钺"

　　沙孟海:《考古》1955 年第 5 期

略谈浙江出土的"石钺"

　　沙孟海:《考古通讯》1955 年第 6 期

有孔玉、石斧的孔之象征

　　[日] 林巳奈夫:《良渚文化研究——纪念良渚文化发现六十周年国际学术讨论会文集》，科学出版社 1999 年版

浅析新石器时代生产工具中的"仪式用斧"问题——兼论生产工具功能的分化

　　李艳红、张居中:《东南文化》2009 年第 2 期

浙江余姚上林湖出土的大型石犁

　　《考古通讯》1958 年第 9 期

江苏吴县出土的石犁

　　叶玉奇:《农业考古》1984 年第 2 期

良渚文化两件特殊的"耘田器"

　　王宁远、周卫民、朱宏中:台北《故宫文物月刊》2006 年第 281 期

良渚文化彩石器研究

　　俞为洁、赵丽君:《浙江学刊》2003 年增刊

良渚文化陶器纹饰研究

　　孙维昌:《上海博物馆集刊——建馆 40 周年特辑》，上海古籍出版社 1992 年版

良渚文化陶器上的细刻纹饰鉴赏

　　孙维昌:台北《故宫文物月刊》1996 年第 12 期

上海出土的良渚文化陶器珍品鉴赏

　　孙维昌:《收藏家》2008 年第 1 期

良渚文化细刻纹陶器探析

　　孙维昌：《良渚文化论坛》，浙江摄影出版社 2008 年版

杭县良渚镇之石器与黑陶

　　何天行：《文明的曙光——良渚文化》，浙江人民出版社 1996 年版

杭县第二区远古文化遗址试掘简录

　　施昕更：《江苏研究》第 3 卷第 5、6 期，1937 年版

杭县第二区远古文化遗址试掘简录

　　施昕更：《吴越文化论丛》，上海文艺出版社 1990 年影印本

良渚——杭县第二区黑陶文化遗址初步报告

　　施昕更：《文明的曙光——良渚文化》，浙江人民出版社 1996 年版

湖州钱山漾石器之发现与中国文化之起源

　　慎微之：《吴越文化论丛》，上海文艺出版社 1990 年影印本

浙江果有新石器时代文化乎

　　胡行之：《吴越文化论丛》，上海文艺出版社 1990 年影印本

浙江石器年代的讨论

　　卫聚贤：《吴越文化论丛》，上海文艺出版社 1990 年影印本

中国东南沿海古文化遗迹之探讨

　　卫聚贤：《说文月刊》1943 年第 1 卷

良渚黑陶的又一次发现

　　汪济英：《文物参考资料》1956 年第 2 期

良渚长坟黑陶遗址清理工作情况

　　汪济英、党华：《文物参考资料》1956 年第 3 期

杭州老和山遗址 1953 年第一次的发掘

　　蒋赞初：《考古学报》1958 年第 2 期

杭州水田畈遗址发掘报告

　　浙江省文物管理委员会：《考古学报》1960 年第 2 期

良渚遗址群田野考古概述

　　王明达：《文明的曙光——良渚文化》，浙江人民出版社 1996 年版

良渚遗址群的考古调查

　　浙江省文物考古研究所：《浙江考古新纪元》，科学出版社 2009 年版

浙江余杭良渚文化遗址群考察报告

　　费国平：《东南文化》1995 年第 2 期

余杭县良渚文化遗存简介

　　顾文浩：《良渚文化》（余杭县文史资料）1987 年第三辑

关于良渚文化晚期较晚阶段的遗存

　　杨晶：《浙江省文物考古研究所学刊》，科学出版社 2006 年版

良渚文化遗址分布图

　　汪遵国：《良渚文化》（余杭县文史资料）1987 年第三辑

余杭县新石器时代遗址一览（附图）

　　余杭县文管会：《良渚文化》（余杭县文史资料）1987 年第三辑

余杭良渚遗址调查简报

　　浙江省文物考古研究所：《文物》2002 年第 10 期

浙江余杭市瓶窑、良渚地区遗址的遥感地学分析

　　张立、刘树人：《考古》2002 年第 2 期

浙江余杭瓶窑、良渚古城结构的遥感考古

　　张立、吴健平：《文物》2007 年第 2 期

杭州市余杭区良渚古城遗址 2006—2007 年的发掘

　　刘斌：《考古》2008 年第 7 期

余杭莫角山遗址 1992—1993 年的发掘

　　浙江省文物考古研究所：《文物》2001 年第 12 期

余杭莫角山清理大型建筑基址

　　杨楠、赵晔：《中国文物报》1993 年 10 月 10 日

论莫角山古国

　　张学海：《良渚文化研究——纪念良渚文化发现六十周年国际学术讨论会文集》，科学出版社 1999 年版

余杭莫角山良渚文化遗址

　　赵晔：《中国考古学年鉴（1994）》，文物出版社 1997 年版

莫角山遗址纵谈

　　赵晔：《文明的曙光——良渚文化》，浙江人民出版社 1996 年版

浙江余杭反山发现良渚文化重要墓地

　　浙江省文物考古研究所：《文物》1986 年第 10 期

浙江余杭反山良渚墓地发掘简报

　　王明达：《文物》1988 年第 1 期

反山 M12 再思——良渚遗址群显贵者墓葬个案的研究

　　方向明：《南方文物》2006 年第 2 期

反山 M14 相关问题的补充和研究

　　方向明：《浙江省文物考古研究所学刊》，科学出版社 2006 年版

浙江余杭反山发现良渚文化重要墓地

　　徐吉军：《浙江学刊》1989 年第 3 期

《反山》——释读良渚文化文明的重要著作

　　张忠培、杨晶：《浙江省文物考古研究所学刊》，科学出版社 2006
年版

一部优秀的考古报告——《反山》

　　严文明：《浙江省文物考古研究所学刊》，科学出版社 2006 年版

反山、瑶山墓地：年代学研究

　　方向明：《东南文化》1999 年第 6 期

反山墓地与随葬玉器

　　姚水荣：《良渚文化》（余杭县文史资料）1987 年第三辑

从反山墓地和瑶山祭坛论良渚文化的社会性质

　　李绍：《中原文物》1992 年第 3 期

试析浙江余杭反山、瑶山两良渚文化墓地的几个问题

　　吴汝祚：《华夏考古》1991 年第 4 期

瑶山祭坛与墓葬

　　费国平：《良渚文化》（余杭县文史资料）1987 年第三辑

余杭瑶山良渚文化祭坛遗址发掘简报

　　浙江省文物考古研究所：《文物》1988 年第 1 期

浙江省余杭县安溪瑶山 12 号墓考古简报

　　余杭文物管理委员会：《东南文化》1988 年第 5 期

瑶山墓地研究

　　吴敬：《东南文化》2006 年第 6 期

余杭瑶山遗址 1996—1998 年发掘的主要收获

　　浙江省文物考古研究所：《文物》2001 年第 12 期

余杭瑶山发现与墓群复合的祭坛遗迹

　　《光明日报》1987 年 5 月 29 日

《瑶山》简介

　　萧玟：《考古》2004 年第 7 期

《瑶山》——研究良渚文化必读的著作

　　张忠培、杨晶：《文物》2004 年第 5 期

汇观山祭坛与墓葬发掘记

　　陈欢乐：《浙江学刊》1997 年第 2 期

浙江余杭汇观山良渚文化祭坛与墓地发掘报告

　　浙江省文物考古研究所、余杭文物管理委员会：《浙江文物考古研究所学刊》，长征出版社 1997 年版

浙江余杭汇观山良渚文化祭坛与墓地发掘简报

　　浙江省文物考古研究所、余杭文物管理委员会：《文物》1997 年第 7 期

良渚文化汇观山遗址第二次发掘简报

　　浙江省文物考古研究所：《文物》2001 年第 12 期

浙江余杭上口山遗址发掘简报

　　浙江省文物考古研究所：《文物》2002 年第 10 期

余杭大观山果园及反山周围良渚文化遗址调查

　　费国平：《南方文物》1995 年第 2 期

塔山下层墓地与塔山文化

　　蒋乐平：《东南文化》1999 年第 6 期

余杭良渚遗址群调查简报

　　赵晔：《文物》2002 年第 10 期

良渚遗址群的考古调查

　　赵晔：《浙江考古新纪元》，科学出版社 2009 年版

余杭良渚庙前遗址发掘的主要收获

　　浙江省文物考古研究所：《浙江省文物考古研究所学刊》，科学出版社 1993 年版

浙江良渚庙前遗址第五、六次发掘简报

　　浙江省文物考古研究所：《文物》2001 年第 12 期

庙前及其相关遗址的聚落考古学探索

　　方向明、楼航：《东方博物》，浙江大学出版社 2002 年版

良渚遗址群庙前第五、六次的发掘

　　方向明：《浙江考古新纪元》，科学出版社 2009 年版

浙江余杭星桥后头山良渚文化墓地发掘简报

　　浙江省文物考古研究所、杭州市余杭区文管会：《南方文物》2008 年第 3 期

余杭星桥三亩里和后头山遗址

　　丁品：《浙江考古新纪元》，科学出版社 2009 年版

余杭卢村遗址的发掘及其聚落考察

　　刘斌：《浙江文物考古研究所学刊》，长征出版社 1997 年版

余杭吴家埠新石器时代遗址

　　浙江省文物考古研究所：《浙江省文物考古研究所学刊》，科学出版社 1993 年版

余杭文家山发现良渚文化显贵墓葬

　　赵晔、王宁远：《中国文物报》2001 年 9 月 28 日

余杭灯笼山遗址

　　丁品：《浙江考古新纪元》，科学出版社 2009 年版

浙江余杭南湖考古调查发掘获重要成果

　　赵晔：《中国文物报》2007 年 12 月 28 日

余杭南湖的文化底蕴

　　赵晔：《东方博物》，浙江大学出版社 2007 年版

余杭南湖遗址

　　赵晔：《浙江考古新纪元》，科学出版社 2009 年版

浙江余杭横山良渚文化墓葬清理简报

　　浙江省余杭市文管会：《东方文明之光——良渚文化发现 60 周年纪念文集》，海南国际新闻出版中心 1996 年版

良渚遗址群姚家墩 2002 年度发掘的主要收获

　　芮国耀：《浙江考古新纪元》，科学出版社 2009 年版

杭州市良渚塘山遗址

　　方向明：《中国考古学年鉴（2003）》，文物出版社 2004 年版

塘山遗址发现良渚文化制玉作坊

王明达、方向明、徐新民、方忠华：《中国文物报》2002 年 9 月 20 日

良渚塘山（金村段）2002 年度的发掘——良渚晚期制玉遗存的发现

方向明：《浙江考古新纪元》，科学出版社 2009 年版

浙江余杭钵衣山遗址发掘简报

浙江省文物考古研究所：《文物》2002 年第 10 期

良渚遗址群钵衣山 2002 年度发掘

丁品：《浙江考古新纪元》，科学出版社 2009 年版

良渚遗址群文家山 2000—2001 年发掘

赵晔：《浙江考古新纪元》，科学出版社 2009 年版

余杭文家山发现良渚文化显贵墓地

赵晔、王宁远：《中国文物报》2001 年 9 月 28 日

良渚遗址群后杨村遗址

王宁远：《浙江考古新纪元》，科学出版社 2009 年版

良渚遗址群卞家山 2002—2005 年发掘

赵晔：《浙江考古新纪元》，科学出版社 2009 年版

良渚遗址群石马兜 2004—2007 年发掘

刘斌、仲召兵、王宁远：《浙江考古新纪元》，科学出版社 2009 年版

良渚古城

刘斌：《浙江考古新纪元》，科学出版社 2009 年版

杭州发掘出大量新石器时代遗物

《科学画报》1953 年第 9 期

浙江杭州塘栖发现新石器时代遗址

何天行：《考古通讯》1956 年第 5 期

浙江杭县东湖村发现古代文化遗址

黄德璋：《考古通讯》1957 年第 1 期

杭州西湖九曜山发现新石器

钟公佩：《文物参考资料》1958 年第 1 期

杭州地区远古文化遗迹

　　　邹身诚等：《杭州日报》1958 年 2 月 5 日

浙江建德县出土一批新石器时代的陶器

　　　《人民日报》1990 年 1 月 3 日

浙江建德安仁乡发现新石器时代遗址

　　　钟公佩：《考古通讯》1957 年第 1 期

浙江寿昌杨树岗发现古代遗址

　　　钟公佩：《考古通讯》1958 年第 7 期

萧山湖岸发现新石器时代遗址

　　　何天行：《考古通讯》1955 年第 4 期

浙江萧山蜀山遗址发掘简报

　　　林华东：《跨湖桥文化论集》，人民出版社 2009 年版

钱塘江流域五个县的几处古遗址初步调查

　　　浙江省文物管理委员会：《文物参考资料》1956 年第 8 期

浙江新登、余姚发现新石器时代遗物

　　　赵人俊：《考古通讯》1957 年第 1 期

浙江嘉兴双桥古文化遗址调查记

　　　董巽观：《考古通讯》1955 年第 5 期

浙江嘉兴双桥发现新石器时代遗址

　　　党华：《考古通讯》1955 年第 5 期

浙江嘉兴双桥附近新石器时代遗址的调查

　　　赵人俊：《考古通讯》1958 年第 7 期

浙江嘉兴雀幕桥遗址试掘简报

　　　嘉兴市文化局：《考古》1986 年第 9 期

浙江嘉兴雀幕桥发现一批黑陶

　　　浙江省嘉兴县博物展览馆：《考古》1974 年第 4 期

浙江嘉兴雀幕桥发现一批黑陶

　　　浙江省文管会、王士伦：《文物参考资料》1958 年第 10 期

浙江嘉兴双桥古文化遗址调查记

　　　董巽观：《考古通讯》1955 年第 5 期

嘉兴市古遗址调查

嘉兴市博物馆、陆耀华：《浙江省文物考古所学刊（1981年）》1981年版

嘉兴南河浜遗址发掘取得丰硕成果

《中国文物报》1996年12月15日

嘉兴南河浜新石器时代遗址

刘斌、蒋卫东：《中国考古学年鉴（1997）》，文物出版社1999年版

嘉兴大坟遗址的清理

陆耀华：《文物》1991年第7期

嘉兴姚家村遗址的发掘

芮国耀：《浙江考古新纪元》，科学出版社2009年版

嘉兴印纹陶遗址与土墩墓

陆耀华：《东南文化》1989年第6期

浙江嘉兴徐婆桥发现印纹陶

王士伦：《考古通讯》1958年第3期

浙江嘉兴出土新石器时代陶塑撷珍

陈行一：《南方文物》2002年第1期

嘉兴县大往新石器时代遗址

王明达：《中国考古学年鉴（1986）》，文物出版社1988年版

桐乡新桥遗址试掘报告

张梅坤：《农业考古》1999年第3期

桐乡湾里命名"新地里遗址"——良渚文化考古创新纪录

刘浩源：《浙江档案》2001年第6期

浙江桐乡新地里遗址考古发掘

蒋卫东：《2001年中国重要考古发现》，文物出版社2002年版

桐乡新地里考古

蒋卫东：《浙江考古新纪元》，科学出版社2009年版

浙江桐乡姚家山发现良渚文化高等级贵族墓葬

王宁远、周卫民、朱宏中：《中国文物报》2005年3月25日

浙江桐乡姚家山良渚文化贵族墓葬

　　王宁远、周卫民、朱宏中：《2005 年中国重要考古发现》，文物出版社 2006 年版

桐乡姚家山

　　王宁远、周卫民、朱宏中：《浙江考古新纪元》，科学出版社 2009 年版

桐乡石门董家桥遗址考古发掘

　　田正标等：《浙江省文物年鉴 2003 年》

浙江桐乡普安桥遗址发掘简报

　　赵辉、芮国耀：《文物》1998 年第 4 期

海宁发现新石器时代墓葬

　　《浙江日报》1979 年 2 月 9 日

海宁发掘新石器时代遗址

　　潘六坤：《中国文物报》1988 年 4 月 22 日

海宁郜家岭良渚文化墓地发掘报告

　　胡继根：《东南文化》2002 年第 3 期

浙江海宁金石墩遗址发掘报告

　　周建初等：《东南文化》2003 年第 5 期

海宁县彭城遗址发现人面纹陶片

　　白哲士：《文物》1975 年第 10 期

浙江海宁莲花遗址发掘报告

　　董月明、胡桂林、高而中、刘碧虹、张宏元、周建初：《东南文化》2007 年第 2 期

海宁市杨家角新石器时代遗址

　　楼航：《中国考古学年鉴（2003）》，文物出版社 2004 年版

海宁杨家角遗址发掘情况简介

　　浙江省文物考古研究所：《崧泽·良渚文化在嘉兴》，浙江摄影出版社 2005 年版

海宁杨家角新石器时代遗址

　　楼航：《浙江考古新纪元》，科学出版社 2009 年版

2009 年海宁小兜里遗址良渚墓葬的发掘收获

　　方向明、周建初、杨卫、盛文嘉、郭宗录:《南方文物》2010 年第 2 期

海盐发现新型良渚文化墓地

　　孙国平等:《中国文物报》1998 年 6 月 14 日

浙江海盐县龙潭港良渚文化墓地

　　浙江省文物考古研究所等:《考古》2001 年第 10 期

海盐西长浜遗址的发掘

　　芮国耀:《浙江考古新纪元》,科学出版社 2009 年版

海盐仙坛庙遗址中期聚落

　　王宁远:《浙江省文物考古研究所学刊》,科学出版社 2006 年版

仙坛庙干栏式建筑图案试析

　　王依依、王宁远:《东方博物》(第 16 辑),浙江大学出版社 2005 年版

浙江平湖庄桥坟良渚文化遗址及墓地

　　浙江省文物考古研究所:《考古》2005 年第 7 期

浙江平湖庄桥坟遗址再度发掘

　　徐新民:《中国文物报》2006 年 12 月 22 日

平湖庄桥坟

　　徐新民:《浙江考古新纪元》,科学出版社 2009 年版

平湖图泽良渚文化墓地

　　芮国耀:《浙江考古新纪元》,科学出版社 2009 年版

吴兴钱山漾遗址第一、二次发掘报告

　　浙江省文物管理委员会:《考古学报》1960 年第 2 期

关于吴兴钱山漾遗址的发掘

　　汪济英、牟永抗:《考古》1980 年第 4 期

浙江湖州钱山漾遗址第三次发掘简报

　　丁品:《文物》2010 年第 7 期

浙江湖州钱山漾遗址第三次发掘带来的新思考

　　丁品:《南方文物》2006 年第 4 期

钱山漾遗址第三次发掘与"钱山漾类型文化遗存"

　　　　丁品:《浙江省文物考古研究所学刊》,科学出版社 2006 年版

浙江湖州钱山漾遗址第三、四次发掘

　　　　丁品:《浙江考古新纪元》,科学出版社 2009 年版

长兴江家山遗址发掘的主要收获

　　　　楼航、梁奕建:《浙江省文物考古研究所学刊》,科学出版社 2006
年版

吴兴练市镇发现新石器时代遗物

　　　　赵人俊:《考古通讯》1956 年第 5 期

湖州花城发现的良渚文化木构窖藏

　　　　隋全田:《浙江省文物考古所学刊》1981 年版

浙江湖州市毘山遗址的新石器时代墓葬

　　　　方向明、闵泉、陈兴吾、费胜成:《南方文物》2006 年第 2 期

浙江吴兴邱城遗址发掘简介

　　　　梅福根:《考古》1959 年第 9 期

德清辉山良渚文化墓葬

　　　　芮国耀:《中国考古学年鉴(1987)》,文物出版社 1988 年版

浙江湖州窑墩头古墓清理简报

　　　　郭勇:《东南文化》1993 年第 1 期

良渚文化与宁绍地区的史前考古学

　　　　蒋乐平:《良渚文化研究——纪念良渚文化发现六十周年国际学术
讨论会文集》,科学出版社 1999 年版

宁绍平原良渚文化初探

　　　　刘军、王海明:《东南文化》1993 年第 1 期

慈城小东门新石器时代及商周遗址

　　　　王海明:《中国考古学年鉴(1993)》,文物出版社 1995 年版

宁波市沙溪新石器时代遗址

　　　　蒋乐平:《中国考古学年鉴(1995)》,文物出版社 1997 年版

余姚县鲞架山新石器时代遗址

　　　　河姆渡遗址博物馆考古调查组:《中国考古学年鉴(1995)》,文物
出版社 1997 年版

浙江绍兴的几处古文化遗址

符杏华:《南方文物》1994年第4期

绍兴市马鞍新石器时代遗址

浙江省文物考古研究所:《中国考古学年鉴(1985)》,文物出版社
1985年版

绍兴马鞍古文化遗址

绍兴市文物管理局:《绍兴文物志》,中华书局2006年版

马鞍凤凰墩遗址

绍兴县文物保护管理所:《绍兴县文物志》,浙江古籍出版社2002
年版

绍兴县仙人山新石器时代遗址

王明达:《中国考古学年鉴(1986)》,文物出版社1988年版

马鞍仙人山遗址

绍兴县文物保护管理所:《绍兴县文物志》,浙江古籍出版社2002
年版

陶里金白山小山头遗址

绍兴县文物保护管理所:《绍兴县文物志》,浙江古籍出版社2002
年版

诸暨水口山古文化遗址

绍兴市文物管理局:《绍兴文物志》,中华书局2006年版

诸暨尖山湾遗址

绍兴市文物管理局:《绍兴文物志》,中华书局2006年版

诸暨尖山湾新石器时代遗址

蒋乐平:《浙江考古新纪元》,科学出版社2009年版

浦江歪塘山背新石器时代遗址

蒋乐平:《浙江考古新纪元》,科学出版社2009年版

龙游三酒坛新石器时代遗址

芮国耀:《浙江考古新纪元》,科学出版社2009年版

舟山群岛发现新石器时代遗址

王和平、陈金生:《考古》1983年第1期

舟山群岛出土大型石器

　　车鸿云：《文物报》1986 年 1 月 7 日

浙江定海县唐家墩新石器时代遗址的调查与试掘

　　　浙江省文物考古所、舟山地区文管会：《舟山文物》1981 年第 1 期

浙江定海县唐家墩新石器时代遗址

　　王明达、王和平：《考古》1983 年第 1 期

浙江定海唐家墩又发现一批石器

　　王和平：《考古》1984 年第 1 期

上海福泉山良渚文化墓葬

　　上海市文物保管委员会：《文物》1984 年第 2 期

上海青浦福泉山良渚文化墓地

　　孙维昌：《文物》1986 年第 10 期

福泉山良渚文化墓地剖析

　　孙维昌：《南方文物》1993 年第 3 期

福泉山良渚文化墓地论析

　　孙维昌：《东方文明之光——良渚文化发现 60 周年纪念文集》，海
南国际新闻出版中心 1996 年版

良渚文化丛谈——福泉山良渚文化 9 号大墓

　　孙维昌：《良渚文化论坛》，浙江古籍出版社 2002 年版

上海市福泉山良渚文化墓地的新发现——人殉墓及其随葬的精美玉器

　　孙维昌：台湾《故宫文物月刊》1997 年 1 月

我与福泉山——今生难忘的考古经历

　　孙维昌：《福泉山——上海历史之源》，上海文汇出版社 2007 年版

上海青浦福泉山遗址

　　黄宣佩、张明华：《东南文化》1987 年第 1 期

福泉山遗址第三次发掘的重要发现

　　上海市文物保管委员会：《东南文化》1987 年第 3 期

上海福泉山遗址和良渚文化的编年版

　　黄宣佩：《良渚文化——中国文明的曙光（日中文化研究第 11
号）》，日本勉诚社 1996 年版

上海松江县广富林遗址的环境分析

陈杰、陈中原、李春海：《考古》2007 年第 7 期

松江区广富林新石器时代及周代遗址

宋建：《中国考古学年鉴（2001）》，文物出版社 2002 年版

上海松江区广富林遗址 1999—2000 年发掘简报

上海博物馆考古研究部：《考古》2002 年第 10 期

上海松江区广富林遗址 2001—2005 年发掘简报

宋建、周丽娟、陈杰、翟杨：《考古》2008 年第 8 期

上海市松江县广富林新石器时代遗址试探

孙维昌：《考古》1962 年第 9 期

上海松江区广富林遗址良渚时期人骨微量元素的初步研究

张全超、汪洋、翟杨：《东南文化》2010 年第 1 期

松江区广富林新石器时代及周代遗址

宋建：《中国考古学年鉴（2001）》，文物出版社 2002 年版

广富林遗址良渚文化末期遗存

周丽娟：《浙江省文物考古研究所学刊》，科学出版社 2006 年版

上海市金山县戚家墩遗址发掘简报

上海市文物保管委员会：《考古》1973 年第 1 期

上海青浦县金山坟遗址发掘

上海市文物保管委员会：《考古》1989 年第 7 期

上海松江县汤庙村遗址

上海市文物保管委员会：《考古》1985 年第 7 期

上海青浦区寺前史前遗址的发掘

上海博物馆考古研究部：《考古》2002 年第 10 期

上海青浦寺前村和果园村遗址试掘

孙维昌：《南方文物》1998 年第 1 期

上海金山区亭林遗址 1988 年、1990 年良渚文化墓葬的发掘

上海博物馆考古研究部：《考古》2002 年第 10 期

上海市金山县查山和亭林遗址试掘

孙维昌：《南方文物》1997 年第 3 期

奉贤县江海良渚文化及马桥文化遗址

　　张明华:《中国考古学年鉴（1997）》，文物出版社 1999 年版

上海奉贤县江海遗址 1996 年发掘简报

　　上海市文物管理委员会:《考古》2002 年第 11 期

　　附录一：窑壁（Y1）采样热释光测定报告（上海博物馆文物保护与考古科学实验室）

　　　　附录二：孢粉分析报告（同济大学海洋地质系孢粉实验室）

　　　　附录三：土样微体古生物分析报告（同济大学海洋地质系海洋地质实验室）

江苏常州圩墩新石器时代遗址的调查和试掘

　　常州市博物馆:《考古》1974 年第 2 期

常州圩墩新石器时代遗址第三次发掘简报

　　常州市博物馆:《史前研究》1984 年第 2 期

常州圩墩遗址第五次发掘报告

　　江苏省圩墩遗址考古发掘队:《东南文化》1995 年第 4 期

江苏武进寺墩遗址的试掘

　　南京博物院:《考古》1981 年第 3 期

1982 年江苏常州武进寺墩遗址的发掘

　　南京博物院:《考古》1984 年第 2 期

江苏武进寺墩遗址第四、五次发掘

　　江苏省寺墩考古队:《东方文明之光——良渚文化发现 60 周年纪念文集》，海南国际新闻出版中心 1996 年版

江苏武进寺墩遗址的新石器时代遗物

　　陈丽华:《文物》1984 年第 2 期

宜兴西溪遗址试掘简报

　　徐建清:《东南文化》2002 年第 11 期

江苏昆山绰墩遗址的调查与发掘

　　南京博物院、昆山县文化馆:《文物》1984 年第 2 期

江苏昆山县少卿山遗址

　　苏州博物馆、昆山县文管会:《文物》1988 年第 1 期

江苏昆山市少卿山遗址的发掘

　　苏州博物馆、昆山市文化局：《考古》2000 年第 4 期

江苏昆山市少卿山遗址的植物蛋白石分析

　　王才林、丁金龙：《考古》2000 年第 4 期

江苏省昆山县赵陵山遗址第一、二次发掘简报

　　江苏省赵陵山考古队：《东方文明之光——良渚文化发现 60 周年纪念文集》，海南国际新闻出版中心 1996 年版

江苏吴江梅埝龙南遗址 1987 年发掘纪要

　　龙南遗址考古工作队：《东南文化》1988 年第 5 期

江苏无锡鸿山邱承墩新石器时代遗址发掘简报

　　张敏、李则斌、田名利、朱国平等：《文物》2009 年第 11 期

江苏吴江龙南新石器时代村落遗址第一、二次发掘简报

　　苏州博物馆、吴江县文管会：《文物》1990 年第 7 期

从江苏龙南遗址论良渚文化的聚落形态

　　高蒙河：《考古》2000 年第 1 期

江苏江阴高城墩出土良渚文化玉器

　　陈丽华：《文物》1995 年第 6 期

《高城墩——太湖西北部新石器时代考古报告之二》简介

　　卜工：《东南文化》2009 年第 1 期

太湖西北部新石器时代考古报告的又一力作——《高城墩》读后记

　　方向明：《东南文化》2009 年第 5 期

江宁汤山点将台遗址

　　钟民：《东南文化》1987 年第 3 期

江苏张家港徐家湾新石器时代遗址

　　苏州博物馆、张家港市文物管理委员会：《考古学报》1995 年第 3 期

江苏张家港市东山村新石器时代遗址

　　周润垦、钱峻、肖向红、张永泉：《考古》2010 年第 8 期

江苏丹徒烟墩山西周墓及附葬坑出土的小器物补充材料

　　江苏省文物管理委员会：《文物参考资料》1956 年第 2 期

丹徒发现新石器时代文化遗址

　　茅贞:《考古》1955 年第 4 期

江苏青敦史前墓葬研究

　　夏寒:《南方文物》2005 年第 1 期

江苏无锡仙蠡墩新石器时代遗址清理简报

　　江苏省文物管理委员会:《文物参考资料》1955 年第 8 期

江苏无锡锡山公园古遗址清理简报

　　江苏省文物管理委员会:《文物参考资料》1956 年第 2 期

江苏无锡许巷村新石器时代遗址

　　江苏省文物工作队:《考古》1981 年第 8 期

江苏常熟罗墩遗址发掘简报

　　张照根、周公太、常利平:《文物》1999 年第 7 期

江苏吴县草鞋山遗址

　　南京博物院:《文物资料丛刊》第 3 辑

苏州草鞋山良渚文化墓葬

　　南京博物院:《东方文明之光——良渚文化发现 60 周年纪念文集》,
海南国际新闻出版中心 1996 年版

江苏江阴县横塘泽发现四口良渚文化古井

　　《文物资料丛刊》第 5 辑

江苏吴县张陵山遗址发掘简报

　　吴山:《文物资料丛刊》第 6 辑

吴县五峰山石室土墩遗址

　　邹厚本:《中国考古学年鉴 (1984)》,文物出版社 1984 年版

南京市营盘山新石器时代遗址

　　魏正瑾:《中国考古学年鉴 (1984)》,文物出版社 1984 年版

南京锁金村遗址第一、二次发掘报告

　　尹焕章等:《考古学报》1957 年第 3 期

《邱承墩—太湖西北部新石器时代遗址发掘报告》简介

　　文耀:《考古》2010 年第 4 期

1989 年江苏新沂花厅遗址的发掘

　　南京博物院:《东方文明之光——良渚文化发现 60 周年纪念文集》,

海南国际新闻出版中心 1996 年版

1989 年江苏新沂花厅遗址的发掘纪要

　　南京博物院花厅考古队：《东南文化》1990 年第 1 期

《花厅——新石器时代墓地发掘报告》简介

　　司冬：《考古》2003 年第 9 期

江苏阜宁出土的良渚文化遗物

　　蒋素华：《东方文明之光——良渚文化发现 60 周年纪念文集》，海南国际新闻出版中心 1996 年版

江苏省的良渚文化大墓——近年的发现

　　汪遵国：《良渚文化——中国文明的曙光（日中文化研究第 11号）》，日本勉诚社 1996 年版

高淳县朝墩头新石器时代至周代遗址

　　谷建祥：《中国考古学年鉴（1990）》，文物出版社 1991 年版

安徽定县德胜村出土的良渚文化遗物

　　吴荣清：《东方文明之光——良渚文化发现 60 周年纪念文集》，海南国际新闻出版中心 1996 年版

凌家滩文化初论

　　张敬国：《跨湖桥文化论集》，人民出版社 2009 年版

良渚与凌家滩聚落形态探析

　　李洁：《跨湖桥文化论集》，人民出版社 2009 年版

凌家滩文化应是"三皇"时代的有巢氏文化

　　王文清：《东南文化》2002 年第 11 期

古巢国考

　　李忠林：《巢湖学院学报》2006 年第 5 期

从凌家滩文化看中国文明的起源

　　朔知：《安徽史学》2000 年第 3 期

浅析凌家滩、红山文化玉龙、玉龟的文化内涵

　　陶治强：《文物春秋》2007 年第 1 期

《好川墓地》出版发行

　　罗嘉：《考古》2002 年第 7 期

读《好川墓地》

　　赵辉:《考古》2002 年第 11 期

遂昌好川文化遗址发现平民墓葬

　　刘慧:《浙江日报》2004 年 6 月 26 日

遂昌好川墓地第二次发掘——好川墓地平民墓区的发现

　　王海明:《浙江考古新纪元》,科学出版社 2009 年版

温州老鼠山遗址发现四千年前文化聚落

　　王海明、孙国平、蔡钢铁、王同军:《中国文物报》2005 年 5 月
28 日

温州老鼠山遗址——好川文化在瓯江下游地区的重要发现

　　王海明:《浙江考古新纪元》,科学出版社 2009 年版

温州好川文化遗址的内涵特征和地理环境

　　蔡钢铁:《瓯文化论集》,浙江人民出版社 2009 年版

论好川文化陶器造型

　　舒锦宏:《中国陶瓷》2010 年第 6 期

（七）马桥文化

上海马桥遗址第一、二次发掘

　　上海市文物保管委员会:《考古学报》1978 年第 1 期

上海市闵行区马桥遗址 1993—1995 年发掘报告

　　上海市文物保管委员会:《考古学报》1997 年第 2 期

《马桥 1993—1997 年发掘报告》简介

　　叶知秋:《考古》2003 年第 9 期

奉贤县江海良渚文化及马桥文化遗址

　　张明华:《中国考古学年鉴（1997）》,文物出版社 1999 年版

马桥类型文化的分析

　　黄宣佩、孙维昌:《江苏省哲学社会科学联合会 1981 年年会论文
选》（考古分册）

马桥类型文化的分析

　　黄宣佩、孙维昌:《考古与文物》1983 年第 3 期

马桥文化试析

　　宋建：《江苏省哲学社会科学联合会 1981 年年会论文选》（考古分册）

马桥文化的源流

　　李伯谦：《中国原始文化论集》，文物出版社 1989 年版

马桥文化的源流

　　李伯谦：《中国青铜文化结构体系研究》，科学出版社 1998 年版

马桥文化探源

　　宋健：《东南文化》1988 年第 1 期

初论马桥—肩头弄文化

　　陆建方：《东南文化》1990 年第 1、2 期

马桥文化的分区和类型

　　宋建：《东南文化》1999 年第 6 期

马家浜文化和良渚文化——太湖流域原始文化的分期

　　牟永抗、魏正瑾：《文物集刊》（第 1 辑），文物出版社 1980 年版

论马桥文化的起源

　　焦天龙：《南方文物》2010 年第 1 期

从良渚到马桥——环太湖地区的文化变迁

　　宋建：《良渚文化——中国文明的曙光（日中文化研究第 11 号）》，日本勉诚社 1996 年版

马桥文化的去向

　　宋建：《中国考古学会第九次年会论文集》，文物出版社 1997 年版

马桥文化原始瓷和印纹陶研究

　　宋建：《文物》2000 年第 3 期

试谈马桥文化的泥质红褐印纹陶

　　曹峻：《南方文物》2010 年第 1 期

奉贤县江海良渚文化及马桥文化遗址

　　张明华：《中国考古学年鉴（1997）》，文物出版社 1999 年版

余杭县出土良渚文化和马桥文化的陶器刻划符号

　　余杭县文管会：《东南文化》1991 年第 5 期

上海马桥遗址文化断层成因研究

　　朱诚、宋健、尤坤元、韩辉友：《科学通报》1996 年第 2 期

试论马桥文化与中原夏商文化的关系

　　曹峻：《中原文物》2006 年第 2 期

上海马桥夏商陶器研究

　　陈尧成、张筱薇、宋建、何继英、廉海萍：《陶瓷学报》1999 年第
3 期

浙江湖州塔地新石器时代遗址

　　蒋卫东：《2004 中国重要考古发现》，文物出版社 2005 年版

湖州塔地——太湖西南史前序列较完整的遗址

　　蒋卫东：《浙江考古新纪元》，科学出版社 2009 年版

浙江湖州钱山漾遗址第三、四次发掘

　　丁品：《浙江考古新纪元》，科学出版社 2009 年版

余杭南湖遗址

　　赵晔：《浙江考古新纪元》，科学出版社 2009 年版

嘉兴姚家村遗址的发掘

　　芮国耀：《浙江考古新纪元》，科学出版社 2009 年版

（八）大禹文化

大禹学研究刍议

　　周幼涛：《大禹学研究概览》，绍兴市社会科学院编印 2007 年版

关于禹的传说及历来的争论

　　陈桥驿：《浙江学刊》1995 年第 4 期

关于禹的传说及历来的争论

　　陈桥驿：《吴越文化论丛》，中华书局 1999 年版

关于禹的传说及历来的争论

　　陈桥驿：《大禹学研究概览》，绍兴市社会科学院编印 2007 年版

三皇五帝传说及其在中国史前史中的定位

　　李衡眉：《中国社会科学》1997 年第 2 期

三皇五帝传说及其在中国史前史中的定位

　　李衡眉：《大禹学研究概览》，绍兴市社会科学院编印 2007 年版

祭祀、战争与国家

　　王震中：《中国史研究》1993 年第 3 期

祭祀、战争与国家

　　王震中：《大禹学研究概览》，绍兴市社会科学院编印 2007 年版

说"夏族"——兼及夏文化研究中一些亟待解决的认识问题

　　沈长云：《文史哲》2005 年第 3 期

论禹治洪水真象兼论夏史研究诸问题

　　沈长云：《学术月刊》1994 年第 6 期

论禹治洪水真象兼论夏史研究诸问题

　　沈长云：《大禹学研究概览》，绍兴市社会科学院编印 2007 年版

夏民族考

　　程憬：《大陆杂志》第 1 卷第 5 期，1932 年

夏民族起于东方考

　　杨向奎：《禹贡》第 7 卷第 6、7 期，1937 年

夏代族邦考

　　周苏平：《中国史研究》1993 年第 4 期

夏代族邦考

　　周苏平：《大禹学研究概览》，绍兴市社会科学院编印 2007 年版

《山海经》和夏史

　　詹子庆：《社会科学战线》2003 年第 1 期

《山海经》和夏史

　　詹子庆：《大禹学研究概览》，绍兴市社会科学院编印 2007 年版

古本《竹书纪年》与夏代史

　　李学勤：《华夏文明》（第一集），北京大学出版社 1987 年版

走出疑古时代

　　李学勤：《中国文化》1992 年第 7 期

谈"信古、疑古、释古"

　　李学勤：《走出疑古时代》，辽宁大学出版社 1997 年版

对《走出疑古时代》的几个说明

　　李学勤：《走出疑古时代》，辽宁大学出版社 1997 年版

鲧禹的神话传说

　　袁珂：《中国神话传说》，中国民间文艺出版社 1984 年版

鲧禹的神话传说

　　袁珂：《大禹学研究概览》，绍兴市社会科学院编印 2007 年版

文化传播与淮河流域大禹神话传说探析

　　李艳洁：《重庆科技学院学报》（社会科学版）2011 年第 6 期

淮河流域大禹神话的基本特征及学术价值

　　李艳洁：《赤峰学院学报》2011 年第 5 期

岷江上游羌族的大禹崇拜——以禹生石纽说为中心

　　张泽洪：《黑龙江民族丛刊》2003 年第 4 期

从古文献与考古资料看夏文化的起始年代

　　袁广阔：《河南大学学报》2000 年第 1 期

禹传说的三个版本

　　阿波：《文史杂志》2010 年第 2 期

《大禹治水图》玉山

　　徐启宪、周南泉：《故宫博物院院刊》1980 年第 4 期

说鲧

　　骆明：《禹城与大禹文化文集》，中国先秦史学会 2002 年版

关于尧舜亟鲧千古隐秘的探析

　　仓林忠：《中南民族学院学报》1997 年第 1 期

鲧之传说的地域分野与鲧生高密的历史地理学解析

　　周书灿：《人文杂志》2008 年第 6 期

伯益考略

　　陈新：《禹城与大禹文化文集》，中国先秦史学会 2002 年版

共工氏考

　　景以恩：《济宁师范专科学校学报》2000 年第 5 期

共工氏地望考辨

　　牛红广：《洛阳师范学院学报》2006 年第 1 期

共工氏主要活动地区考辨

　　王震中：《人文杂志》1985 年第 2 期

《国语》"防风氏"笺证

　　董楚平:《历史研究》1993 年第 5 期

防风氏神话的新发现

　　董楚平:《浙江社会科学》1993 年第 1 期

从孔子论防风氏大骨探讨古会稽山地望

　　欧阳习庸:《湖州师院学报》1994 年第 1 期

防风氏历史的"活化石"——在民间叙事中寻找夏朝前期的一段历史

　　钟伟今:《越文化研究通讯》2009 年第 8 期

防风、王鲧考论

　　陶思炎:《东南文化》1993 年第 5 期

吴越地区防风神话群系的新发展及其意义

　　莫高:《民间文艺季刊》1990 年第 4 期

大禹与防风氏传说的发生与分化

　　周书灿:《绍兴文理学院学报》2008 年第 3 期

大禹与防风氏传说的发生与分化

　　周书灿:《海峡两岸大禹文化研究》,中国社会科学出版社 2010
年版

大禹传说的流变与整合——"层累说"的再检讨

　　周书灿:《文史》2011 年第 1 辑

夏禹为巫祝宗主之谜与名字巫术论

　　王晖:《人文杂志》2007 年第 4 期

铸鼎象物说

　　赵世超:《社会科学战线》2004 年第 4 期

大禹神话与巴蜀文化之渊源新探

　　唐世贵:《攀枝花学院学报》2006 年第 2 期

由史记鲧禹失统谈鲧禹传说的史影

　　王宇信:《历史研究》1989 年第 6 期

禹的故事

　　钱穆:《黄帝》,三联书店 2005 年版

禹的故事

　　钱穆:《大禹学研究概览》,绍兴市社会科学院编印 2007 年版

先秦诸子论大禹

　　黄朴民:《大禹论》,浙江大学出版社 1995 年版

先秦诸子论大禹

　　黄朴民:《大禹研究概览》,绍兴市社会科学院编印 2006 年版

先秦诸子之大禹观试说

　　黄朴民:《浙江学刊》1995 年第 4 期

从大禹治水神话看越文化对日本文化的影响

　　徐宏图:《2002 年绍兴越文化国际学术研讨会论文集》,浙江古籍出版社 2006 年版

从大禹治水神话看越文化对日本文化的影响

　　徐宏图:《大禹学研究概览》,绍兴市社会科学院编印 2007 年版

《大禹研究》序

　　陈桥驿:《大禹研究》,浙江人民出版社 1995 年版

《大禹研究》序

　　陈桥驿:《大禹研究概览》,绍兴市社会科学院编印 2006 年版

从夏文化看中华文明多源、一元和多样的特点

　　葛剑雄:《大禹研究概览》,绍兴市社会科学院编印 2006 年版

大禹与汉民族的起源

　　徐杰舜:《浙江学刊》1995 年第 4 期

大禹与汉民族的起源

　　徐杰舜:《大禹论》,浙江大学出版社 1995 年版

大禹与汉民族的起源

　　徐杰舜:《大禹研究概览》,绍兴市社会科学院编印 2006 年版

"大禹治水"传说的伦理底蕴探析

　　刘孟达:《大禹研究概览》,绍兴市社会科学院编印 2006 年版

"夏后氏社祀"与良渚文化祭坛

　　陈剩勇:《中国第一王朝的崛起——中华文明和国家起源之谜破译》,湖南人民出版社 1994 年版

"夏后氏社祀"与良渚文化祭坛

　　陈剩勇:《大禹研究概览》,绍兴市社会科学院编印 2006 年版

大禹崇拜——中华原始宗教史的一个实证

　　周幼涛：《大禹研究概览》，绍兴市社会科学院编印 2006 年版

大禹崇拜论——中华原始宗教史的一个实证

　　周幼涛：《绍兴师专学报》1995 年第 1 期

大禹与高密

　　周书灿：《中国禹学》（第一辑），吉林大学出版社 2011 年版

民族认同与高密境内的鲧、禹传说

　　周书灿：《苏州科技学院学报》（社会科学版）2009 年第 4 期

文化播迁与山东境内大禹传说探析

　　周书灿：《河北师范大学学报》2008 年第 1 期

山东境内的夏诸侯国与姓氏

　　逢振镐：《禹城与大禹文化文集》，中国先秦史学会 2002 年版

夏氏族起于山东考

　　温玉春、张进良：《河北师范大学学报》2000 年第 4 期

略论《逸周书》中的夏史料

　　刘韵叶：《史海侦迹——庆祝孟世凯先生七十岁文集》2005 年版

夏氏族迁至河南的考古学证明

　　温玉春：《文物春秋》2002 年第 6 期

"夏启"身份新说

　　李栋、许风申：《山东省农业管理干部学院学报》2008 年第 1 期

中国文化起源于东南发达于西北的检讨

　　卫聚贤：《东方杂志》第 34 卷第 7 期，1937 年

三代民族东迁考略

　　马培棠：《禹贡》第 7 卷第 6、7 期，1937 年

禹贡沿海名夷区域及种族文化

　　陈思的：《东北文化月报》第 1 卷第 8 号、第 2 卷第 2 号

由九丘推论古代东西二民族

　　劳干：《禹贡》第 1 卷第 6 期，1934 年

史前重大的环境灾链：从共工触山、女娲补天到大禹治水

　　王若柏：《2008 中国可持续发展论坛论文集（2）》2008 年版

大禹治水传说的起源与宁绍平原史前的水环境

　　陈鹏儿：《越文化研究文集》，中华书局 2001 年版

大禹治水传说的起源与宁绍平原史前的水环境

　　陈鹏儿：《大禹研究概览》，绍兴市社会科学院编印 2006 年版

中国史前的洪水

　　刘方复：《文物天地》1993 年第 1 期

洪水前后看绍兴

　　周尚全：《越文化研究文集》，中华书局 2001 年版

论禹越关系

　　阿勤：《浙江学刊》1995 年第 2 期

大禹与越文化

　　裘克安：《越文化研究通讯》1996 年第 1 期

大禹与越文化

　　裘克安：《越文化研究通讯》2001 年第 4 期

大禹与浙江文化

　　徐吉军：《浙江学刊》1995 年第 4 期

大禹与浙江文化

　　徐吉军：《大禹论》，浙江大学出版社 1995 年版

大禹与浙江文化

　　徐吉军：《大禹研究概览》，绍兴市社会科学院编印 2006 年版

大禹与百越文化简论

　　徐日辉：《中国禹学》（第一辑），吉林大学出版社 2011 年版

大禹会稽与夏文化

　　徐建春：《杭州师院学报》2000 年第 2 期

鲧禹启家族的崛起与母权制向父权制的过渡

　　霍然：《浙江社会科学》2000 年第 3 期

舜家族与季风观察

　　吴郁芳：《浙江学刊》1988 年第 5 期

《禹贡》三江新释

　　徐建春：《浙江学刊》1989 年第 6 期

"大禹治水传说产生于越"是正确的

　　《浙江学刊》1991 年第 1 期

大禹治水神话研究中的新发现

　　徐建春：《江西社会科学》1990 年第 4 期

何不建立一门禹学

　　魏桥：《浙江学刊》1995 年第 4 期

大禹辨——驳禹是越族神话中的人物

　　虞文明：《绍兴史志》2002 年第 2 期

尧舜禹禅让是"选贤与能"制的回光返照

　　何忠礼：《越文化研究文集》，中华书局 2001 年版

大禹治水传说的起源与宁绍平原史前时期的水环境

　　陈鹏儿：《越文化研究文集》，中华书局 2001 年版

东瓯大禹信仰考——兼与"越非禹后论"者商榷

　　周琦：《海峡两岸大禹文化研究》，中国社会科学出版社 2010 年版

略论大禹为中心的会稽神话系统

　　龚剑锋：《海峡两岸大禹文化研究》，中国社会科学出版社 2010
年版

大禹治水传说与台湾高山族洪水神话

　　何有基：《绍兴文理学院学报》2008 年第 3 期

大禹治水的传说与台湾高山族的洪水神话

　　何有基：《海峡两岸大禹文化研究》，中国社会科学出版社 2010
年版

大禹出生地神话的历史文化内涵

　　刘亦冰：《海峡两岸大禹文化研究》，中国社会科学出版社 2010
年版

略论历史上的禹和大禹崇拜

　　何忠礼：《绍兴文理学院学报》2008 年第 3 期

略论历史上的禹和大禹崇拜

　　何忠礼：《海峡两岸大禹文化研究》，中国社会科学出版社 2010
年版

浅析大禹故事中的神兽

　　刘丽萍：《海峡两岸大禹文化研究》，中国社会科学出版社 2010 年版

伏羲与大禹——基于信仰与民俗起源意义上的比较研究

　　徐斌：《海峡两岸大禹文化研究》，中国社会科学出版社 2010 年版

宋以前大禹文化的文学积淀

　　高利华：《海峡两岸大禹文化研究》，中国社会科学出版社 2010 年版

大禹和儒家

　　常松木：《中国禹学》（第一辑），吉林大学出版社 2011 年版

大禹和道家

　　常松木：《中国禹学》（第一辑），吉林大学出版社 2011 年版

大禹及禹文化研究撮谈

　　李耀宗：《越文化研究通讯》2009 年第 2 期

花山崖壁画原始舞蹈与禹文化

　　黄汝训、黄喆：《2002 年绍兴越文化国际学术研讨会论文集》，浙江古籍出版社 2006 年版

禹迹遍天下华夏共祖先

　　叶文宪：《海峡两岸大禹文化研究》，中国社会科学出版社 2010 年版

昔钟灵秀生神禹、浩浩长江流万古——与纪连海先生《大禹的婚外情》一文商榷

　　谢兴鹏：《攀枝花学院学报》2008 年第 4 期

"大禹国际学术讨论会"在绍兴举行

　　《浙江社会科学》1995 年第 3 期

首届大禹学术讨论会综述

　　束有春：《浙江学刊》1995 年第 4 期

在全国大禹文化研讨会上的演讲

　　李学勤：《大禹文化》2008 年创刊号

纪念禹生北川 4134 周年暨全国大禹文化学术研讨会在北川隆重举行

　　谢兴鹏：《大禹文化》2008 年创刊号

全国第二届大禹文化学术研讨会在禹城举行

　　禹城市委宣传部:《大禹文化》2008 年创刊号

大禹治水最终地域在禹城——"全国首届禹城大禹文化学术研讨会"
综述

　　程兆民:《管子学刊》2002 年第 3 期

"全国首届禹城大禹文化学术研讨会"综述

　　程兆民:《禹城与大禹文化文集》,中国先秦史学会 2002 年版

2008' 中国·绍兴海峡两岸大禹文化研讨会综述

　　郭秋娟:《高校社科动态》2008 年第 5 期

孟世凯先生与四川大禹研究的情结

　　李德书:《史海侦迹——庆祝孟世凯先生七十岁文集》2005 年版

建国前夏商史研究综述

　　林原:《先秦史研究动态》1997 年第 1 期

关于大禹事功的探讨

　　王仲孚:《大禹论》,浙江大学出版社 1995 年版

关于大禹事功的探讨

　　王仲孚:《大禹研究概览》,绍兴市社会科学院编印 2006 年版

大禹治水与为政以德 (代前言) ——谈西周豳公盨的历史价值与现实意
义意义

　　贺平:《豳公盨 (大禹治水与为政以德)》,线装书局 2002 年版

论豳公盨及其重要意义

　　李学勤:《中国历史文物》2002 年第 6 期

论豳公盨及其重要意义

　　李学勤:《豳公盨 (大禹治水与为政以德)》,线装书局 2002 年版

豳公盨铭文考释

　　裘锡圭:《中国历史文物》2002 年第 6 期

豳公盨铭文考释

　　裘锡圭:《豳公盨 (大禹治水与为政以德)》,线装书局 2002 年版

豳公盨铭文初释

　　朱凤瀚:《中国历史文物》2002 年第 6 期

夔公盨铭文初释

　　朱凤瀚：《夔公盨（大禹治水与为政以德）》，线装书局 2002 年版

夔公盨发现的意义

　　李零：《中国历史文物》2002 年第 6 期

论夔公盨发现的意义

　　李零：《夔公盨（大禹治水与为政以德）》，线装书局 2002 年版

伟哉大禹德治始祖——论夔公盨铭文大禹治水与为政以德的重大意义

　　李铁华：《光明日报》2004 年 9 月 24 日

伟哉大禹德治始祖——论夔公盨铭文大禹治水与为政以德的重大意义

　　李铁华：《大禹学研究概览》，绍兴市社会科学院编印 2007 年版

从《尚书·夏虞书》看尧舜禹社会政治组织的性质

　　吕美泉：《社会科学战线》1999 年第 5 期

从《尚书·夏虞书》看尧舜禹社会政治组织的性质

　　吕美泉：《大禹学研究概览》，绍兴市社会科学院编印 2007 年版

论尧舜禹时代的部族联合体

　　吕文郁：《社会科学战线》1999 年第 5 期

论尧舜禹时代的部族联合体

　　吕文郁：《大禹学研究概览》，绍兴市社会科学院编印 2007 年版

从《天问》看共工、鲧、禹治水及其对中华文明的贡献

　　赵逵夫：《中国社会科学战线》2001 年第 1 期

从《天问》看共工、鲧、禹治水及其对中华文明的贡献

　　赵逵夫：《大禹学研究概览》，绍兴市社会科学院编印 2007 年版

由《史记》鲧禹的失统谈鲧禹传说的史影

　　王宇信：《历史研究》1989 年第 6 期

由《史记》鲧禹的失统谈鲧禹传说的史影

　　王宇信：《大禹学研究概览》，绍兴市社会科学院编印 2007 年版

禹贡研究概论

　　周书灿、张洪生：《河北师范大学学报》2001 年第 2 期

禹贡九州考

　　梁启超：《大中华》第 2 卷第 1 期，1916 年

关于"九州"之讨论

　　　于鹤年：《语言历史研究所周刊》第 3 卷第 28 期，1928 年

论禹贡州数用九之故

　　　张公量：《禹贡》第 1 卷第 4 期，1934 年

九州之戎与戎禹

　　　顾颉刚：《禹贡》第 7 卷第 6、7 期，1937 年

禹贡注释

　　　顾颉刚：《中国古代地理名著选读》，科学出版社 1959 年版

与顾颉刚先生论"九丘"书

　　　唐兰：《禹贡》第 1 卷第 5 期，1934 年

论《禹贡》田赋不平均之故

　　　许道龄：《禹贡》第 1 卷第 1 期，1934 年

《尚书·禹贡》中的贡赋研究

　　　郭永琴：《中国社会科学院研究生院》2008 年版

从《甘誓》和《禹贡》看禹建立夏王朝

　　　孟文镛：《中国禹学》（第一辑），吉林大学出版社 2011 年版

从《禹贡》记载试论大禹治水修路对交换经济的促进作用

　　　孙雄：《禹城与大禹文化文集》，中国先秦史学会 2002 年版

《禹贡》岛夷"卉服"、"织贝"新解

　　　李祖基：《闽越文化研究——闽越文化学术研讨会论文集》2001
年版

鸟夷说

　　　童书业：《中国古代地理考证论文集》，中华书局 1962 年版

试论"禹征三苗"与夏王朝的建立

　　　唐兴礼：《绵阳论坛》1990 年第 4 期

试论"禹征三苗"与夏王朝的建立

　　　唐兴礼：《大禹研究概览》，绍兴市社会科学院编印 2006 年版

三苗南迁与湖南境内虞夏传说的发生

　　　周书灿：《贵州民族研究》2007 年第 5 期

禹，夏朝的立国之祖

　　　沈建中：《越文化研究文集》，中华书局 2001 年版

禹，夏朝的立国之祖

　　沈建中：《大禹研究概览》，绍兴市社会科学院编印 2006 年版

禹家族的王权之路

　　张广志：《禹城与大禹文化文集》，中国先秦史学会 2002 年版

尧舜禹"禅让"与"篡夺"两种传说并存的理解

　　王玉哲：《历史教学》1986 年第 1 期

尧舜禅让的时代契机与历史真实

　　钱耀鹏：《社会科学战线》2002 年第 5 期

再论尧舜禅让传说

　　杨希枚：《先秦文化史论集》，中国社会科学出版社 1995 年版

禅让传说起于墨家考

　　顾颉刚：《史学集刊》1936 年第 1 期

回顾"大禹治水"问题的讨论

　　詹子庆：《禹城与大禹文化文集》，中国先秦史学会 2002 年版

遂甗公盨与大禹治水传说

　　李学勤：《中国社会科学院院报》2003 年 1 月 23 日

大禹治水年代辨析

　　陈瑞苗：《越文化研究文集》，中华书局 2001 年版

论大禹治水及其对中华文明进程的影响

　　沈长云：《禹城与大禹文化文集》，中国先秦史学会 2002 年版

大禹治水地域与作用探论

　　杨善群：《学术学刊》2002 年第 10 期

法字原义与大禹治水

　　王锴：《民主与科学》2005 年第 1 期

从大禹治水看夏人起源

　　黄正术：《青海社会科学》2003 年第 5 期

大禹治水传说的历史本相

　　陈剩勇：《学习与思考》1995 年第 4 期

大禹治水的地理背景

　　王清：《中原文化》1999 年第 1 期

中国洪水神话大禹治水

  乐黛云：《神州学人》1999 年第 1 期

大禹治水及有关问题

  姚政：《禹城与大禹文化文集》，中国先秦史学会 2002 年版

关于我国古代洪水和大禹治水的探讨

  马宗申：《农业考古》1982 年第 2 期

治水与子学

  刘宝才：《禹城与大禹文化文集》，中国先秦史学会 2002 年版

夏朝前夕洪水发生的可能性及大禹治水真相

  吴文祥、葛全胜：《第四纪研究》2005 年第 6 期

论大禹治水广为流布的缘由

  杜勇：《禹城与大禹文化文集》，中国先秦史学会 2002 年版

大禹治水是中国古代社会发展进入文明的契机

  李先登：《禹城与大禹文化文集》，中国先秦史学会 2002 年版

古代畏水意识与大禹治水——一种文化解读与文化比较

  刘凌、宋其梅：《禹城与大禹文化文集》，中国先秦史学会 2002
年版

尧舜大洪水与中国早期国家的起源——兼论从"满天星斗"到黄河中游
文明中心的转变

  王晖：《陕西师范大学学报》2005 年第 3 期

大禹治水方法新探——兼议共工、鲧治水之域与战国之前不修堤防论

  王晖：《陕西师范大学学报》2008 年第 2 期

大禹治水与夏族东迁

  张华松：《济南大学学报》2009 年第 2 期

从"大禹治水"和"诺亚方舟"看东西方文化的差异

  李华、文胜伟：《科技信息（科学教研）》2007 年第 34 期

大禹治水琐议

  苏兆庆：《禹城与大禹文化文集》，中国先秦史学会 2002 年版

浅论大禹理水的政治思想

  骆晓曙、曾红艳：《禹城与大禹文化文集》，中国先秦史学会 2002
年版

文献中大禹治水纪实

　　傅振照:《中国禹学》(第一辑),吉林大学出版社 2011 年版

大禹治水新探

　　盛鸿郎:《大禹研究》,浙江人民出版社 1995 年版

禹步探原——从"大禹治水"想起的

　　李零:《书城》2005 年第 3 期

"禹步"跛脚与巫术

　　[日]星野纮:《萨满文化辩证——国际萨满学会第七次学术讨论
会论文集》2004 年版

禹步

　　王俊华:《禹城与大禹文化文集》,中国先秦史学会 2002 年版

禹步·商羊舞·焚巫尪——简论大禹治水神话的文化原型

　　刘宗迪:《民族艺术》1997 年第 4 期

禹步考论

　　李建国、张玉莲:《求是学刊》2006 年第 5 期

禹步巫术与禹的神化

　　晁天义:《陕西师范大学继续教育学报》2000 年第 9 期

浅析鸟田农业与大禹治水的关系

　　郑云飞:《农业考古》1996 年第 3 期

大禹"教民鸟田"的历史功绩

　　虞文明:《大禹研究》,浙江人民出版社 1995 年版

大禹与大越

　　邹志方:《大禹研究》,浙江人民出版社 1995 年版

大禹治水和夏代政教

　　陈致平:《海峡两岸大禹文化研究》,中国社会科学出版社 2010
年版

夏禹神功至德的稽古与征信

　　高越夫:《海峡两岸大禹文化研究》,中国社会科学出版社 2010
年版

关于大禹的功绩与夏代文学问题的我见

　　牛庸懋:《河南大学学报》1980 年第 1 期

大禹的巫师身份考

　　刘丽萍：《中国禹学》（第一辑），吉林大学出版社 2011 年版

论大禹

　　陈瑞苗：《大禹研究》，浙江人民出版社 1995 年版

试论大禹精神

　　曹尧德：《禹城与大禹文化文集》，中国先秦史学会 2002 年版

大禹精神论析

　　董乃强：《禹城与大禹文化文集》，中国先秦史学会 2002 年版

公祭大禹，弘扬大禹精神

　　魏桥：《大禹论》，浙江大学出版社 1995 年版

公祭大禹，弘扬大禹精神

　　魏桥：《大禹研究概览》，绍兴市社会科学院编印 2006 年版

公祭大禹，学习大禹，弘扬大禹精神

　　周幼涛：《大禹学研究概览》，绍兴市社会科学院编印 2007 年版

解读大禹思想继承大禹精神

　　王绍义：《中国禹学》（第一辑），吉林大学出版社 2011 年版

大禹精神与中华文化传统

　　戴琏璋：《浙江学刊》1995 年第 4 期

大禹精神与中华文化传统

　　戴琏璋：《大禹研究概览》，绍兴市社会科学院编印 2006 年版

大禹文化与民族精神

　　李瑞兰：《禹城与大禹文化文集》，中国先秦史学会 2002 年版

大禹文化与民族精神

　　谢兴鹏：《大禹文化》2008 年创刊号

"民本"光华耀千秋

　　谢兴鹏：《大禹及夏文化研究》，巴蜀书社 1993 年版

试论大禹精神的内涵及其现实意义

　　谢兴鹏：《绵阳论坛》1996 年第 6 期

大禹与中华传统文明之形成

　　王向辉：《中国禹学》（第一辑），吉林大学出版社 2011 年版

简论大禹精神

　　夏飞：《中国禹学》（第一辑），吉林大学出版社 2011 年版

融入中华文明血脉的大禹

　　董乃斌、程蔷：《海峡两岸越文化研究》，人民出版社 2005 年版

大禹，中国的脊梁

　　谢德铣：《大禹研究》，浙江人民出版社 1995 年版

大禹的普世价值与文化贡献

　　李学功：《中国禹学》（第一辑），吉林大学出版社 2011 年版

大禹治水及其与传统文化的价值取向

　　戴文标、胡华明：《海峡两岸大禹文化研究》，中国社会科学出版社 2010 年版

大禹的魅力

　　刘亦冰：《中国禹学》（第一辑），吉林大学出版社 2011 年版

大禹事迹与精神是属于全人类的精神文化遗产

　　吴军：《绍兴学刊》2009 年第 2 期

周恩来与大禹精神

　　李永鑫：《大禹研究概览》，绍兴市社会科学院编印 2006 年版

周恩来颂扬大禹精神

　　朱顺佐：《大禹研究》，浙江人民出版社 1995 年版

大禹精神与周恩来精神：一种文化模式的解读

　　何海翔：《中国禹学》（第一辑），吉林大学出版社 2011 年版

大禹精神内涵对推动海峡两岸和平发展框架的现实启示

　　潘雨：《海峡两岸大禹文化研究》，中国社会科学出版社 2010 年版

大禹与台湾民俗信仰之渊源

　　李和顺：《海峡两岸大禹文化研究》，中国社会科学出版社 2010 年版

大禹崇拜在台湾

　　杜英贤：《禹城与大禹文化文集》，中国先秦史学会 2002 年版

大力弘扬大禹精神推动经济社会发展

　　张仁庆、尹继明：《中国禹学》（第一辑），吉林大学出版社 2011 年版

安徽蚌埠涂山大禹文化概说

　　刘华：《中国禹学》（第一辑），吉林大学出版社 2011 年版

大禹文献中的"家"文化内涵及其影响

　　刘丽萍：《中国禹学》（第一辑），吉林大学出版社 2011 年版

大禹神话与巴蜀文化之渊源新探

　　唐世贵、唐晓梅：《大禹文化》2008 年创刊号

大禹文化资源开发与区域社会发展

　　陈智勇：《中国禹学》（第一辑），吉林大学出版社 2011 年版

大禹及禹文化研究撮谭

　　李耀宗：《华夏源》2008 年第 1 期

周书灿教授与大禹文化研究

　　吴倩：《中学历史教学研究》2010 年第 1 期

《水经注》记载的禹迹——再论禹的传说

　　陈桥驿：《浙江学刊》1996 年第 5 期

《水经注》记载的禹迹——再论禹的传说

　　陈桥驿：《吴越文化论丛》，中华书局 1999 年版

《水经注》记载的禹迹——再论禹的传说

　　陈桥驿：《大禹学研究概览》，绍兴市社会科学院编印 2007 年版

大禹出生地考实

　　陈剩勇：《浙江学刊》1995 年第 4 期

大禹出生地考实

　　陈剩勇：《大禹学研究概览》，绍兴市社会科学院编印 2007 年版

禹生石纽在北川

　　李德书：《中国禹学》（第一辑），吉林大学出版社 2011 年版

大禹生于北川确信无疑——兼致哀北川大禹生地

　　王治功：《汕头大学学报》2008 年第 3 期

禹生北川信而有征

　　谢兴鹏：《中州今古》2002 年第 4 期

禹生北川信有征

　　谢兴鹏：《禹城与大禹文化文集》，中国先秦史学会 2002 年版

大禹生地何处寻北川石纽剖儿坪

　　夏明显：《中国禹学》（第一辑），吉林大学出版社 2011 年版

禹生石纽辨

　　冯汉骥：《川大史学·冯汉骥卷》，四川大学出版社 2006 年版

禹生石纽简论

　　谭继和：《大禹文化》2008 年创刊号

禹生石纽说的历史背景

　　李学勤：《大禹及夏文化研究》，巴蜀书社 1993 年版

"禹兴西羌"说新证

　　李绍明：《阿坝师范高等专科学校学报》2006 年第 3 期

专家谈大禹故里

　　郭晓芸：《中国土族》2007 年第 1 期

禹都阳城即濮阳说

　　沈长云：《中国史研究》1997 年第 2 期

论登封告成王城岗遗址为禹都阳城说——兼与《禹都阳城即濮阳说》
文商榷

　　方酉生：《考古与文物》2001 年第 4 期

论禹都阳城为颍川阳城——兼与《禹都阳城即濮阳说》一文商榷

　　方酉生：《殷都学刊》2001 年第 4 期

禹居（都）阳城考辨

　　方酉生：《江汉考古》1998 年第 1 期

夏都考

　　吕思勉：《光华大学半月刊》第 2 卷第 2 期，1933 年

禹贡与禹都

　　马培棠：《禹贡》第 2 卷第 8 期，1934 年

由三代都邑论其民族文化

　　丁山：《历史语言研究所集刊》1935 年第 5 本

夏民族发祥于山东

　　孙泽君、牟文：《中国禹学》（第一辑），吉林大学出版社 2011
年版

从民间传说中寻觅大禹在禹城的足迹

　　秦世森：《禹城与大禹文化文集》，中国先秦史学会 2002 年版

浙江绍兴禹迹述论

　　周幼涛：《绍兴学刊》1996 年第 3 期

浙江绍兴禹迹述论

　　周幼涛：《大禹研究概览》，绍兴市社会科学院编印 2006 年版

禹穴新探

　　周幼涛：《浙江学刊》1995 年第 4 期

禹穴新探

　　周幼涛：《大禹学研究概览》，绍兴市社会科学院编印 2007 年版

禹穴与窆石

　　周幼涛：《中国禹学》（第一辑），吉林大学出版社 2011 年版

涂山考

　　盛鸿郎：《大禹研究》，浙江人民出版社 1995 年版

涂山考

　　盛鸿郎：《大禹学研究概览》，绍兴市社会科学院编印 2007 年版

涂山考

　　张宏明：《地名知识》1982 年第 5 期

涂山考源

　　李学功、张广志：《青海师范大学学报》2001 年第 3 期

会稽涂山考

　　朱元桂：《浙江学刊》1995 年第 4 期

会稽涂山考

　　朱元桂：《大禹研究概览》，绍兴市社会科学院编印 2006 年版

大禹与涂山

　　张小宽：《民主》1999 年第 1 期

大禹娶于涂山考

　　黄中模：《重庆社会科学》2000 年第 3 期

涂山地望再研究

　　陈立柱：《史学月刊》2000 年第 7 期

大禹会诸侯的涂山究竟在哪儿？

　　高扬：《语文新圃》2009 年第 12 期

九江、涂山、会稽考

　　刘俊男：《云梦学刊》2002 年第 1 期

对会稽山禹庙的若干考查

　　姒承家：《越文化研究文集》，中华书局 2001 年版

对会稽山禹庙的若干考查

　　姒承家：《浙江方志》2000 年第 6 期

对会稽山禹庙的若干考查

　　姒承家：《大禹研究概览》，绍兴市社会科学院编印 2006 年版

禹葬会稽考

　　刘宜均、赵鸣：《浙江学刊》1985 年第 2 期

绍兴会稽与禹无涉——兼论於越源流

　　林华东：《浙江学刊》1985 年第 2 期

绍兴会稽山大禹治水和葬地复议

　　林华东：《百越文化研究》，厦门大学出版社 2005 年版

再论绍兴会稽与大禹

　　林华东、何春慰：《浙江学刊》1995 年第 4 期

古会稽考

　　张公量：《禹贡》第 1 卷第 7 期，1934 年

大禹与绍兴会稽

　　金经天：《浙江学刊》1988 年第 5 期

大禹与绍兴会稽

　　金经天：《大禹研究》，浙江人民出版社 1995 年版

"会稽"新释

　　张仲清：《2002 年绍兴越文化国际学术研讨会论文集》，浙江古籍
出版社 2006 年版

"会稽"新解

　　张仲清：《绍兴史志》2002 年第 3 期

绍兴会稽地名溯源

　　刘宏伟：《中国方域》1993 年第 6 期

历史上的会稽山

　　许大昌：《宿州教育学院学报》2000 年第 4 期

南镇会稽山

　　杨路明：《地理知识》1997 年第 6 期

会稽山新考

　　聂立申：《泰山学院学报》2004 年第 3 期

大禹葬于会稽山

　　陈观荣：《大禹研究》，浙江人民出版社 1995 年版

会稽、涂山地望与大禹的关系

　　陈剩勇、左建：《海峡两岸大禹文化研究》，中国社会科学出版社
2010 年版

大禹与会稽山关系新探

　　刘训华：《海峡两岸大禹文化研究》，中国社会科学出版社 2010
年版

大禹与会稽山关系新探

　　刘训华：《中国禹学》（第一辑），吉林大学出版社 2011 年版

南镇会稽山大事记略

　　沈建中：《中国禹学》（第一辑），吉林大学出版社 2011 年版

会稽山大禹陵

　　鞠孝铭：《旅行杂志》第 21 卷第 8 期，1947 年

禹庙和禹陵

　　朱耀庭：《浙江日报》1958 年 8 月 25 日

绍兴大禹陵及兰亭调查记

　　陈从周：《文物》1959 年第 7 期

大禹陵和禹王庙

　　周芾棠：《人民日报》1962 年 5 月 27 日

大禹陵和禹王庙

　　绍师：《旅游天地》1980 年第 1 期

大禹陵散记

　　薛家柱：《文汇报》1980 年 5 月 25 日

会稽山下大禹陵

　　孙铁山:《中国水运》1995 年第 6 期

会稽山麓禹王庙

　　王云根:《浙江档案》1996 年第 4 期

会稽禹庙窆石考

　　鲁迅:《鲁迅全集·集外集拾遗补编》

绍兴禹庙窆石考

　　徐德明:《东南文化》1992 年第 3、4 期

禹祠即禹庙小辨

　　邹志方:《越文化研究文集》,中华书局 2001 年版

《禹迹图》考辨

　　刘建国:《东南文化》1990 年第 4 期

河姆渡遗址·大禹陵

　　钱汝平:《文史知识》2004 年第 9 期

绍兴大禹陵

　　邱志荣:《鉴水流长》,新华出版社 2002 年版

大禹陵考论

　　钱茂竹:《海峡两岸大禹文化研究》,中国社会科学出版社 2010 年版

大禹治水与绍兴地名

　　邱志荣:《鉴水流长》,新华出版社 2002 年版

北川、汶川、理县、茂县、什邡禹迹考辨

　　李德书:《大禹文化》2008 年创刊号

河南登封大禹文化遗迹略考

　　常松木:《大禹文化》2008 年创刊号

大禹与禹城

　　李洪陵:《大禹文化》2008 年创刊号

安徽蚌埠大禹名胜古迹

　　尧一三:《大禹文化》2008 年创刊号

台湾台南盐行禹帝宫建庙沿革

　　台北市夏氏宗亲会:《大禹文化》2008 年创刊号

祭禹丛考

　　周幼涛：《大禹研究》，浙江人民出版社 1995 年版

祭禹考略

　　钱茂竹：《大禹研究》，浙江人民出版社 1995 年版

祭禹史略

　　钱茂竹：《越文化研究通讯》2005 年第 4 期

祭禹史略

　　钱茂竹：《大禹研究概览》，绍兴市社会科学院编印 2006 年版

中国古代祭禹大事记

　　钱茂竹：《中国禹学》（第一辑），吉林大学出版社 2011 年版

简说绍兴祭禹活动发展史

　　钱茂竹：《越文化研究文集》，中华书局 2001 年版

绍兴市近现代祭禹及禹文化研究综述

　　张钧德：《大禹文化》2008 年创刊号

祭禹三题

　　董楚平：《浙江学刊》1995 年第 4 期

绍兴大禹祭典历史传承的考察与思考

　　徐晓阳：《绍兴学刊》2009 年第 1 期

关于绍兴大禹祭典历史传承的考察与思考

　　徐晓阳：《海峡两岸大禹文化研究》，中国社会科学出版社 2010
年版

读先秦诸子谈大禹祭祀

　　傅振照：《海峡两岸大禹文化研究》，中国社会科学出版社 2010
年版

读先秦诸子谈大禹祭祀

　　傅振照：《中国禹学》（第一辑），吉林大学出版社 2011 年版

历代颂禹祭禹诗文选读

　　陈家林：《绍兴文理学院报·越文化研究》2008 年第 28 期

历代祭禹颂禹诗词赏析

　　陈家林：《绍兴文理学院报·越文化研究》2009 年第 36 期

历代祭禹颂禹诗词赏析

　　陈家林：《绍兴文理学院报·越文化研究》2010 年第 44 期

大禹祭典与大禹文化的传播

　　孙远太：《中国禹学》（第一辑），吉林大学出版社 2011 年版

浙江绍兴祭禹、祭南镇及禹诞日节期溯源

　　周幼涛：《中国禹学》（第一辑），吉林大学出版社 2011 年版

"尊禹学会"简要评介

　　裘士雄：《越文化研究文集》，中华书局 2001 年版

大禹宗族姓氏总谱

　　盛鸿郎：《大禹三宗谱》，绍兴越文化研究所编印 2000 年版

大禹宗族姓氏总谱

　　盛鸿郎：《大禹研究概览》，绍兴市社会科学院编印 2006 年版

大禹宗族姓氏总谱

　　盛鸿郎：《中国禹学》（第一辑），吉林大学出版社 2011 年版

江西夏氏考略

　　夏卫兵：《中国禹学》（第一辑），吉林大学出版社 2011 年版

鲍姓：大禹后裔之一

　　鲍俊盛：《中国禹学》（第一辑），吉林大学出版社 2011 年版

姒姓研究

　　姒元翼：《大禹世家》，浙江古籍出版社 2003 年版

姒姓研究

　　姒元翼：《大禹研究概览》，绍兴市社会科学院编印 2006 年版

余氏系大禹后裔

　　余一苗：《大禹研究概览》，绍兴市社会科学院编印 2006 年版

大禹世系台湾姓源考暨其他

　　陆炳文：《海峡两岸大禹文化研究》，中国社会科学出版社 2010
年版

大禹后裔的变迁与现状

　　杨银千、刘训华：《海峡两岸大禹文化研究》，中国社会科学出版
社 2010 年版

大禹与中原文化研究的回顾与展望

　　刘训华：《中国禹学》（第一辑），吉林大学出版社 2011 年版

大禹姒姓后裔在夏朝之后的四个诸侯国

　　侣庆琪、姒传双：《中国禹学》（第一辑），吉林大学出版社 2011
年版

夏氏迁徙繁徘

　　夏国初：《中国禹学》（第一辑），吉林大学出版社 2011 年版

论禹裔诸姓中四个同音姓的渊源关系

　　侣敬泽、侣庆琪、侣传双：《中国禹学》（第一辑），吉林大学出版
社 2011 年版

禹息城与禹裔分布

　　何光岳：《禹城与大禹文化文集》，中国先秦史学会 2002 年版

第三部分　百越文化研究论文

（一）　概述

百年回眸——20 世纪百越民族史研究概述

　　蒋炳钊：《百越文化研究》，厦门大学出版社 2005 年版

近年来百越文化史研究综述

　　博人：《中国史研究动态》1990 年第 12 期

百越民族史整体研究述论

　　王文光：《百越文化研究》，厦门大学出版社 2005 年版

百越民族史整体研究述论

　　王文光：《民族史研究论稿》，云南大学出版社 2007 年版

关于百越民族来源问题的思考

　　蒋炳钊：《浙江学刊》1990 年第 1 期

中国南方民族源流考

　　郎擎霄：《东方杂志》第 30 卷第 1 号，1933 年

百越民族考

　　蒙文通：《历史研究》1983 年第 1 期

百越民族考

　　蒙文通：《越史丛考》，人民出版社 1983 年版

古代的百越及其演变

　　宋蜀华：《历史教学》1980 年第 12 期

古代的百越及其演变

　　宋蜀华：《民族研究》1981 年第 1 期

对：《古代的百越及其演变》一文的几点意见

　　辛土成：《历史教学》1984 年第 5 期

百越族属研究

　　江应梁：《西南民族历史研究集刊》第一集，云南大学西南边疆民族历史研究所编印 1980 年版

百越

　　许良国：《文史知识》1982 年第 6 期

试论百越和百濮的异同

　　黄现璠、韦秋明：《思想战线》1982 年第 1 期

百越文化探源

　　杨式挺：《学术研究》1982 年第 1 期

古代百越文化考

　　罗香林：台湾《边疆文化论集》（3）1954 年版

古代百越分布考

　　罗香林：《百越源流与文化》，台湾中华丛书委员会 1955 年版

《山海经》与先秦时期的南方民族

　　陈天俊：《贵州社会科学》1984 年第 4 期

越族古居“扬子江以南整个地区”辨

　　蒙文通：《越史丛考》，人民出版社 1983 年版

古代中国南方与交趾之民族迁徙

　　蒙文通：《越史丛考》，人民出版社 1983 年版

“自交趾至会稽”——百越的历史、文化与变迁

　　吴春明：《越文化实勘研究论文集》（二），科学出版社 2008 年版

再说百越的分布

　　肖明华：《越文化实勘研究论文集》（二），科学出版社 2008 年版

汉初诸国越族考

　　潘蔚：《文史汇刊》第 1 卷第 1 期，1935 年

百越地名及其文化蕴意

　　李锦芳：《中央民族大学学报》1995 年第 1 期

百越简析

　　侯哲安、张亚英：《百越民族史论丛》，广西人民出版社 1985 年版

从历史上看百越的涵义及其演变

　　侯哲安：《贵州民族研究》1994 年第 1 期

先秦时期的"百越"民族

　　尤中：《百越民族史论丛》，广西人民出版社 1985 年版

百越同源质疑

　　冯来议：《中南民族学院学报》1986 年增刊

百越文化三题

　　吴绵吉：《百越史研究》，贵州人民出版社 1987 年版

百越考辨

　　王振镛：《百越史研究》，贵州人民出版社 1987 年版

关于百越分布领域的浅见

　　刘茂源：《浙江学刊》1990 年第 6 期

百越族系人名释要

　　李锦芳：《民族研究》1995 年第 3 期

百越地名及其文化蕴意

　　李锦芳：《中央民族大学学报》1995 年第 1 期

试从考古发现探索百越文化源流的若干问题

　　杨式挺：《岭南文物考古论集》，广东省地图出版社 1998 年版

论"百越"的源流及其葬制

　　唐嘉弘：《中国古代民族研究》，青海人民出版社 1987 年版

百越族群研究的分子考古学实践

　　黄颖、高蒙河：《2002 年绍兴越文化国际学术研讨会论文集》，浙
江古籍出版社 2006 年版

百越遗传结构的一元二分迹象

　　李辉：《2002 年绍兴越文化国际学术研讨会论文集》，浙江古籍出

版社 2006 年版

试论我国东南地区古代的民族名称

　　蒋炳钊：《东南文化》1987 年第 1 期

先秦时期历史文献中的越民族群体

　　王文光：《民族史研究论稿》，云南大学出版社 2007 年版

百越民族对祖国经济文化的重大贡献

　　吕名中：《民族研究》1985 年第 6 期

试论中国西南民族青铜文化的地位

　　王文光：《民族史研究论稿》，云南大学出版社 2007 年版

试论百越在中华民族发展史上的重要地位

　　周幼涛：《2002 年绍兴越文化国际学术研讨会论文集》，浙江古籍
出版社 2006 年版

试论百越在中华民族发展史上的重要地位

　　周幼涛：《绍兴文理学院学报》2003 年第 3 期

百越对中国古代文明的卓越贡献

　　彭适凡：《江西历史文物》1986 年第 1 期

百越对中国古代文明的卓越贡献

　　彭适凡：《百越史论集》，云南民族出版社 1989 年版

海上丝绸之路溯源——兼论古代南方蛮族的历史性贡献

　　卢美松、欧潭生：《南方文物》1992 年第 4 期

濮越人的舟楫文化对我国海洋文化的贡献

　　何英德：《南方文物》2000 年第 2 期

试论百越文化对中国海洋文化的贡献

　　李成武：《湖南省博物馆文集》（四），《船山学刊》杂志社 1998
年版

百越对缔造中华民族的贡献——濮、莱的关系及其流传

　　梁钊韬：《百越民族史论集》，中国社会科学出版社 1982 年版

百越先民对中国金属史的一个重大贡献——云南元江铜锑合金斧研究

　　李昆生、黄德荣、朱奇琦：《越文化实勘研究论文集》（二），科学
出版社 2008 年版

百越与东南亚民族文化探微

　　林蔚文:《百越民族研究》,江西教育出版社 1990 年版

百越民族同东南亚民族关系研究

　　林巨兴:《百越民族研究》,江西教育出版社 1990 年版

中越两国古代文化和民族的主体关系

　　朱俊明:《百越民族研究》,江西教育出版社 1990 年版

百越先民与南岛语族关系研究中的中西对话

　　吴春明:《中国传统文化与越文化》,人民出版社 2004 年版

华夏人文视野中东南方的百越先民与南岛土著

　　吴春明:《越文化实勘研究论文集》,中华书局 2005 年版

论中国东南沿海史前的海洋族群

　　陈仲玉:《考古与文物》2002 年第 2 期

中国东南海岸考古与南岛语族的起源问题

　　张光直:《南方民族考古》第 1 辑,四川大学出版社 1987 年版

南洋民族与华南古民族的关系

　　林惠祥:《厦门大学学报》1958 年第 1 期

中国东南:早期历史与考古文化

　　吴春明:《东南考古研究》第 1 辑,厦门大学出版社 1996 年版

百越都城海洋性的探讨

　　曹峻:《东南考古研究》第 3 辑,厦门大学出版社 2003 年版

建国以来对百越族的历史研究——关于东越与南越和西越的族源问题

　　庄为玑:《百越民族史论集》,中国社会科学出版社 1982 年版

关于百越民族社会经济形态和黎族族源的讨论

　　华峰:《民族研究》1985 年第 2 期

西南民族的历史发展与中华民族多元一体格局关系述论

　　王文光:《民族史研究论稿》,云南大学出版社 2007 年版

百越地区的新石器时代文化

　　曾骐:《百越民族史论集》,中国社会科学出版社 1982 年版

百越与华夏族及其他民族的关系

　　周宗贤:《百越民族史论集》,中国社会科学出版社 1982 年版

谈南方民族与中原民族的融合——兼探百越民族向华夏族的融合

　　李科友：《江西历史文物》1986 年第 2 期

百越民族的消亡与现代少数民族的关系

　　蒋炳钊：《百越史论集》，云南民族出版社 1989 年版

秦汉前后岭南百越主要支系的分布及其族称

　　陆明天：《百越民族史论丛》，广西人民出版社 1985 年版

并非永恒的空间——百越及其后裔地理分布动态研究

　　王文光：《民族史研究论稿》，云南大学出版社 2007 年版

并非永恒的空间——百越及其后裔地理分布动态研究

　　王文光：《越文化实勘研究论文集》（二），科学出版社 2008 年版

珠江三角洲的发育和佛山最早的百越聚落

　　林乃燊：《百越民族史论丛》，广西人民出版社 1985 年版

古越族在湖南活动的历史和遗迹

　　傅举有：《百越民族史论丛》，广西人民出版社 1985 年版

论湖北境内古越族的若干问题

　　刘玉堂：《民族研究》1987 年第 2 期

从同源走向异端的越南百越系民族

　　王文光：《越文化实勘研究论文集》（二），科学出版社 2008 年版

楚国与百越民族

　　熊传善：《百越文化研究》，厦门大学出版社 2005 年版

百越民族稻作农业初探

　　辛土成：《中国社会经济史研究》1987 年第 2 期

略论百越族早期稻作文化

　　李再华、李放：《百越民族研究》，江西教育出版社 1990 年版

中国稻作民族与东南亚各国的民族关系

　　雷广正：《百越民族研究》，江西教育出版社 1990 年版

论百越社会经济的发展和特点

　　辛土成：《中国社会经济史研究》1995 年第 1 期

百越民族的玉器工艺

　　陈野：《新美术》1992 年第 1 期

如何理解"百越"共同文化习俗

　　黄增庆：《中南民族学院学报》1986 年增刊

古文字反映的南方民俗拾零

　　夏渌：《百越史研究》，贵州人民出版社 1987 年版

百越民族原始宗教论述

　　林蔚文：《百越史论集》，云南民族出版社 1989 年版

试论百越民族的语言

　　韦庆稳：《百越民族史论集》，中国社会科学出版社 1982 年版

百越民族绘画史概说

　　杨琮：《民族研究》1991 年第 1 期

百越民族的水稻、浮稻与"鸟田"传说新解

　　刘付靖：《民族研究》2003 年第 1 期

龙的家乡龙的人——兼探百越族的图腾

　　程应林、李科友：《江西历史文物》1986 年第 1 期

试论百越文化的差异性

　　王克旺：《东南文化》1988 年第 2 期

亚洲东南沿海地区的百越文化及其民族文化心理特征

　　陈剩勇：《东南文化》1990 年第 3 期

秦统一百越战争始年诸说考订

　　余天炽：《百越民族史论丛》，广西人民出版社 1985 年版

百越与匈奴衣食住行之比较研究

　　陈绍棣：《国际百越文化研究》，中国社会科学出版社 1994 年版

百越民族文化的传承、发展与流传

　　蒋炳钊：《湖南省博物馆文集》（四），《船山学刊》杂志社 1998
年版

百越民族与海洋文化

　　林蔚文：《龙虎山崖葬与百越民族文化》，吉林人民出版社 2001
年版

百越文化与海洋文化的关系

　　何英德、樊韬：《湖南省博物馆文集》（四），《船山学刊》杂志社
1998 年版

从水上蜑户看百越文化与海洋文化的关系

　　刘美崧、杨先保：《湖南省博物馆文集》（四），《船山学刊》杂志社 1998 年版

中国东南的早期海洋文化

　　［美］Barry Rolett：《百越文化研究》，厦门大学出版社 2005 年版

浅析百越文化特征中的环境因素

　　周典恩、丛云飞：《百越文化研究》，厦门大学出版社 2005 年版

百越海洋人文的传承和整合

　　蓝达居：《百越文化研究》，厦门大学出版社 2005 年版

上座部佛教与百越民族的结合

　　史继忠：《越文化实勘研究论文集》（二），科学出版社 2008 年版

中南半岛三国考察随笔

　　李昆声：《越文化实勘研究论文集》（二），科学出版社 2008 年版

从百越的巫鬼神灵信仰到汉式佛、道宗教——闽南民间信仰历史变迁的分析

　　彭维斌：《越文化实勘研究论文集》（二），科学出版社 2008 年版

从民族志资料看岭南古越族与东南亚的亲缘关系

　　容观夐：《容观夐人类学民族学文集》，民族出版社 2003 年版

百越民族葬制综述

　　梅华全：《百越史论集》，云南民族出版社 1989 年版

谈先秦荆楚、百越民族的葬制

　　郭伟民：《民族研究》1994 年第 3 期

悬棺葬研究（初稿）

　　石钟健：《民族论丛》1981 年第 1 期

中国悬棺地理分布与现状

　　杨新平：《江西文物》1990 年第 4 期

试论我国东南地区悬棺葬的有关问题

　　林华东：《民族学研究》1982 年第 4 期

从崖墓文物看越族文化

　　许智范：《百越民族研究》，江西教育出版社 1990 年版

试论悬棺葬的流传与古代越族的西迁

　　陈明芳：《龙虎山崖葬与百越民族文化》，吉林人民出版社 2001
年版

论船棺的起源和船棺葬所反映的宗教意识

　　车广锦：《东南文化》1985 年创刊号

论船棺葬

　　陈明芳：《东南文化》1991 年第 1 期

中国南方崖葬的类型学考察

　　吴春明：《考古学报》1999 年第 3 期

试论中国南方的岩洞葬

　　罗二虎：《考古》2000 年第 6 期

中国悬棺综论

　　刘大申、高申兰、浦海英：《江西文物》1991 年第 1 期

全国第二次悬棺葬学术讨论会纪略

　　白金：《民族研究》1987 年第 3 期

悬棺葬研究综述

　　陈明芳：《民族研究》1989 年第 1 期

关于崖葬的几点思考

　　余丰：《龙虎山崖葬与百越民族文化》，吉林人民出版社 2001 年版

民族志中的崖葬记录

　　汪宁生：《龙虎山崖葬与百越民族文化》，吉林人民出版社 2001
年版

略述中国古代铜鼓的分布地域

　　何纪生：《考古》1965 年第 1 期

中国南方铜鼓的分布和断代

　　李伟卿：《考古》1979 年第 1 期

中国南方古代早期铜鼓的族属

　　姚舜安：《广西民族学院学报》1980 年第 2 期

我国南方不同类型铜鼓族属的分析

　　李衍垣：《贵州民族研究》1980 年第 3 期

古代铜鼓的起源和族属问题

　　王克荣：《广西日报》1980 年 6 月 20 日

从艺术内容谈广西铜鼓的族属问题

　　黄卷超：《中央民族学院学报》1981 年第 3 期

铜鼓人像的族属试析

　　张世铨：《中国铜鼓研究会第二次学术讨论会论文集》，文物出版
社 1986 年版

中国古代的铜鼓

　　汪宁生：《考古学报》1978 年第 2 期

试论我国铜鼓的类型及演变

　　李衍恒：《民族研究》1981 年第 1 期

中国南方铜鼓的分类和断代

　　李伟卿：《考古》1979 年第 1 期

东南越族文化特质与铜鼓

　　陈国强：《东南文化》1986 年第 2 期

东南越族文化特质与铜鼓

　　陈国强：《百越史论集》，云南民族出版社 1989 年版

试论中国南方铜鼓的社会功能

　　席克定、余宏模：《贵州民族研究》1980 年第 2 期

水族的铜鼓及社会功能浅论

　　陈国安、石国义：《越文化实勘研究论文集》（二），科学出版社
2008 年版

骆越与铜鼓

　　邱钟仑：《中国铜鼓研究会第二次学术讨论会论文集》，文物出版
社 1986 年版

浅谈东南亚铜鼓的装饰艺术

　　庄礼伦：《铜鼓和青铜文化的新探索》，广西民族出版社 1993 年版

谈广西铜鼓艺术

　　吴崇基：《美术界》，广西民族出版社 1993 年版

略谈岭南古代铜鼓兴盛的原因

　　谢日万：《广西民族研究》1994 年第 3 期

我国铜鼓之海外传播

　　房仲甫：《思想战线》1984 年第 4 期

西林铜鼓墓与汉代句町国

　　蒋廷瑜：《考古》1982 年第 2 期

云南晋宁出土铜鼓研究

　　冯汉骥：《文物》1974 年第 1 期

云南晋宁出土铜鼓研究

　　冯汉骥：《川大史学·冯汉骥卷》，四川大学出版社 2006 年版

谈云南的早期铜鼓

　　李昆声、黄德荣：《昆明师院学报》1980 年第 4 期

广西古代铜鼓研究

　　洪声：《考古学报》1978 年第 2 期

錞于与铜鼓

　　唐嘉弘、徐中舒：《社会科学研究》1980 年第 5 期

古代铜鼓

　　布壮：《民族团结》1980 年第 6 期

岭南铜鼓

　　黄流沙：《羊城晚报》1980 年 5 月 15 日

我国发现世界上最早的古代铜鼓

　　杨英兰：《人民日报》1980 年 6 月 28 日

铜鼓——我国古代文化的珍宝

　　乐声：《北京晚报》1980 年 10 月 30 日

俚人及铜鼓考

　　徐恒彬：《古代铜鼓学术讨论会论文集》，文物出版社 1982 年版

马援获"骆越铜鼓"地点考

　　邱钟崙：《古代铜鼓学术讨论会论文集》，文物出版社 1982 年版

古代铜鼓研究中的几个问题

　　王克荣：《古代铜鼓学术讨论会论文集》，文物出版社 1982 年版

对当前铜鼓研究的几点意见

　　黄展岳：《广西民族学院学报》1980 年第 4 期

古代铜鼓学术讨论会纪要

　　广西壮族自治区博物馆：《文物》1980 年第 9 期

关于铜鼓的争鸣——首次铜鼓讨论会简记

　　蒋廷瑜：《民族研究》1980 年第 4 期

铜鼓云屯——《广西古代铜鼓展览》简介

　　蒋廷瑜：《民族研究》1980 年第 2 期

广西铜鼓简介

　　张世铨：《广西日报》1980 年 6 月 20 日

我国南方几何印纹陶遗存的分区、分期及有关问题

　　李伯谦：《北京大学学报》1981 年第 1 期

我国南方古代印纹陶研究历史的回顾与展望

　　彭适凡：《江西历史文物》1982 年第 4 期

江南地区印纹陶问题学术讨论会纪要

　　彭适凡：《文物集刊》第 3 辑，文物出版社 1981 年版

江南地区印纹陶问题学术讨论会纪要

　　《文物》通讯员：《文物》1979 年第 1 期

关于"几何印纹陶"

　　苏秉琦：《文物集刊》第 3 辑，文物出版社 1981 年版

江南地区诸印纹陶遗址与夏商周文化的关系

　　邹衡：《文物集刊》第 3 辑，文物出版社 1981 年版

试谈南方地区几何印纹陶的分期和断代

　　江西省博物馆：《文物集刊》第 3 辑，文物出版社 1981 年版

南方地区几何印纹陶几个问题的探索

　　江西省博物馆：《文物集刊》第 3 辑，文物出版社 1981 年版

关于长江下游地区的几何印纹陶问题

　　蒋赞初：《文物集刊》第 3 辑，文物出版社 1981 年版

略论太湖地区几何印纹陶遗存的分期

　　黄宣佩、孙维昌：《上海博物馆馆刊》第 1 期，上海人民出版社
1981 年版

上海地区几何印绞陶遗存的分期

　　黄宣佩、孙维昌：《文物集刊》第 3 辑，文物出版社 1981 年版

印纹陶问题初探

　　王子岗：《文物集刊》第 3 辑，文物出版社 1981 年版

印纹陶与几何印纹陶文化的问题

　　杜耀西、李作智：《文物集刊》第 3 辑，文物出版社 1981 年版

试论南方早期印纹陶的特点及其渊源

　　彭适凡：《东南文化》1986 年第 2 期

略谈我国东南沿海地区的印纹陶

　　张之恒：《文物集刊》第 3 辑，文物出版社 1981 年版

关于长江下游地区的几何印纹陶问题

　　蒋赞初：《文物集刊》第 3 辑，文物出版社 1981 年版

也谈印纹陶的几个问题

　　饶惠元：《考古》1960 年第 3 期

几何印纹陶纹饰的艺术特征和起源

　　福廷：《南方文物》1996 年第 1 期

试论南方地区印纹陶与环中国海区域的关系——以台湾、东南亚地区为例

　　周广明、彭适凡：《南方文物》2005 年第 3 期

江南几何印纹陶“文化”应是古代越人的文化

　　吴绵吉：《百越民族史论集》，中国社会科学出版社 1982 年版

关于南方地区几何印纹陶产生、变化和衰退的原因

　　李放：《江西历史文物》1981 年第 1 期

论江南地区印纹陶的衰弱

　　王子岗：《四川大学学报》1980 年第 4 期

中国东南区新石器文化特征之一：印纹陶

　　吕荣芳：《厦门大学学报》1959 年第 2 期

印纹陶备忘录——兼论江南语言史

　　［日］平田昌司著，钟翀译：《越文化实勘研究论文集》（二），科学出版社 2008 年版

三苗、越族与印纹陶的关系

　　吕荣芳：《百越民族史论集》，中国社会科学出版社 1982 年版

浙江的印纹陶——谈谈印纹陶的特征以及瓷器的关系

　　牟永抗:《文物集刊》第 3 辑,文物出版社 1981 年版

浙江的印纹陶——试谈印纹陶的特征以及与瓷器的关系

　　牟永抗:《牟永抗考古学文集》,科学出版社 2009 年版

关于东南地区几何印纹陶时代的初步探测

　　尹焕章:《考古学报》1958 年第 1 期

百越民族史学术讨论会纪要

　　蒋炳钊:《民族研究》1980 年第 6 期

百越史研究会部分研究计划

　　蒋炳钊:《民族研究通讯》1980 年第 3 期

百越民族史学术讨论会简介

　　蒋炳钊:《厦门大学学报》1980 年第 3 期

百越民族史年会简讯

　　云峰:《民族研究》1982 年第 2 期

百越民族史研究会第二次年会在桂林召开

　　钟岚:《中南民族学院学报》1980 年第 1 期

百越民族史的研究情况和几点设想

　　陈国强:《百越民族史论集》,中国社会科学出版社 1982 年版

百越民族史第三次年会关于百越源流的讨论

　　华峰:《民族研究》1983 年第 1 期

中国百越民族史第五届年会在西双版纳召开

　　王军:《民族研究》1986 年第 4 期

古代百越文化与现代化建设——中国百越民族史第五届学术讨论会综述

　　懿之:《云南社会科学》1986 年第 5 期

八年的回顾——百越民族史研究会学术活动综述

　　蒋炳钊:《百越民族研究》,江西教育出版社 1990 年版

首届"国际百越文化学术讨论会"述略

　　金秋实:《中国史研究动态》1990 年第 12 期

国际百越文化学术讨论会综述

　　陈剩勇:《民族研究》1991 年第 1 期

国际百越文化学术讨论会侧记

　　金帆:《浙江社会科学》1990 年第 5 期

国际百越文化学术讨论会综述

　　尹君:《浙江学刊》1990 年第 5 期

向新的广度和深度拓展——国际百越文化学术讨论会暨贵州省侗学学会
年会综述

　　古清尧:《民族研究》1993 年第 3 期

百越民族史第十届学术研讨会综述

　　黄向春:《民族研究》1999 年第 6 期

百越民族史研究的新视野——百越民族史第十届学术研讨会综述

　　黄向春:《龙虎山崖葬与百越民族文化》,吉林人民出版社 2001
年版

中国百越民族史研究会第十四届年会综述

　　纪丹阳、陈立柱:《南方文物》2010 年第 2 期

评何光岳:《百越源流史》

　　徐吉军:《浙江学刊》1990 年第 4 期

《东夷源流史》 出版

　　徐尹:《浙江学刊》1990 年第 6 期

《百越民族研究》 出版

　　徐尹:《浙江学刊》1990 年第 6 期

（二）句吴

试论湖熟文化

　　曾昭燏、尹焕章:《考古学报》1959 年第 4 期

论湖熟文化分期

　　刘建国、张敏:《东南文化》1989 年第 1 期

湖熟文化刍议

　　林华东:《东南文化》1990 年第 5 期

对湖熟文化正名、分期及其它

　　林华东:《东南文化》1990 年第 5 期

对“湖熟文化”几个问题的再认识

　　肖梦龙：《东南文化》1990 年第 5 期

试论湖熟文化中的太湖文化因素

　　林留根：《东南文化》1993 年第 5 期

“湖熟文化”命名 50 周年暨纪念尹焕章先生诞辰 100 周年座谈会

　　田名利：《东南文化》2010 年第 1 期

古吴族初探

　　周国荣：《民族研究》1988 年第 1 期

“勾吴”立国与吴越民族的分合

　　王卫平：《民族研究》1992 年第 1 期

句吴族源族属初探

　　辛土成：《中南民族学院学报》1986 年增刊

吴文化的源头辨析

　　赵建中：《江海学刊》2006 年第 6 期

初论吴文化

　　肖梦龙：《考古与文物》1985 年第 4 期

吴文化初探

　　徐日辉：《东方博物》（第 13 辑），浙江大学出版社 2004 年版

吴文化及其渊源初探

　　李伯谦：《考古与文物》1982 年第 3 期

龙的起源与古吴族

　　周国荣：《东南文化》1988 年第 2 期

太伯之封在西吴

　　卫聚贤：《吴越文化论丛》，上海文艺出版社 1990 年影印本

太伯何曾奔吴立国

　　龚维英：《浙江学刊》1988 年第 1 期

关于太伯、仲雍奔“荆蛮”问题

　　尹盛平：《吴文化研究论文集》，中山大学出版社 1988 年版

荆蛮与勾吴

　　预绍武、俞冠南：《江苏省哲学社会科学联合会 1981 年年会论文选》（考古分册）1982 年版

仲雍之国

    何天行:《吴越文化论丛》,上海文艺出版社 1990 年影印本

吴史疑义举例

    殷塵:《说文月刊》1943 年第 1 卷

从青铜器铭文论吴国的国名

    曹锦炎:《东南文化》1991 年第 6 期

从青铜器铭文论吴国的国名

    曹锦炎:《吴越历史与考古论丛》,文物出版社 2007 年版

古代吴立国的发源地及其疆域的变迁

    魏嵩山:《吴文化研究文集》,中山大学出版社 1988 年版

吴国史事考证二则

    王卫平:《东南文化》1992 年第 1 期

吴城复原研究

    曲英杰:《东南文化》1989 年第 4、5 期

春秋时代吴大城位置新考

    钱公麟:《东南文化》1989 年第 4、5 期

论苏州城最早建于汉代

    钱公麟:《东南文化》1990 年第 4 期

苏州春秋大型城址的调查与发掘

    张照根:《苏州铁道师范学院学报》2002 年第 4 期

春秋时代吴大城位置再考——灵岩古城与苏州城

    陆雪梅、钱公麟:《东南文化》2006 年第 5 期

对春秋时期吴国城址的初步认识

    赵玉泉、壮宏亮:《东南文化》1998 年第 4 期

苏州吴国都城探研

    林华东:《南方文物》1992 年第 2 期

吴国都城初探

    张敏:《南方文物》2009 年第 2 期

江苏无锡县古阖闾城的调查

    李鉴昭:《考古通讯》1958 年第 1 期

吴大城与列国都城之比较

　　钱公麟、陈军：《东南文化》1991 年第 6 期

先秦时代吴国都城的盛衰与变迁

　　吴奈夫：《苏州大学学报》1985 年第 10 期

淹城吴都考

　　肖梦龙：《东南文化》1996 年第 2 期

宜国灭奄国都淹城考

　　林志方：《东方文明之韵——吴文化国际学术研讨会论文集》，岭南
美术出版社 2000 年版

春秋时期阖闾都城之宫城考

　　商志镡：《苏州大学学报》1992 年第 2 期

西周春秋吴都迁徙考

　　王晖：《历史研究》2000 年第 5 期

吴国三次迁都试探

　　肖梦龙：《吴文化研究论文集》，中山大学出版社 1988 年版

吴文化与古代民族融合

　　黄建康：《东南文化》2004 年第 1 期

浅谈吴文化和先吴文化

　　纪仲庆：《南京博物院集刊》第 4 辑，南京博物院 1982 年版

论吴文化的发展与特色

　　肖梦龙：《南方文物》1992 年第 1 期

论吴文化的特征及其成因

　　徐茂明：《学术月刊》1997 年第 8 期

吴文化的基本特点与当代价值

　　杨余春、朱蓉蓉：《苏州大学学报》2008 年第 2 期

简论吴文化的内涵与特征

　　童潇：《华夏文化》2002 年第 1 期

吴文化的特点

　　赵理平：《和田师范专科学校学报》2006 年第 6 期

吴地居民人格特征成因分析

　　何东亮：《江南大学学报》2003 年第 5 期

吴文化的核心精神

　　陈国柱:《江南论坛》2003 年第 11 期

论吴文化的开放气质与和谐精神

　　孙周年、肖向东:《江南大学学报》2007 年第 2 期

吴文化与水

　　江国良:《太湖》2006 年第 4 期

徐海、太湖区原始文化的交流

　　姚勤德:《东南文化》1993 年第 5 期

吴文化与中原文化关系探索

　　李民、张国硕:《中原文物》1992 年第 2 期

东周时期江西地区吴文化初探

　　刘诗中、许智范:《江西历史文物》1982 年第 2 期

太湖地区周代文化初探

　　戴宁汝:《东南文化》1998 年第 2 期

周代吴民族与各族的经济关系

　　石奕龙:《民族研究》1986 年第 6 期

"吴文化"大事纪年表

　　张志新等:《文博通讯》1981 年第 6 期

吴文化的历史轨迹与当代意义

　　江苏省吴越文化研究会专家组:《江南风》2010 年第 2 期

论吴越文化与传统文化及其现代化

　　王霞林:《江南风》2010 年第 2 期

关于吴文化与梅里古都发展的若干问题

　　黄胜平:《江南风》2010 年第 2 期

崇明海门启东的吴地文化渊源

　　袁志冲:《江南风》2009 年第 1 期

略论吴学研究

　　程德祺:《江南论坛》1994 年第 4 期

吴文化学构想

　　高燮初:《江南论坛》1993 年第 5 期

吴文化的理论定位与关系研究

　　肖向东:《江南大学学报》2006 年第 3 期

江苏省首届吴文化研讨会综述

　　徐采石:《学海》1997 年第 2 期

《东方文明之韵——吴文化国际学术研讨会论文集》简介

　　仕英:《考古》2001 年第 10 期

吴国继承制度剖析

　　王恩田:《东南文化》1992 年第 2 期

吴国王陵区初探

　　肖梦龙:《东南文化》1990 年第 4 期

吴王余眜墓的发现及其意义

　　张敏:《东南文化》1988 年第 3、4 期

吴王余祭余眜享国年代辨析

　　金永平:《东南文化》1989 年第 3 期

有关吴国国君在位年代问题

　　崔恒升:《东南文化》1992 年第 2 期

论吴王阖庐

　　王文清:《东南文化》1986 年第 1 期

吴王阖庐身世考辨

　　陈建樑:《学术月刊》1996 年第 6 期

论阖闾的社会改革和吴国的兴亡

　　辛土成:《华侨大学学报》(哲学社会科学版) 1986 年第 1 期

论句践与夫差

　　陈桥驿:《杭州大学学报》1987 年第 4 期

夫差与句践的得失

　　马庆余:《松辽学刊》1991 年第 2 期

春秋时代勾吴社会经济初探

　　辛土成:《中国社会经济史研究》1984 年第 3 期

周代吴民族土地的演变

　　石奕龙:《东南文化》1989 年第 3 期

吴国农业考略

　　刘兴:《农业考古》1982 年第 2 期

吴地特色的饮食文化——"饭稻羹鱼"

　　何凤英:《东南文化》2000 年第 5 期

吴国青铜农具初探

　　毛颖:《吴国青铜器综合研究》,科学出版社 2004 年版

试论江南吴国青铜器

　　肖梦龙:《东南文化》1986 年第 1 期

略论西周时期吴国青铜器

　　杨宝成:《东南文化》1991 年第 3、4 期

吴国青铜器研究

　　肖梦龙:《东方文明之韵——吴文化国际学术研讨会论文集》,岭南美术出版社 2000 年版

吴国青铜器研究

　　肖梦龙:《吴国青铜器综合研究》,科学出版社 2004 年版

吴国青铜器之南方特征

　　毛颖:《南方文物》2009 年第 2 期

吴越青铜兵器技术三绝

　　谭德睿、廉海萍等:《东方文明之韵——吴文化国际学术研讨会论文集》,岭南美术出版社 2000 年版

浅析商周时期江南区域文化的独立性——以宁镇地区青铜文化为例

　　朱莹:《东南文化》2004 年第 1 期

镇江博物馆藏商周青铜器——兼谈江南吴器的地方特色

　　肖梦龙:《东南文化》1988 年第 5 期

春秋刻纹铜器初论

　　刘建国:《东南文化》1988 年第 5 期

刻纹铜器新探

　　毛颖:《东方文明之韵——吴文化国际学术研讨会论文集》,岭南美术出版社 2000 年版

真山吴王墓出土春秋吴国钱币刍议

　　朱伟峰:《东方文明之韵——吴文化国际学术研讨会论文集》,岭南

美术出版社 2000 年版

吴干之剑研究

　　　肖梦龙、华觉明等：《长江流域青铜文化研究》，科学出版社 2002
年版

吴国青铜兵器初探

　　　冯普仁：《中国考古学会第四次年会论文集》，文物出版社 1985
年版

吴国的青铜兵器及其相关问题

　　　冯普仁：《吴文化资源研究与开发》，陕西旅游出版社 1999 年版

山西出土吴越青铜器及研究

　　　陶正刚：《吴越地区青铜器研究论文集》，香港两木出版社 1997
年版

春秋吴国具铭青铜器汇释和相关问题

　　　杜迺松：《吴文化研究论文集》，中山大学出版社 1988 年版

吴国地区的尊、卣及其他

　　　李学勤：《吴文化研究论文集》，中山大学出版社 1988 年版

从青铜器铭文论吴国的国名

　　　曹锦炎：《东南文化》1991 年第 6 期

铜器铭文宜、虞、矢的地望及其与吴国的关系

　　　黄盛璋：《考古学报》1983 年第 3 期

从吴语与吴国青铜器铭文释"吴"

　　　徐乡耕：《苏州大学学报》2007 年第 5 期

宜侯矢簋考释

　　　唐兰：《考古学报》1956 年第 2 期

宜侯矢簋与吴国

　　　李学勤：《文物》1985 年第 7 期

关于"宜侯矢簋"铭文的几点看法

　　　曹锦炎：《东南文化》1990 年第 5 期

关于"宜侯矢簋"铭文的几点看法

　　　曹锦炎：《吴越历史与考古论丛》，文物出版社 2007 年版

《宜侯簋》考辨

　　谢元震:《东南文化》1993 年第 4 期

宜侯夨簋与吴国关系新探

　　刘建国:《东南文化》1988 年第 2 期

宜侯夨簋和它的意义

　　陈梦家:《文物参考资料》1955 年第 5 期

古夨国遗址、墓地调查记

　　卢连城、尹盛平:《文物》1982 年第 2 期

周夨国铜器的新发现与有关历史地理问题

　　刘益启:《考古与文物》1982 年第 2 期

从夨簋铭文谈太伯仲雍奔吴

　　陆九皋:《吴文化研究论文集》,中山大学出版社 1988 年版

试论宜侯夨非吴君世系——兼及太伯奔吴为信史

　　王冰:《东南文化》2008 年第 3 期

吴王寿梦之戈

　　郭沫若:《奴隶制时代》,人民出版社 1954 年版

"王子玫戈"考及其它

　　商承祚:《学术研究》1962 年第 3 期

吴季子剑铭文考释

　　曹锦炎:《东南文化》1990 年第 4 期

吴季子剑铭文考释

　　曹锦炎:《吴越历史与考古论丛》,文物出版社 2007 年版

吴王寿梦之子剑铭文考释

　　曹锦炎:《文物》2005 年第 2 期

吴王寿梦之子剑铭文考释

　　曹锦炎:《吴越历史与考古论丛》,文物出版社 2007 年版

"姑发聑反"即吴王"诸樊"别议

　　商承祚:《中山大学学报》1963 年第 3 期

安徽南陵县发现吴王光剑

　　刘平生:《文物》1982 年第 5 期

关于安徽南陵县吴王光剑铭释文

　　刘雨：《文物》1982 年第 8 期

古文字杂说五·说吴王光剑铭之"以尚勇人"

　　洪家义：《文物研究》1985 年第 1 期

攻吴王光剑跋

　　周晓陆：《文物研究》1988 年第 3 期

吴王光剑铭补正

　　石晓：《文物》1989 年第 7 期

攻五王光韩剑与虞王光趉戈

　　李家浩：《古文字研究》第 17 辑，中华书局 1989 年版

攻吴王光剑铭文考释

　　李家浩：《文物》1990 年第 2 期

山西榆社出土一件吴王胏发剑

　　晋华：《文物》1990 年第 2 期

论张家山汉简：《盖庐》

　　曹锦炎：《东南文化》2002 年第 9 期

论张家山汉简：《盖庐》

　　曹锦炎：《吴越历史与考古论丛》，文物出版社 2007 年版

吴王夫差铜器集录

　　李先登：《东南文化》1990 年第 4 期

吴王夫差铜器集录

　　李先登：《国际百越文化研究》，中国社会科学出版社 1994 年版

吴王夫差剑及其辨伪

　　王恩田：《吴文化研究论文集》，中山大学出版社 1988 年版

新见吴王夫差剑介绍及越王者旨戈、矛、剑浅说

　　张光裕：《吴越地区青铜器研究论文集》，香港两木出版社 1997
年版

吴王夫差盉

　　陈佩芬：《上海博物馆集刊》第 7 期，上海古籍出版社 1996 年版

西施的传说与吴王夫差盉

　　周亚：《文汇报》1996 年 10 月 13 日

南方青铜盉研究

　　毛颖：《东南文化》2004 年第 4 期

吴王夫差矛铭文

　　李家浩：《中国文物报》1997 年 8 月 31 日

配儿钩鑼考释

　　沙孟海：《考古》1983 年第 4 期

配儿句鑼铭文跋

　　曹锦炎：《吴越历史与考古论丛》，文物出版社 2007 年版

禺邗王壶考释

　　陈梦家：《燕京学报》1937 年第 21 期

"禺邗王"铭辨

　　王文清：《东南文化》1991 年第 1 期

禺邗王壶铭再辨

　　吴聿明：《东南文化》1992 年第 1 期

吴臧孙钟铭考

　　刘兴：《东南文化》1990 年第 4 期

吴王钟铭考释——薛氏款识商钟四新解

　　曾宪通：《古文字研究》第 17 辑，1989 年版

"王子钦戈""配儿钩鑼""臧孙钟"人名汇考

　　董楚平：《国际百越文化研究》，中国社会科学出版社 1994 年版

程桥三号春秋墓出土盘匜铭文释证

　　徐伯鸿：《东南文化》1991 年第 1 期

程桥三号墓盘匜铭文新考

　　何琳仪：《东南文化》2001 年第 3 期

程桥新出铜器考释及相关问题

　　曹锦炎：《东南文化》1991 年第 1 期

程桥新出铜器考释及相关问题

　　曹锦炎：《吴越历史与考古论丛》，文物出版社 2007 年版

六合程桥春秋三墓述议

　　胡运宏：《江南大学学报》（人文社会科学版）2006 年第 1 期

北山铜器新考

　　曹锦炎：《东南文化》1988 年第 6 期

北山铜器新考

　　曹锦炎：《吴越历史与考古论丛》，文物出版社 2007 年版

北山顶四器铭释考存疑

　　吴聿明：《东南文化》1990 年第 1、2 期

丹徒北山顶舒器辨疑

　　刘兴：《东南文化》1993 年第 4 期

吴国早期重器冉钲考

　　于鸿志：《东南文化》1988 年第 2 期

安徽霍山县出土吴工敛戟考

　　陈秉新：《东南文化》1990 年 1、2 期

吴工年戟跋

　　殷涤非：《文物》1986 年第 3 期

吴伯剌戈读考

　　周晓陆：《南京博物院集刊》1985 年第 8 期

伯剌戈考

　　吴聿明：《吴文化研究论文集》，中山大学出版社 1988 年版

江苏考古的回顾与思考

　　邹厚本：《考古》2000 年第 4 期

江苏吴县春秋吴国玉器窖藏

　　吴县文物管理委员会：《文物》1988 年第 11 期

吴国王室窖藏玉器

　　姚勤德：《东南文化》2000 年第 12 期

从真山出土玉器谈吴国的琢玉工艺

　　吕曼：《东南文化》2000 年第 5 期

吴中观国宝——苏州真山、严山出土春秋美玉珍赏

　　孙维昌、蒋炳昌：《收藏家》2008 年 8 月

江苏吴县发现东周铜器

　　姚勤德：《东南文化》1989 年第 4、5 期

吴县唯亭公社夷陵山出土印纹陶、釉陶器物

　　南波:《文物》1972 年第 7 期

江苏吴县何山东周墓

　　吴县文物管理委员会:《文物》1984 年第 5 期

江苏吴县澄湖古井群的发掘

　　南京博物院等:《文物资料丛刊》(9),文物出版社 1985 年版

吴县五峰山烽燧墩清理简报

　　朱江:《考古通讯》1955 年第 4 期

苏州城东北发现东周铜器

　　苏州博物馆考古组:《文物》1980 年第 8 期

苏州葑门河道内发现东周青铜文物

　　廖志豪、罗保芸:《文物》1982 年第 2 期

江苏苏州浒墅关真山大墓的发掘

　　苏州博物馆:《文物》1996 年第 2 期

苏州新庄东周遗址试掘简报

　　苏州博物馆:《考古》1987 年第 4 期

江苏苏州上方山 6 号墩的发掘

　　苏州博物馆考古部:《考古》1987 年第 6 期

江苏苏州市发现窖藏青铜器

　　苏州博物馆:《考古》1991 年第 12 期

江苏常熟市虞山西校场石室土墩墓

　　苏州博物馆、常熟博物馆:《考古》2001 年第 9 期

江苏武进县潘家乡腰沿山土墩石室墓

　　刘兴、刘建国:《东南文化》1989 年第 4、5 期

武进县淹城遗址出土春秋文物

　　赵玉泉:《东南文化》1989 年第 4、5 期

淹城出土的铜器

　　倪振逵:《文物》1959 年第 4 期

发掘淹城遗址的主要收获

　　江苏省淹城遗址考古发掘队:《南京博物院建院 60 周年纪念文集》,
南京博物院 1993 年版

武进县淹城遗址出土春秋文物

　　赵玉泉:《淹城文博通讯》1989 年创刊号

江苏武进、宜兴石室墓

　　刘建国:《文物》1983 年第 11 期

宜兴潢潼土墩墓群发掘报告

　　徐建清、周润垦:《东南文化》2006 年第 6 期

江苏宜兴石室墓试掘简报

　　镇江博物馆:《考古与文物》1983 年第 4 期

试谈常州、武进及附近地区的几何印纹硬陶

　　徐伯元:《文博通讯》1982 年第 3 期

仪征破山口探掘出土铜器记略

　　尹焕章:《文物》1960 年第 4 期

破山口青铜器三题

　　张敏:《东南文化》2002 年第 6 期

介绍江苏仪征过去发现的几件西周青铜器

　　王志敏、韩益之:《文物参考资料》1956 年第 12 期

无锡北周巷青铜器

　　冯普仁:《考古》1981 年第 4 期

无锡璨山土墩墓

　　无锡市博物馆:《考古》1981 年第 2 期

无锡庙山石室土墩墓

　　无锡市博物馆:《考古与文物》1984 年第 3 期

试论无锡几何印纹陶遗存的分期

　　杨建民:《文博通讯》1982 年第 2 期

江苏丹徒出土东周铜器

　　镇江市博物馆:《考古》1981 年第 5 期

丹徒镇四脚墩西周土墩墓发掘报告

　　林留根:《东南文化》1989 年第 4、5 期

江苏丹徒南岗山土墩墓

　　南京博物院:《考古学报》1993 年第 2 期

江苏丹徒磨盘墩墓发掘简报

　　南京博物院、丹徒县文管会:《考古》1985 年第 11 期

丹徒青龙山春秋大墓及附葬墓发掘报告

　　丹徒考古队:《东方文明之韵——吴文化国际学术研讨会论文集》,
岭南美术出版社 2000 年版

江苏丹徒大港母子墩西周铜器墓的发掘

　　镇江博物馆:《文物》1984 年第 5 期

江苏丹徒县石家墩西周墓

　　镇江博物馆:《考古》1984 年第 8 期

江苏丹徒磨盘墩西周墓发掘简报

　　南京博物院、丹徒县文管会:《考古》1985 年第 11 期

江苏丹徒市四脚墩土墩墓第二次发掘简报

　　南京博物院、镇江博物馆:《考古》2007 年第 10 期

江苏丹徒烟墩山出土的古代青铜器

　　江苏省文物管理委员会:《文物参考资料》1955 年第 5 期

江苏丹徒粮山春秋石穴墓——兼谈吴国的葬制及人殉

　　刘建国:《考古与文物》1987 年第 4 期

丹徒青龙山春秋大墓及附葬墓发掘报告

　　丹徒考古队:《东方文明之韵——吴文化国际学术研讨会论文集》,
岭南美术出版社 2000 年版

镇江地区近年出土的青铜器

　　刘兴:《文物资料丛刊》第 5 辑,文物出版社 1981 年版

江苏镇江谏壁王家山东周墓

　　镇江博物馆:《文物》1987 年第 12 期

镇江市谏壁王家山东周墓

　　镇江博物馆:《考古与文物》1987 年第 4 期

江苏金坛鳖墩西周墓

　　镇江市博物馆、金坛县文化馆:《考古》1978 年第 3 期

江苏句容城头山遗址试掘简报

　　镇江市博物馆:《考古》1985 年第 4 期

江苏句容浮山果园土墩墓

　　镇江市博物馆浮山果园发掘组：《考古》1979 年第 2 期

江苏句容浮山果园土墩墓第二次发掘报告

　　南京博物院：《文物资料丛刊》第 6 辑，文物出版社 1982 年版

江苏句容浮山果园西周墓

　　南京博物院：《考古》1977 年第 5 期

江苏句容白蟒台遗址试掘

　　镇江博物馆：《考古与文物》1985 年第 3 期

江苏溧水、丹阳西周墓发掘简报

　　镇江市博物馆：《考古》1985 年第 8 期

江苏溧水发现西周墓

　　镇江博物馆、溧水县文化馆：《考古》1976 年第 4 期

江苏溧水县柘塘、乌山土墩墓清理简报

　　刘兴、吴大林：《文物资料丛刊》第 6 辑

江苏丹阳出土的西周青铜器

　　镇江市博物馆、丹阳县文物管理委员会：《文物》1980 年第 8 期

盱眙县王庄出土春秋吴国铜匜

　　秦士芝：《文物》1988 年第 9 期

江苏连云港朝阳遗址发掘简报

　　王奇志、朱国平：《东南文化》2004 年第 2 期

连云港境内吴文化遗存初探

　　周锦屏：《东南文化》2003 年第 3 期

宁镇地区大型土墩墓的等级问题

　　吕春华：《东南文化》2000 年第 3 期

江苏邳州九女墩二号墩发掘的主要收获

　　南京博物院：《东方文明之韵——吴文化国际学术研讨会论文集》，岭南美术出版社 2000 年版

江苏省江阴县大松墩土墩墓

　　陈晶、陈丽华：《文物》1983 年第 11 期

江苏高淳出土春秋铜兵器

　　江苏省文物管理委员会：《考古》1966 年第 2 期

江苏高淳县顾陇、永宁土墩墓发掘简报

　　南京博物院：《文物资料丛刊》第6辑，文物出版社1982年版

江苏六合程桥二号东周墓

　　南京博物院：《考古》1974年第2期

江苏六合县和仁东周墓

　　吴山菁：《考古》1977年第5期

南京发现周代铜器

　　李蔚然：《考古》1960年第6期

坛市周代土墩墓

　　南京博物院、考古研究所、镇江市博物馆、常州市博物馆：《考古》2006年第7期

江苏南部"硬陶与釉陶"遗存清理

　　朱江：《考古通讯》1957年第3期

摇城遗址及其出土的印纹陶器

　　张志新：《文博通讯》1982年第3期

江苏南部土墩墓

　　邹厚本：《文物资料丛刊》第6辑，文物出版社1982年版

石室土墩与吴国墓葬

　　张照根：《东方文明之韵——吴文化国际学术研讨会论文集》，岭南美术出版社2000年版

安徽省淮南市蔡家岗赵家孤堆战国墓

　　安徽省文化局文物工作队：《考古》1963年第4期

安徽霍山县出土吴蔡兵器和车马器

　　王步毅：《文物》1986年第3期

河南辉县发现吴王夫差铜剑

　　崔墨林：《文物》1976年第11期

襄阳蔡坡12号M出土吴王夫差剑等文物

　　襄阳首届亦工亦农考古训练班：《文物》1976年第11期

淮阳县平粮台四号墓发掘简报

　　曹桂岑等：《河南文博通讯》1980年第1期

稀世文物"吴王夫差矛"在湖北江陵出土

　　《光明日报》1984 年 1 月 8 日

河南固始侯古堆一号墓发掘简报

　　固始侯古堆一号墓发掘组：《文物》1981 年第 1 期

（三）干越（扬越）

干越考

　　俞静安：《山西师范学院学报》1957 年第 3 期

释干越

　　蒙文通：《越史丛考》，人民出版社 1983 年版

干越的来源和迁徙

　　何光岳：《江西社会科学》1986 年第 1 期

干越的来源和迁徙

　　何光岳：《百越史研究》，贵州人民出版社 1987 年版

干越的来源和迁徙

　　何光岳：《百越源流史》，江西教育出版社 1989 年版

商周干国考

　　宋镇豪：《东南文化》1993 年第 5 期

试论江西古代越族的几个问题

　　刘美崧：《百越民族史论集》，中国社会科学出版社 1982 年版

干越续论——兼论西周至春秋时期江西地区越文化与吴、楚的关系

　　刘美崧：《中南民族学院学报》1986 年增刊

三论干越

　　刘美崧：《江西社会科学》1989 年第 5 期

干越四题

　　刘美崧：《龙虎山崖葬与百越民族文化》，吉林人民出版社 2001 年版

试论干越及与吴越的关系

　　李科友：《国际百越文化研究》，中国社会科学出版社 1994 年版

越、干越与闽越青铜文化

　　徐心希：《追寻中华古文明的踪迹——李学勤先生从事学术活动五

十年纪念文集》，复旦大学出版社 2002 年版

江西贵溪崖墓族属新探——兼对"干越说"质疑

　　张仲淳：《东南文化》1989 年第 1 期

江西贵溪崖墓族属初探——兼对"干越说"质疑

　　张仲淳：《江西历史文物》1983 年第 2 期

论赣东北干越人的生活时空和断发文身习俗

　　周榜师、刘筱蓉：《南方文物》2000 年第 2 期

侗族源于"干越"考

　　龙耀宏：《贵州民族研究》1987 年第 4 期

释"干"——兼证侗族族称族源

　　张民：《贵州民族研究》1990 年第 3 期

由"句吴"说到干国的历史与族属

　　王卫平：《学术月刊》1990 年第 8 期

吴之邗城非干国考辨

　　王冰：《中国历史地理论丛》2009 年第 1 期

吴县望亭·先秦越城初探——兼说古干国干人

　　周国荣：《苏州大学学报》1992 年第 1 期

商周赣境越人对中华文明的贡献

　　刘诗中、张卫东：《百越史研究》，贵州人民出版社 1987 年版

赣鄱地区西周时期古文化的探讨

　　彭适凡：《文物》1990 年第 9 期

"吴头楚尾"辨析——江西地区春秋战国时期归属问题的探讨

　　彭适凡：《江西历史文物》1987 年第 1 期

论扬越、干越和于越族对我国青铜文化的杰出贡献

　　彭适凡：《东南文化》1991 年第 5 期

扬越地域考

　　蒙默：《百越民族史论丛》，广西人民出版社 1985 年版

扬越地望考

　　刘礼堂：《武汉大学学报》1990 年第 3 期

扬越的来源和迁徙

　　何光岳：《湖南民族研究》1985 年第 2 期

扬越民族的分布区域及文化特点

　　　杨权喜:《百越史论集》,云南民族出版社 1989 年版

试论扬越对楚文明的贡献

　　　杨权喜:《百越民族研究》,江西教育出版社 1990 年版

东南扬越之域的开发

　　　陈怀荃:《安徽师范大学学报》(人文社会科学版) 2003 年第 6 期

湘赣两广东周青铜墓与扬越文化的关系

　　　李秀国:《东南文化》1987 年第 2 期

论湖广地区的越文化与扬越的关系——兼与朱建中同志商榷

　　　曹学群:《东南文化》1993 年第 1 期

楚与扬越、夷越、于越的关系

　　　吴永章:《中南民族大学学报》(人文社会科学版) 1986 年第 1 期

扬越即南越而非东越辨

　　　李勃:《民族研究》1995 年第 6 期

"扬州" 实为 "越州"

　　　刘立人:《东南文化》1996 年第 2 期

江西考古的世纪回顾与思考

　　　江西省文物考古研究所:《考古》2000 年第 12 期

湖熟文化与江西万年类型文化——谈吴越文化

　　　李家和、杨巨源、刘诗中:《东南文化》1990 年第 5 期

江西万年仙人洞遗存再研究及中国稻作农业起源新认识

　　　曹柯平:《东南文化》1998 年第 3 期

万年稻作超万年——万年仙人洞遗址稻作考古发现始末

　　　黄常芝:《南方文物》1998 年第 3 期

江西万年县古文化遗址调查记

　　　刘玲、红中:《考古》1960 年第 10 期

1961 年江西万年遗址的调查和墓葬清理

　　　刘玲、陈文华:《考古》1962 年第 4 期

1962 年江西万年新石器遗址墓葬的调查与试掘

　　　郭远谓:《考古》1963 年第 1 期

江西万年类型商文化遗址调查

　　江西省文物工作队等：《东南文化》1989 年第 4、5 期

江西清江吴城商代遗址发掘简报

　　江西省博物馆、清江县博物馆、北京大学考古专业：《文物》1975 年第 7 期

江西樟树吴城商代遗址西城墙解剖的主要收获

　　黄水根、周广明：《南方文物》2003 年第 3 期

吴城文化商品经济简论——为樟树吴城遗址发掘三十周年而作

　　彭明瀚：《南方文物》2003 年第 4 期

吴城出土商代青铜斧与青铜剑

　　黄水根：《南方文物》2004 年第 2 期

吴城商代遗址窑炉的新发现

　　黄水根、申夏：《南方文物》2002 年第 2 期

清江吴城遗址第六次发掘的主要收获

　　周广明、吴诗池、李家和：《江西历史文物》1987 年第 2 期

关于江西吴城文化遗址与文字的初步探索

　　唐兰：《文物》1975 年第 7 期

清江陶文及其所反映的殷代农业和祭祀

　　赵峰：《考古》1976 年第 4 期

南方古代占卜初探——兼谈对吴城陶文的识辨

　　戴敬标：《江西历史文物》1986 年增刊

吴城遗址发现的青铜兵器

　　清江县博物院：《文物》1980 年第 8 期

清江县发现西周甬钟

　　黄冬梅：《江西历史文物》1981 年第 3 期

清江出土的商周青铜器与中原青铜文化关系的探讨

　　黄冬梅：《江西历史文物》1982 年第 2 期

试论清江吴城遗址及其有关问题

　　商志𤔕：《文物集刊》1981 年第 3 集

试论吴城文化

　　李伯谦：《文物集刊》1981 年第 3 集

吴城遗址文化分析

　　李家和:《江西历史文物》1980 年第 4 期

吴城文化渊源蠡测

　　区家发:《南方文物》1994 年第 1 期

吴城文化族属考辨

　　彭适凡:《百越民族史论集》,中国社会科学出版社 1982 年版

吴城文化族属句吴说

　　袁进:《南方文物》1993 年第 2 期

吴城文化与周边诸考古学文化之间的关系

　　彭明瀚:《东方博物》(第 18 辑),浙江大学出版社 2006 年版

吴城商代遗址考古三十年版

　　黄水根:《南方文物》2003 年第 3 期

发现吴城探索吴城——《吴城》报告首发式暨"长江中下游地区早期
文明演进"座谈会实录

　　李政:《南方文物》2006 年第 1 期

鹰潭角山商代窑址试掘简报

　　江西省文物工作队:《江西历史文物》1987 年第 2 期

鹰潭角山陶器符号及其与制陶的关系

　　廖根深:《东南文化》1993 年第 5 期

角山商代记数符号分组研究

　　廖根深:《江西历史文物》1987 年第 2 期

角山刻划符号初步研讨

　　李家和、杨巨源:《江西历史文物》1987 年第 2 期

角山刻符初步探讨

　　李家和、杨巨源:《华夏考古》1990 年第 1 期

鹰潭角山商代记数符号的初步研究——越民族一种五进位制记数法的新
发现

　　廖根深:《百越民族研究》,江西教育出版社 1990 年版

鹰潭角山陶器符号及其与制陶的关系

　　廖根深:《东南文化》1993 年第 5 期

鹰潭角山发现大型商代窑址——中国原始青瓷烧造年代向前推进千余年

　　李荣华、周广明、杨彩娥、赵建华：《南方文物》2001 年第 1 期

关于开发鹰潭"古越族民族文化村"旅游项目的基本构想

　　陈文华：《龙虎山崖葬与百越民族文化》，吉林人民出版社 2001 年版

江西贵溪崖墓发掘简报

　　江西省历史博物馆、贵溪县文化馆：《文物》1980 年第 11 期

江西贵溪崖墓发掘

　　江西省历史博物馆、贵溪县文化馆：《江西历史文物》1980 年第 4 期

贵溪渔塘崖墓群调查简报

　　叶植敏、许智范：《江西历史文物》1980 年第 1 期

贵溪崖墓所反映的武夷山地区古越族的族俗及文化特征

　　刘诗中、许智范、程应林：《文物》1980 年第 11 期

贵溪崖墓所反映的武夷山地区古越族的族俗及文化特征

　　刘诗中、许智范、程应林：《江西历史文物》1980 年第 4 期

江西悬棺葬的分布及贵溪崖葬的有关问题

　　彭适凡、杨凤光、程应林：《江西文物》1991 年第 1 期

贵溪崖墓族属考证

　　门渝生、杨长锡：《江西文物》1991 年第 1 期

中国悬棺升置技术研究

　　陆敬严、程贞一：《江西文物》1991 年第 1 期

关于悬棺升置方法的模型实验研究

　　高申兰、陆敬严：《江西文物》1991 年第 1 期

贵溪悬棺吊装实施过程

　　曲利平：《江西文物》1991 年第 1 期

试论贵溪崖墓的社会性质

　　李科有、程应林：《百越史研究》，贵州人民出版社 1987 年版

贵溪崖墓所反映的社会性质

　　程应林、李科友：《江西历史文物》1985 年第 1 期

五行观念在贵溪崖墓中的反映

　　徐菁：《龙虎山崖葬与百越民族文化》，吉林人民出版社 2001 年版

贵溪崖墓出土的古代乐器

　　李科友：《江西历史文物》1987 年第 1 期

江西贵溪崖墓墓主族属质疑——越人乎？徐人乎？

　　张翊华：《南方文物》1992 年第 2 期

对贵溪崖墓时代的商榷——兼谈越文化有关的问题

　　刘林、李家和：《江西历史文物》1981 年第 1 期

贵溪悬棺葬之我见

　　林华东：《江西历史文物》1981 年第 3 期

从崖墓文物看越族文化

　　许智范：《广西民族研究》1989 年第 2 期

有关赣闽两省悬棺葬的几个问题

　　彭适凡、李放：《民族学研究》第四辑，民族出版社 1982 年版

也谈闽赣川黔地区悬棺葬几个问题的比较研究——兼与林蔚文同志商榷

　　陈明芳：《江西文物》1991 年第 1 期

关于悬棺葬的学术讨论

　　综合报道：《民族学研究》第四辑，民族出版社 1982 年版

江西贵溪崖墓发现一批纺织品和纺织器具

　　程应林、刘诗中：《中国纺织科学技术史资料》第 3 集，北京纺织科学研究所 1981 年版

公元前 5000 年的古筝——贵溪崖墓出土乐器考

　　黄成元：《中国音乐》1987 年第 3 期

贵溪龙虎山崖墓

　　王陵波、谢健根：《江西文物》1991 年第 1 期

龙虎山悬棺研究

　　谢健根：《龙虎山崖葬与百越民族文化》，吉林人民出版社 2001 年版

关于江西龙虎山悬棺葬若干问题的再讨论

　　彭适凡、丁俊屏：《龙虎山崖葬与百越民族文化》，吉林人民出版社 2001 年版

龙虎山发掘利用崖墓文化做活旅游文章的构想

　　李志坚：《龙虎山崖葬与百越民族文化》，吉林人民出版社 2001
年版

江西龙虎山船棺入洞表现参观记

　　陈国强：《龙虎山崖葬与百越民族文化》，吉林人民出版社 2001
年版

仙人城探谜——龙虎山崖墓考察记

　　刘诗中：《南方文物》2000 年第 2 期

贵溪崖墓考古二十年版

　　许智范：《龙虎山崖葬与百越民族文化》，吉林人民出版社 2001
年版

试论新干大洋洲青铜器群的族属及相关问题

　　徐心希：《南方文物》1994 年第 2 期

从新干商墓出土铜钺看钺的历史轨迹

　　徐菁：《南方文物》1992 年第 2 期

新干青铜器群立鹿造型意义探赜

　　周广明：《龙虎山崖葬与百越民族文化》，吉林人民出版社 2001 年

我国商周考古的重大发现开启南方文明史的新篇章——江西新干商墓重
大考古发掘新闻发布会侧记

　　李再华、刘翔：《东南文化》1991 年第 1 期

论江西新干出土的玉羽人

　　杨美莉：《南方文物》1997 年第 1 期

江西地区陶瓷器几何形印纹样综述

　　江西博物馆：《文物集刊》1981 年第 3 集

从江西出土"几何印纹陶"情况谈谈有关问题的看法

　　饶惠元：《文物集刊》1981 年第 3 集

婺源县中云发现商周遗址

　　李家和、刘林：《江西历史文物》1982 年第 4 期

弋阳县发现商周遗址

　　刘国柱：《江西历史文物》1983 年第 4 期

江西青铜文化类型综述

　　李家和、刘诗中、黄水根：《江西历史文物》1986 年增刊

江西先越文化及有关问题

　　曹柯平：《百越史论集》，云南民族出版社 1989 年版

宜春春秋墓族属考

　　陈维荣、李科友：《百越民族研究》，江西教育出版社 1990 年版

上古彭蠡水域民族关系初论

　　刘翔：《东南文化》1993 年第 5 期

江西玉山渎口窑址发掘简报

　　何国良、赖祖龙等：《文物》2007 年第 6 期

江西广丰社山头遗址发掘

　　江西省文物考古研究所等：《东南文化》1993 年第 4 期

上饶县马鞍山西周墓

　　李家和、卢国复、杨巨源：《东南文化》1989 年第 4、5 期

江西上饶县古文化遗址调查

　　卢复国：《东南文化》1991 年第 6 期

弋阳出土独木古舟

　　周依仁：《江西文物》1989 年第 3 期

秦汉之际的余干水

　　舒绍裘：《江西文物》1990 年第 3 期

江西德兴古矿冶遗址初探

　　孙以刚：《江西文物》1990 年第 3 期

铜都德兴越族文化再探

　　孙以刚：《龙虎山崖葬与百越民族文化》，吉林人民出版社 2001 年版

江西永修发现商代青铜铙

　　徐长青：《南方文物》2002 年第 2 期

玉山双明地区考古调查与试掘

　　江西省文物考古研究所等：《南方文物》1994 年第 3 期

赣北地区的古代文明

　　李科友、张人鑫：《南方文物》1995 年第 1 期

赣江流域出土商周铜铙和甬钟概述

　　彭适凡：《南方文物》1998 年第 1 期

论赣鄱地区新石器晚期文化

　　钟礼强：《南方文物》1997 年第 1 期

江西铜鼓出土玉钺

　　王现国：《南方文物》1995 年第 2 期

一件诡秘怪谲的商代神人兽面铜头像

　　彭适凡：《南方文物》1997 年第 1 期

赣北新石器时代文化类型研究

　　徐长青：《南方文物》1998 年第 4 期

试论皖南先秦青铜器

　　卢茂村：《江西文物》1989 年第 2 期

论屯溪西周墓的族属

　　刘玉堂：《楚史论丛》，湖北人民出版社 1986 年版

徐夷与淮夷关系之浅说

　　李国华：《东南文化》1995 年第 1 期

安徽省庐江县出土春秋青铜器——兼谈南淮夷文化

　　马道阔：《东南文化》1990 年第 1、2 期

安徽贵池发现东周青铜器

　　安徽省博物馆：《文物》1980 年第 8 期

安徽广德青铜句鑃初探

　　刘政：《东南文化》1994 年第 1 期

古宣州秦以前文化史略

　　庄增明：《东南文化》1987 年第 2 期

安徽淮河流域早期原始文化略说

　　朔知：《东南文化》1999 年第 5 期

安徽淮河流域西周时期文化试析

　　宫希成：《东南文化》1999 年第 5 期

读徐器铭文札记

　　陈秉新：《东南文化》1995 年第 1 期

安徽繁昌出土一批青铜器

　　安徽省文物工作队：《文物》1982 年第 12 期

安徽郎溪县发现的西周铜鼎

　　宋永祥：《文物》1989 年第 10 期

安徽青阳县龙岗春秋墓的发掘

　　青阳县文物管理所：《考古》1998 年第 2 期

安徽南陵县古铜矿采冶遗址调查与试掘

　　安徽省文物考古研究所、南陵县文物管理所：《考古》2002 年第 2 期

湖南古越族青铜器概论

　　熊传新、吴铭生：《中国考古学会第四次年会论文集》，文物出版社 1985 年版

（四）瓯越（东瓯）

瓯越源流新探

　　王志邦、黄佩芳：《丽水师专学报》1986 年第 1 期

瓯越源流考辨

　　王文清：《瓯文化论集》，浙江人民出版社 2009 年版

瓯越文化探源

　　蔡克骄：《温州师范学院学报》1997 年第 2 期

东瓯文化源流考

　　周琦：《台州文化学刊》2007 年第 3 期

先秦时期东瓯文化初探

　　黄舟松：《瓯文化论集》，浙江人民出版社 2009 年版

瓯、东瓯、瓯越考辨

　　胡珠生：《瓯文化论集》，浙江人民出版社 2009 年版

"瓯"义新释

　　蔡克骄：《温州探索》1997 年第 1 期

"瓯"之笺注

　　林华东：《瓯文化论集》，浙江人民出版社 2009 年版

释"欧""瓯""沤"

　　张民:《贵州民族研究》1992 年第 2 期

东瓯族属考察

　　辛土成、陈缎治:《瓯文化论集》,浙江人民出版社 2009 年版

瓯越人和东瓯国

　　杨成鉴:《宁波大学学报》1998 年第 2 期

瓯、瓯人和瓯越初考

　　胡雪冈:《温州师范学院学报》1997 年第 5 期

瓯越文化诸问题新解

　　蔡克骄:《越文化实勘研究论文集》,中华书局 2005 年版

瓯越文化诸问题新解

　　蔡克骄:《2002 年绍兴越文化国际学术研讨会论文集》,浙江古籍出版社 2006 年版

试论瓯越文化的内涵与特征

　　陈中权:《温州论坛》2001 年第 5 期

东瓯歧海文化初探

　　陈顺利、符艺楠:《龙虎山崖葬与百越民族文化》,吉林人民出版社 2001 年版

东瓯沿革史初探

　　严振非:《台州文化学刊》2007 年第 3 期

东瓯沿革史初探

　　严振非:《瓯文化论集》,浙江人民出版社 2009 年版

先秦瓯族史初探

　　黄舟松:《东方博物》(第 22 辑),浙江大学出版社 2007 年版

东瓯王国古史初探

　　金祖明:《东瓯国研究》,中华书局 2005 年版

东海王国古史初探

　　金祖明:《台州文化学刊》2007 年第 3 期

关于东瓯古史的几个问题

　　胡珠生:《浙江学刊》1988 年第 5 期

东瓯族三大学术悬案的历史考察

　　蒋炳钊:《瓯文化论集》,浙江人民出版社 2009 年版

古代"东瓯国"杂考五题

　　钱志熙:《绍兴文理学院学报》2009 年第 5 期

东瓯古史探索二题

　　胡牧:《温州探索》1993 年第 2 期

东瓯沿海文化三题

　　符艺楠、陈顺利:《东南文化》1999 年第 5 期

东瓯国疆域与人口

　　胡牧:《东瓯国研究》,中华书局 2005 年版

东瓯国疆域北界考

　　徐三见:《东南文化》1990 年第 5 期

东瓯都城考

　　周琦:《瓯文化论集》,浙江人民出版社 2009 年版

东瓯故都所在地问题

　　黄展岳:《瓯文化论集》,浙江人民出版社 2009 年版

东瓯国都城在温州瓯浦

　　徐顺平:《温州探索》1999 年第 4 期

历史上东瓯王都城应不只一处

　　林成行:《瓯文化论集》,浙江人民出版社 2009 年版

东瓯国都地望初探

　　林华东:《瓯文化论集》,浙江人民出版社 2009 年版

关于东海王国故址

　　金祖明:《台州史学》1981 年第 6 期

东瓯立国地究竟在哪里——省文物考古所宣布初步确定东瓯王城在温岭大溪

　　陈忠:《温州都市报》2006 年 12 月 17 日

探寻瓯文化千古之谜

　　高启新:《温州日报》2007 年 11 月 17 日

瓯为何物? 居在何方? ——专家话说"瓯居海中"

　　蔡榆:《温州日报》2007 年 11 月 21 日

关于东瓯的建都与内迁

　　王克旺、雷耀铨、吕锡生：《百越民族史论丛》，广西人民出版社1985年版

关于东瓯的建都与内迁

　　王克旺、雷耀铨、吕锡生：《杭州师范学院学报》1982年第1期

温州：东瓯王都——与王克旺、雷耀铨、吕锡生三同志商榷

　　吴思强：《温州师范学院学报》1982年第2期

东瓯西迁之议

　　陈为：《东南文化》1986年第2期

东瓯的族群迁徙与融合过程述论

　　林亦修：《贵州民族研究》2005年第2期

瓯族分布与百越族分布的重合

　　蔡克骄：《温州师范学院学报》2005年第3期

试论瓯人文化的越化和汉化

　　林亦修：《温州师范学院学报》2005年第4期

瓯越与百越及其他

　　胡雪冈：《温州师范学院学报》2005年第6期

论西瓯和东越

　　石钟健：《民族史论文选》（下册），中央民族学院出版社1986年版

闽越、东瓯政治关系考

　　林忠干：《瓯文化论集》，浙江人民出版社2009年版

略论东瓯和西瓯之文化关系

　　何英德：《瓯文化论集》，浙江人民出版社2009年版

于越与瓯越关系初探

　　孟文镛：《瓯文化论集》，浙江人民出版社2009年版

论闽越与东瓯的关系

　　梅华全：《瓯文化论集》，浙江人民出版社2009年版

东瓯与闽越考古学文化的关系

　　佟珊：《瓯文化论集》，浙江人民出版社2009年版

东瓯与西瓯比较断论

　　徐杰舜、徐桂兰：《瓯文化论集》，浙江人民出版社 2009 年版

瓯越、安家民与台湾世居少数民族比较研究

　　张崇根：《瓯文化论集》，浙江人民出版社 2009 年版

东南地区的铜鼓

　　蒋廷瑜：《瓯文化论集》，浙江人民出版社 2009 年版

欧发考——以秦汉之际庐山地区为中心

　　吴之村：《瓯文化论集》，浙江人民出版社 2009 年版

初揭东瓯王国的帷幕

　　胡珠生：《温州探索》1988 年第 1 期

东瓯王考略

　　胡雪冈：《温州方志通讯》1994 年第 1 期

读《史记·东越列传》

　　马骏鹰：《北京广播电视大学学报》2004 年第 1 期

"瓯居海中"考

　　梁岩华：《东方博物》（第 21 辑），浙江大学出版社 2006 年版

古城与徐偃王

　　董楚平：《东瓯国研究》，中华书局 2005 年版

东瓯王子晋神仙信仰初探

　　许尚枢：《台州文化学刊》2007 年第 3 期

浙东南首县章安考

　　徐三见：《台州文化学刊》2007 年第 3 期

浙东南首县章安考

　　徐三见：《瓯文化论集》，浙江人民出版社 2009 年版

温州史前文化初探

　　徐定水：《东南文化》1994 年第 4 期

浙南早期古文化时空结构的初步分析

　　曹峻、吴洁：《瓯文化论集》，浙江人民出版社 2009 年版

首届瓯文化学术研讨会综述

　　林华东：《瓯文化论集》，浙江人民出版社 2009 年版

台州东瓯文化研究述评

　　丁式贤：《台州文化学刊》2007 年第 3 期

温岭大溪又发现汉东瓯国上层贵族大墓

　　陈元甫、黄昊德、郎剑锋、张淑凝、叶艳丽：《中国文物报》2007年 1 月 5 日

浙江温岭市塘山西汉东瓯贵族墓

　　浙江省文物考古研究所、温岭市文化广电新闻出版局：《考古》2007 年第 11 期

浙江温岭塘山发现西汉东瓯国墓葬

　　浙江省文物考古研究所、温岭市文化广电新闻出版局：《东南文化》2007 年第 3 期

温岭大溪东瓯贵族汉墓发掘报告

　　陈元甫、黄昊德、郎剑锋、张淑凝、叶艳丽：《台州文化学刊》2007 年第 3 期

温岭东瓯国城址与贵族大墓的调查与发掘

　　陈元甫：《瓯文化论集》，浙江人民出版社 2009 年版

温岭大溪（东瓯）古城遗址考古试掘报告

　　田正标：《台州文化学刊》2007 年第 3 期

温岭大溪古城考古发掘

　　田正标：《东瓯国研究》，中华书局 2005 年版

温岭塘山东瓯国贵族墓

　　陈元甫：《浙江考古新纪元》，科学出版社 2009 年版

温岭大溪古城的调查与试掘

　　田正标、陈元甫、徐军：《浙江考古新纪元》，科学出版社 2009年版

浙江南部先秦文化遗存浅析

　　王海明：《纪念浙江省文物考古研究所建所二十周年论文集》，西泠印社出版社 1999 年版

永嘉出土青铜器简介

　　徐定水：《文物》1980 年第 8 期

浙江温州瓯海西周土墩墓出土青铜礼器和青铜兵器

　　陈元甫、蔡钢铁、梁岩华、施诚哲：《中国文物报》2003 年 10 月 31 日

浙江瓯海杨府山西周土墩墓发掘简报

　　吴学功、李永嘉等：《文物》2007 年第 11 期

温州瓯海杨府山西周土墩墓

　　陈元甫：《浙江考古新纪元》，科学出版社 2009 年版

东瓯文明的曙光——温州穗丰西周大墓发现始末

　　高启新：《收藏家》2007 年第 8 期

浙江瑞安凤凰山周墓清理简报

　　俞天舒：《考古》1987 年第 8 期

浙江乐清古文化遗址发掘简报

　　徐定水、金福来：《考古》1992 年第 9 期

浙江苍南县埔坪乡发现一座商代土墩墓

　　王同军：《考古》1992 年第 8 期

温州地区古窑址调查纪略

　　金祖明：《文物》1965 年第 11 期

中国黑瓷创烧时代及地点新说

　　俞天舒：《东南文化》1989 年第 6 期

浙江石棚墓研究

　　陈元甫：《东南文化》2003 年第 11 期

瑞安石棚墓初探

　　俞天舒：《东南文化》1994 年第 5 期

浙江瑞安、东阳支石墓的调查

　　安志敏：《考古》1995 年第 7 期

浙南石棚墓葬研究

　　金柏东：《东南文化》2002 年第 5 期

中、韩石柱式支石墓（石棚墓）的比较研究

　　［韩］林永珍：《瓯文化论集》，浙江人民出版社 2009 年版

（五）闽越

闽越史几个问题的探讨

　　蒋炳钊：《中南民族学院学报》1986 年增刊

东越历史初探

　　蒋炳钊：《百越民族史论集》，中国社会科学出版社 1982 年版

东南越探源

　　林蔚文：《中南民族学院学报》1986 年增刊

论闽越文化的形成与发展

　　梅华全：《越文化实勘研究论文集》，中华书局 2005 年版

闽越文化初探

　　何绵山：《漳州师范学院学报》2002 年第 2 期

关于福建古代闽越族问题的若干探讨

　　林祥瑞：《福建师大学报》1981 年第 4 期

福建先秦史研究若干问题

　　欧潭生：《闽豫考古集》，海潮摄影艺术出版社 2002 年版

闽越文化的几个问题——兼论武夷山汉城不是闽越王城

　　欧潭生：《闽豫考古集》，海潮摄影艺术出版社 2002 年版

秦汉时代闽越文化的历史特征

　　陈龙：《闽越考古研究》，厦门大学出版社 1993 年版

论闽中文化

　　胡适之、顾颉刚：《民铎杂志》第 4 卷第 5 期，1923 年

福建几种特异的民族

　　翁国梁：《民俗》1929 年第 80 期

福建人种的由来及初期文化之发展

　　田剑光：《福建文化》第 1 卷第 5 期，1932 年

由历史上观察福建人的性质

　　杨易园：《福建文化》第 1 卷第 6 期，1932 年

福建省内几种特殊民族的研究

　　沈骥：《福建文化》第 2 卷第 11 期，1933 年

古闽地考

　　叶国庆：《燕京学报》1934 年第 15 期

自福建歌谣中找出福建原始民族之社会制度情况试探

　　张增龄：《福建文化》第 3 卷第 17 期，1935 年

福建之民族与地势

　　郭毓鳞：《福建文化》第 3 卷第 19 期，1935 年

冶不在今福州市辨

　　叶国庆：《禹贡》第 6 卷第 2 期，1936 年

福建畲姓考

　　傅衣凌：《福建文化》第 2 卷第 1 期，1944 年

闽人蛇种及福建非闽文辩证

　　陈文涛：《福建文化》第 2 卷第 1 期，1944 年

福建民族之由来

　　林惠祥：《福建生活》1946 年第一辑

闽北越王遗迹考

　　谢道芬：《福建文化》第 3 卷第 3、4 期，1948 年

闽中疆域考

　　李祖弼：《厦门大学学报》1980 年第 1 期

对闽中郡治及冶都冶县地望的一些看法

　　蒋炳钊：《厦门大学学报》1981 年第 3 期

论闽族和闽方国

　　卢美松：《南方文物》2001 年第 2 期

福建无"闽族"，也无"闽方国"辨

　　林汀水：《百越文化研究》，厦门大学出版社 2005 年版

浅谈闽族、闽地和闽都

　　张春生：《南方文物》2003 年第 1 期

闽越的建国及北迁

　　朱维干、陈元煦：《百越民族史论集》，中国社会科学出版社 1982
年版

闽越王国和西汉朝廷关系述评

　　邱大为：《武夷山与古越文化》，社会科学文献出版社 2002 年版

闽越国的败亡

毕英春、汤宜庄:《武夷山与古越文化》,社会科学文献出版社 2002 年版

福建闽越遗存的初步考察

王振镛:《闽越考古研究》,厦门大学出版社 1993 年版

近十年来闽越国遗存的考古新发现

杨琮:《百越文化研究》,厦门大学出版社 2005 年版

从考古学文化交流层次看闽越文化

吴小平:《百越文化研究》,厦门大学出版社 2005 年版

试论闽族及其考古学文化

欧潭生、卢美松:《江西文物》1991 年第 1 期

试论闽族及其考古学文化

欧潭生:《闽豫考古集》,海潮摄影艺术出版社 2002 年版

先秦闽族及其考古学文化

欧潭生、卢美松:《闽越考古研究》,厦门大学出版社 1993 年版

闽非闽越——试论闽族及其考古学文化

欧潭生:《越文化实勘研究论文集》,中华书局 2005 年版

闽越与南越考古学文化的比较研究

梅华全:《南方文物》1992 年第 2 期

陶鼓、牙璋与闽越文化的源头

徐心希:《百越文化研究》,厦门大学出版社 2005 年版

论西汉东、南两越考古学文化的关系

杨琮:《东南文化》1990 年第 5 期

从考古发现看秦汉闽越族文化的历史特点

林忠干:《东南文化》1987 年第 2 期

"武夷"名实考

吴之:《东南文化》1996 年第 3 期

闽越冶城地望的新证据

吴春明:《民族研究》1998 年第 4 期

闽越冶都汉冶县治所问题

黄展岳:《冶城历史与福州城市考古论文集》,海风出版社 1999

年版

汉闽越王无诸治都考

　　魏嵩山：《厦门大学学报》1980 年第 3 期

闽越王无诸的冶城在福州新店

　　欧谭生：《南方文物》1998 年第 3 期

开闽第一君王骓无诸

　　陈春惠：《南方文物》1998 年第 3 期

略论福州发现的闽越国遗址

　　黄荣春：《百越文化研究》，厦门大学出版社 2005 年版

西汉闽越国军事初探

　　杨琮：《越文化实勘研究论文集》，中华书局 2005 年版

福建青铜时代社会经济研究

　　陈龙：《福建文博》1996 年第 1 期

论西汉闽越国的社会经济

　　杨琮：《闽越考古研究》，厦门大学出版社 1993 年版

越、干越与闽越青铜文化

　　徐心希：《追寻中华古文明的踪迹——李学勤先生从事学术活动五十年纪念文集》，复旦大学出版社 2002 年版

闽越青铜文化特点及相关问题研究

　　徐心希：《福建师范大学学报》2001 年第 4 期

从"铜钿壳币"谈起——试探福建古代货币的演进变革

　　黄庆卫、李琼霖：《福建钱币》第 2 期

闽越国出土铁农具初步考察

　　黄展岳：《武夷山与古越文化》，社会科学文献出版社 2002 年版

从古代铁制农具谈起

　　陈相伟：《武夷山与古越文化》，社会科学文献出版社 2002 年版

汉代闽越族的制陶文化

　　梅华全：《越文化实勘研究论文集》（二），科学出版社 2008 年版

闽江下游早期几何印纹陶遗存

　　吴绵吉：《东南文化》1990 年第 3 期

论古越族在现代汉语闽方言中的投影

　　严学窘：《中南民族学院学报》1983 年第 1 期

论闽越海洋人文的传承与变异——关于现代惠东人文的历史故事

　　蓝达居、林元平：《龙虎山崖葬与百越民族文化》，吉林人民出版
社 2001 年版

关于闽越族行从妻居婚俗的质疑

　　石奕龙：《龙虎山崖葬与百越民族文化》，吉林人民出版社 2001
年版

闽江流域蛇神形态、性质和分布的流变

　　王逍、郭志超：《百越文化研究》，厦门大学出版社 2005 年版

闽越原始宗教文化的再探讨

　　黄明珍：《百越文化研究》，厦门大学出版社 2005 年版

先秦时代闽越人的两种取食方式

　　石奕龙、董建辉：《百越文化研究》，厦门大学出版社 2005 年版

闽越与南越考古学文化的比较研究

　　梅华全：《闽越考古研究》，厦门大学出版社 1993 年版

闽越国文化与南越国文化有惊人相似之处

　　史文政、郑国象：《武夷山与古越文化》，社会科学文献出版社
2002 年版

关于福州水上居民的名称、来源、特征以及是否少数民族等问题的讨论

　　陈碧笙：《厦门大学学报》1954 年第 1 期

试释福建水上蛋民（白水郎）的历史来源

　　韩振华：《厦门大学学报》1954 年第 5 期

福建的古民族——"木客"试探

　　陈国强：《厦门大学学报》1963 年第 2 期

闽江流域先秦两汉文化的初步研究

　　吴春明：《考古学报》1995 年第 2 期

福建文化在琉球的传播与影响

　　谢必震：《东南文化》1996 年第 4 期

闽越、南越和夷州的比较研究

　　黄展岳：《福建文博》1990 年增刊

论闽越与东瓯的关系

　　梅华全：《瓯文化论集》，浙江人民出版社 2009 年版

福建崇安城村汉城遗址试掘

　　福建省文物管理委员会：《考古》1960 年第 10 期

福建崇安城村汉城遗址试掘

　　福建省文物管理委员会：《闽越考古研究》，厦门大学出版社 1993
年版

福建崇安城村汉城遗址的时代推测

　　陈直：《考古》1961 年第 4 期

福建崇安城村汉代遗址时代的推测

　　陈直：《闽越考古研究》，厦门大学出版社 1993 年版

崇安城村汉城探掘简报

　　福建省博物馆：《文物》1985 年第 11 期

崇安城村汉城探掘简报

　　福建省博物馆：《闽越考古研究》，厦门大学出版社 1993 年版

崇安汉城北岗一号建筑遗址

　　福建省博物馆：《考古学报》1990 年第 3 期

武夷山城村汉代闽越故城考古新发现

　　城村汉城考古队：《闽越考古研究》，厦门大学出版社 1993 年版

1996 年武夷山汉代城址考古探掘新收获

　　杨琮：《福建文博》1997 年第 1 期

关于福建崇安汉城的性质和时代的探讨

　　蒋炳钊：《厦门大学学报》1978 年第 2、3 期

关于福建崇安汉城的性质和时代的探讨

　　蒋炳钊：《闽越考古研究》，厦门大学出版社 1993 年版

崇安城村故城的年代和性质研究

　　杨琮：《闽越考古研究》，厦门大学出版社 1993 年版

崇安汉城遗址年代和性质初探

　　林忠干：《闽越考古研究》，厦门大学出版社 1993 年版

西汉闽越冶都考证

　　林蔚文：《闽越考古研究》，厦门大学出版社 1993 年版

崇安汉城确是闽越王都

    徐心希:《闽越考古研究》, 厦门大学出版社 1993 年版

从陶器谈城村汉城考古诸问题

    陈子文:《闽越考古研究》, 厦门大学出版社 1993 年版

福建崇安城村古城遗址出土文字及考释

    杨琮:《东南文化》1993 年第 1 期

回眸来路佳绩　展望前景辉煌——对闽越王城考古的旁白

    王学理:《武夷山与古越文化》, 社会科学文献出版社 2002 年版

西汉闽越王城遗址在武夷山

    石彦陶:《武夷山与古越文化》, 社会科学文献出版社 2002 年版

对武夷山城村汉城的初识

    韩保全:《武夷山与古越文化》, 社会科学文献出版社 2002 年版

对武夷山闽越王城遗址布局的进一步探查和认识

    杨琮:《武夷山与古越文化》, 社会科学文献出版社 2002 年版

江南汉代考古第一城——福建闽越王城考古发现意义

    魏京武:《武夷山与古越文化》, 社会科学文献出版社 2002 年版

解读"汉闽越王城"

    胡一华:《武夷山与古越文化》, 社会科学文献出版社 2002 年版

参观武夷山闽越古城的一点感触

    夏遇南:《武夷山与古越文化》, 社会科学文献出版社 2002 年版

武夷山独特资源遗址解活文脉——古闽越汉城旅游景区构建之设想

    卢善庆:《武夷山与古越文化》, 社会科学文献出版社 2002 年版

古汉城探幽

    张建光:《武夷山与古越文化》, 社会科学文献出版社 2002 年版

深入挖掘闽越文化再现闽越古城风采——浅谈闽越王城保护、开发、利用

    石子镜、梁树邦:《武夷山与古越文化》, 社会科学文献出版社 2002 年版

走入中国的"庞贝城"——武夷山闽越王城遗址一览

    石子镜:《武夷山与古越文化》, 社会科学文献出版社 2002 年版

武夷山历史文化与建筑

　　郑中禄：《武夷山与古越文化》，社会科学文献出版社 2002 年版

古越传说与武夷山道教的发展

　　方留章：《武夷山与古越文化》，社会科学文献出版社 2002 年版

从武夷山悬棺葬看闽越文化渊源

　　陈存洗：《闽越考古研究》，厦门大学出版社 1993 年版

武夷山崖居与华南——土著早期聚落形态

　　佟珊：《越文化实勘研究论文集》（二），科学出版社 2008 年版

从武夷山悬棺葬探讨越族文化

　　林蔚文：《百越民族史论集》，中国社会科学出版社 1982 年版

武夷山悬棺葬遗存再研究

　　林忠干：《东南文化》1990 年第 3 期

福建武夷山船棺若干问题探讨

　　林蔚文：《江西文物》1989 年第 3 期

武夷山地区悬棺葬制族属考

　　彭适凡：《江西历史文物》1981 年第 4 期

再论武夷山崖洞墓的一些问题

　　蒋炳钊：《龙虎山崖葬与百越民族文化》，吉林人民出版社 2001 年版

武夷九曲越人崖葬的遗存和方式在汉文化中的变异

　　郭志超、连心豪：《龙虎山崖葬与百越民族文化》，吉林人民出版社 2001 年版

武夷山西南隅“木客”越人悬棺葬管窥

　　郭志超、董建辉：《龙虎山崖葬与百越民族文化》，吉林人民出版社 2001 年版

武夷山地区悬棺葬的区域特征

　　陈存洗：《武夷山与古越文化》，社会科学文献出版社 2002 年版

关于武夷山船棺葬的调查和初步研究

　　曾凡、杨启成、付尚节：《文物》1980 年第 6 期

福建崇安武夷山白岩崖洞墓清理简报

　　福建省博物馆、崇安县文化馆：《福建文博》1980 年第 2 期

福建崇安武夷山架壑葬制初探

  邓少琴：《福建文博》1980 年第 2 期

试论武夷山悬棺的有关问题——武夷君是谁和武夷山悬棺葬的开始年代

  石钟健：《福建文博》1980 年第 2 期

略谈福建武夷山"架壑船棺"的民族

  陈国强：《福建文博》1980 年第 2 期

关于福建崇安武夷山二号船棺的年代和族属问题的探讨

  蒋炳钊：《福建文博》1980 年第 2 期

武夷山船棺的族属与时代的探讨

  庄文山：《福建文博》1980 年第 2 期

福建崇安县架壑船棺调查简报

  福建省崇安县文化馆、厦门大学历史系考古专业：《厦门大学学报》1978 年第 4 期

略谈福建崇安武夷山的架壑船棺

  蒋炳钊：《厦门大学学报》1978 年第 4 期

关于武夷山"架壑船棺"若干问题的探讨

  辛土成：《厦门大学学报》1978 年第 4 期

从崖葬资料谈武夷山地区古越人的社会习俗

  刘诗中：《江西历史文物》1981 年第 3 期

武夷山地区悬棺葬年代及其族属考

  彭适凡：《江西师范大学学报》1988 年第 2 期

武夷山悬棺葬年代及族属试探

  林忠干、梅华全：《民族学研究》第四辑，民族出版社 1982 年版

论武夷山悬棺葬的有关问题

  石钟健：《思想战线》1981 年第 1 期

福建华安汰溪摩崖图像文字初研

  刘蕙孙：《福建文博》1982 年第 2 期

关于福建华安仙字潭岩刻相关问题的探讨

  郑国珍：《百越文化研究》，厦门大学出版社 2005 年版

福建少数民族的摩崖文字

  弘礼：《考古》1960 年第 6 期

华安汰内仙字潭摩崖的调查

　　福建省博物馆：《文物参考资料》1958 年第 11 期

古代七闽的摩崖文字

　　朱维干：《福建文博》1984 年第 1 期

福建古代闽族的摩崖文字

　　弘礼：《文物》1960 年第 6 期

福建华安仙字潭石刻新解

　　黄仲琴、盖山林：《美术史论》1986 年第 1 期

福建华安仙字潭岩画新考

　　欧潭生：《闽豫考古集》，海潮摄影艺术出版社 2002 年版

福建考古的回顾与思考

　　福建博物院：《考古》2003 年第 12 期

福建考古工作概况

　　福建省文物管理委员会：《考古》1959 年第 11 期

福建史前文化遗存的探讨

　　曾凡：《考古学报》1980 年第 3 期

福建新石器时代几个问题的初步探讨

　　福建新石器时代编写组：《厦门大学学报》1961 年第 1 期

闽侯溪头新石器时代遗址的第二次发掘

　　王振镛、林公务、林聿亮：《福建文博》1983 年第 1 期

闽南新石器时代遗址的调查

　　福建省文物管理委员会：《考古》1961 年第 5 期

福建崇安新石器时代遗址调查

　　福建省文物管理委员会：《考古》1959 年第 10 期

福建长汀河田新石器时代遗址的调查

　　厦门大学人类博物馆：《考古学报》1957 年第 1 期

福建长汀县河田区新石器时代遗址

　　林惠祥：《厦门大学学报》1957 年第 1 期

闽侯庄边山新石器时代遗址试掘简报

　　福建省文管会：《考古》1961 年第 1 期

浦城党溪牛鼻山新石器时代遗址的发掘

　　林聿亮、郑辉:《福建文博》1990 年第 1 期

福建武平县新石器时代遗址

　　林惠祥:《厦门大学学报》1956 年第 4 期

闽侯昙石山遗址第六次发掘报告

　　福建省博物馆:《考古学报》1976 年第 1 期

略论昙石山文化内涵

　　钟礼强:《江西文物》1991 年第 1 期

先秦闽族文化新论——从昙石山文化看黄帝时代的东南方文明

　　欧潭生、卢美松:《南方文物》1997 年第 1 期

先秦闽族文化新论——从昙石山文化看黄帝时代的东南文明

　　欧潭生:《闽豫考古集》,海潮摄影艺术出版社 2002 年版

试论昙石山的文化性质及其文化命名

　　吴绵吉:《厦门大学学报》1979 年第 2 期

昙石山遗址的分期和年代

　　吴绵吉:《文物集刊》第 3 集,文物出版社 1981 年版

闽侯昙石山遗址发掘新收获

　　陈存洗、陈龙:《福建文博》1983 年第 1 期

闽侯庄边山遗址 1982 年、1983 年考古发掘简报

　　福建省博物馆:《福建文博》1984 年第 2 期

云霄县尖子山贝丘遗址

　　郑辉:《福建文博》1988 年第 1 期

福建东山县大帽山贝丘遗址的发掘

　　福建博物院、美国哈佛大学人类学系:《考古》2003 年第 12 期

福建东山县大帽山新石器时代贝丘遗址

　　徐起浩:《考古》1988 年第 2 期

金门富国墩贝冢遗址

　　林朝启:台湾大学《考古人类学刊》第 33—34 期

福建金门金龟山与浦边史前遗址

　　陈仲玉:《东南考古研究》(第 2 辑),厦门大学出版社 1999 年版

谈马祖炽坪陇史前遗址的文化

　　陈仲玉：《百越文化研究》，厦门大学出版社 2005 年版

霞浦黄瓜山遗址调查报告

　　福建省博物馆：《福建文博》1989 年第 1、2 期

南平樟湖宝峰山遗址发掘报告

　　福建省博物馆、南平市博物馆：《福建文博》1991 年第 1、2 期

邵武斗米山遗址发掘报告

　　福建省博物馆：《福建文博》2001 年第 2 期

福建南靖狗头山遗址发掘

　　福建博物院、漳州市文管办：《福建文博》2003 年第 1 期

仙游鸡子城遗址调查报告

　　福建博物院：《福建文博》2004 年第 1 期

福州闽侯黄土仑遗址发掘简报

　　福建省博物馆：《东南文化》1994 年第 4 期

福建浦城石排下遗址试掘

　　福建省博物馆：《考古》1986 年第 12 期

福建平潭壳丘头遗址发掘简报

　　福建省博物馆：《考古》1991 年第 7 期

1992 年福建平潭岛考古调查新收获

　　厦门大学考古专业等：《考古》1995 年第 7 期

福建建阳市山林仔遗址的发掘

　　福建省博物馆等：《考古》2002 年第 3 期

福建省光泽县古遗址古墓葬的调查和清理

　　福建省博物馆等：《考古》1985 年第 12 期

漳州松柏商代墓葬

　　福建博物院、漳州市文管办：《福建文博》2003 年第 1 期

福建漳州市虎林山商代遗址发掘简报

　　福建博物院、漳州市文管办、漳州市博物馆：《考古》2003 年第
12 期

福建建阳山林仔西周遗址调查

　　谢道华：《东南文化》1994 年第 5 期

福建浦城县管九村土墩墓群

　　福建博物院、福建闽越王城博物馆：《考古》2007 年第 7 期

南平市闽越遗存调查

　　福建闽越王城博物馆：《福建文博》2004 年第 1 期

福建建瓯县发现一件西周铜甬钟

　　张家：《文物》1996 年第 2 期

福建福州市新店古城发掘简报

　　欧潭生：《闽豫考古集》，海潮摄影艺术出版社 2002 年版

福建武夷山市城村西汉窑址发掘简报

　　福建博物院、福建闽越王城博物馆：《考古》2003 年第 12 期

福建南安大盈出土青铜器

　　庄锦清、林华东：《考古》1977 年第 3 期

福建地区几何印纹陶分期初探

　　庄锦清：《文物集刊》第 3 集，文物出版社 1981 年版

闽江下游印纹陶遗存的初步分析

　　王振镛、林公务：《文物集刊》第 3 集，文物出版社 1981 年版

试论黄土崙印纹陶的时代和地方特色

　　陈龙、林忠干：《文物集刊》第 3 集，文物出版社 1981 年版

（六）南越

南越族先秦史初探

　　徐恒彬：《百越民族史论集》，中国社会科学出版社 1982 年版

百越族属中几个问题的探讨——兼论南越及其来源

　　蒋炳钊：《百越史研究》，贵州人民出版社 1987 年版

广东民族概论

　　罗香林：《民俗》1929 年第 63 期

广东民族源流考

　　朱希三：《粤风》第 3 卷第 1、2 期，1936 年

粤东初民考

　　谭其骧：《禹贡》第 7 卷第 1、2 期，1937 年

粤省民族考

　　钟独佛：《国立中山大学文史研究所月刊》第 1 卷第 2 期，1933 年

华南的古代民族

　　汗漫生译：《新亚细亚》第 4 卷第 1 期，1932 年

关于华南民族通讯

　　黄仲琴、罗雅达、陈汉际：《国立中山大学文史研究所月刊》第 2
卷第 1 期，1933 年

广东通志民族略族系考

　　罗香林：《国立中山大学文史研究所月刊》第 2 卷第 2 期，1933 年

广东民族的构成及其性质

　　关绿茵：《文史荟刊》1959 年第 1 辑

广东几何印纹陶饰演变初步认识

　　徐恒彬：《文物集刊》第 3 集，文物出版社 1981 年版

谈谈马坝遗址的几何印纹陶

　　朱非素、彭如策、刘成德：《文物集刊》第 3 集，文物出版社 1981
年版

广东先秦社会初探——兼论 38 座随葬青铜器墓葬的年代与墓主人问题

　　区家发：《东南文化》1991 年第 1 期

广东先秦社会初探——兼论 38 座随葬青铜器墓葬的年代与墓主人问题

　　区家发：《国际百越文化研究》，中国社会科学出版社 1994 年版

从考古发现看广东早期农业生产

　　蔡奕芝：《南方文物》1998 年第 2 期

论两广出土的先秦青铜器

　　黄展岳：《考古学报》1986 年第 4 期

试论两广先秦青铜文化的来源

　　李龙章：《南方文物》1994 年第 1 期

岭南青铜冶铸业与相关问题探索

　　杨豪：《东南文化》1993 年第 4 期

岭南先秦青铜文化考辨

　　杨式挺：《岭南文物考古论集》，广东省地图出版社 1998 年版

论广东青铜时代的三个基本问题

吴曾德、叶杨：《东南文化》1993 年第 4 期

再论岭南先秦青铜器文化遗存的年代与分期——兼评《论广东青铜时代的三个基本问题》

杨式挺：《岭南文物考古论集》，广东省地图出版社 1998 年版

对粤港地区青铜文化几个问题的探讨

邱立诚：《广东省博物馆集刊》（1999），广东人民出版社 1999 年版

岭南地区青铜文化

邱立诚、杨式挺：《西江大学学报》1998 年第 4 期

略论广东青铜时代的几个问题

杨式挺：《越文化实勘研究论文集》（二），科学出版社 2008 年版

略论广东东周时期的青铜文化及其与几何印纹陶的关系

何纪生：《文物集刊》1981 年第 3 集

广东清远发现周代青铜器

广东省文管会：《考古》1963 年第 2 期

浅谈青铜人首柱形器及其用途

黄静：《广东省博物馆集刊》（1996），广东人民出版社 1997 年版

广东罗定出土一批战国铜器

广东省博物馆：《考古》1983 年第 1 期

馆藏青铜器若干问题的探讨

林亚兴：《广东省博物馆集刊》（1999），广东人民出版社 1999 年版

关于岭南地区何时开始铸造青铜器的再讨论

李伯谦：《考古》2008 年第 8 期

南越建国前岭南方国社会的萌芽

程玲：《中国柯桥·越国文化高峰论坛文集》，浙江人民出版社 2011 年版

东夷、楚与南越文化关系

刘付靖：《广西民族研究》1999 年第 1 期

从南越王墓出土文物看楚国科学技术对南越国的影响

　　　后德俊：《南越国史迹研讨会论文选集》，文物出版社 2005 年版

南越国时期汉越文化的并存与融合

　　　刘晓敏：《东南文化》1999 年第 1 期

"开棺"定论——从"文帝行玺"看汉越关系

　　　刘敏：《南越国史迹研讨会论文选集》，文物出版社 2005 年版

论古代南越与中原的关系

　　　廖国一：《广西师范大学学报》2000 年第 4 期

论西汉王朝与南越国的关系

　　　黄庆昌：《南方文物》2003 年第 3 期

西汉武帝征南越与汉族入琼

　　　黎雄峰：《海南师范学院学报》2004 年第 6 期

南越国的内外关系及其政策

　　　方铁：《文山高等师范专科学校学报》2006 年第 6 期

汉朝治理南越国模式探源

　　　张荣芳：《南越国史迹研讨会论文选集》，文物出版社 2005 年版

南越国非汉之诸侯国论

　　　刘瑞：《南越国史迹研讨会论文选集》，文物出版社 2005 年版

广西汉墓的发掘与南越国史研究

　　　蓝日勇、蒋廷瑜：《南越国史迹研讨会论文选集》，文物出版社
2005 年版

南越族是中国古代海洋文化的先驱

　　　彭年：《中华文化论坛》2004 年第 4 期

中国古代海洋文化的先驱——从南越国遗迹看南越文化及其历史地位

　　　彭年：《南越国史迹研讨会论文选集》，文物出版社 2005 年版

走出蛮荒——交通与秦汉时期的岭南越族社会浅析

　　　何海龙：《贵州民族研究》2006 年第 4 期

西汉南海远航之始发点

　　　陈佳荣：《广东省博物馆集刊》（1999），广东人民出版社 1999
年版

从考古发现看秦汉六朝时期岭南与南海交通

　　李庆新：《史学月刊》2006 年第 10 期

南越国与海外交通

　　冯雷：《岭南文史》2000 年第 3 期

丝绸之路：中国走向世界之路

　　李克勤：《广东省博物馆集刊》（1999），广东人民出版社 1999 年版

略谈"南海丝绸之路"的作用和影响

　　王晓：《广东省博物馆集刊》（1996），广东人民出版社 1997 年版

南越王墓银盒舶来路线考

　　周永卫：《考古与文物》2004 年第 1 期

南越王墓银盒舶来路线考

　　周永卫：《南越国史迹研讨会论文选集》，文物出版社 2005 年版

始兴是中原文明南进的主要中转站

　　庞海清：《广东省博物馆集刊》（1999），广东人民出版社 1999 年版

论东周秦汉岭南的对外交往与商业意识

　　赵善德：《肇庆学院学报》2007 年第 1 期

略论南海早期交通贸易二题

　　杨式挺：《岭南文物考古论集》，广东省地图出版社 1998 年版

秦汉谪戍岭南商人对中原商业经济意识的传播

　　高凯：《史学月刊》2000 年第 4 期

秦代初平南越考（书评）

　　岑仲勉：《史学专刊》第 1 卷第 3 期，1936 年

《秦代初平南越考》之商榷

　　吕思勉：《国学论衡》1934 年第 4 卷（上）

秦通南越"新道考"

　　余天炽：《华南师院学报》1980 年第 2 期

秦统一岭南投放了多少兵力

　　何维鼎：《华南师院学报》1982 年第 2 期

秦始皇经略岭南越人地区述议

　　郭在忠:《民族研究》1983 年第 6 期

"略定扬越，置桂林、南海、象郡"辨

　　陈增芳:《民族研究》1994 年第 2 期

南越国史研究概述

　　程存洁:《中国史研究动态》1995 年第 11 期

近十余年来南越国历史研究综述

　　成国雄:《长江师范学院学报》2008 年第 4 期

试论南越王国

　　周宗贤:《贵州民族研究》1981 年第 1 期

论南越王赵佗的历史作用

　　杨拯、吴永章:《中南民族学院学报》1981 年第 1 期

试论赵佗对开发岭南的贡献

　　张诚:《史学月刊》1997 年第 2 期

论赵佗经略岭南的作用

　　朱凤祥:《洛阳师范学院学报》2002 年第 1 期

从考古发现看南越国在岭南地区开发方面的历史地位

　　崔锐、付文军:《南越国史迹研讨会论文选集》，文物出版社 2005
年版

南越丞相吕嘉子孙宗族结局疑案探究

　　叶永新:《广东史志》2002 年第 2 期

史定何时任南越国揭阳令

　　徐光华:《汕头大学学报》2004 年第 6 期

南越与东越的诸侯王陵墓

　　吴海贵:《华夏考古》2006 年第 4 期

南越国地方政制略论

　　余天炽:《广州研究》1984 年第 4 期

南越国时期汉越文化的并存与融合

　　刘晓民:《东南文化》1999 年第 1 期

试论南越国在岭南地区早期开发中的贡献

　　吴国富:《百越民族研究》，江西教育出版社 1990 年版

西汉南越相吕嘉遗族入滇及其历史影响试探

　　杨兆荣：《南越国史迹研讨会论文选集》，文物出版社 2005 年版

西汉南越王相吕嘉遗族入滇及其历史影响试探

　　杨兆荣：《中国史研究》2004 年第 4 期

南越王建德考辨

　　龚留柱：《南越国史迹研讨会论文选集》，文物出版社 2005 年版

广州西汉南越王墓研究综述

　　程存洁：《中国史研究动态》1994 年第 7 期

南越王墓"解密"

　　蔡常维：《海内与海外》1999 年第 9 期

象岗南越王墓主新考

　　吴海贵：《考古与文物》2000 年第 3 期

略说南越王墓是岭南考古名副其实的重大发现

　　杨式挺：《南越国史迹研讨会论文选集》，文物出版社 2005 年版

由广州南越王墓所见文化遗存透视岭南文化变迁

　　夏增民：《南越国史迹研讨会论文选集》，文物出版社 2005 年版

南越国宫署遗址发掘记述

　　陈伟汉：《岭南文史》2000 年第 3 期

秦汉南越国御苑遗址的初步研究

　　郑力鹏、郭祥：《中国园林》2002 年第 1 期

南越国御苑遗址文化价值的研究

　　高大伟、岳升阳：《古建园林技术》2005 年第 2 期

南越国宫苑遗址的文化价值研究

　　高大伟、岳升阳：《南越国史迹研讨会论文选集》，文物出版社
2005 年版

南越国都番禺城毁于战火考实

　　吴宏岐：《暨南学报》2006 年第 5 期

汉番禺城故址新考

　　吴宏岐：《中国历史地理论丛》2006 年第 7 期

秦汉时期的岭南建筑

　　吴宏岐、陈泽泓：《暨南学报》2006 年第 5 期

广东秦汉时期建筑遗址初探

　　邱立诚：《东南文化》1993 年第 1 期

"干栏式建筑基础说"商榷——妄谈广州秦造船遗址的性质

　　区家发：《南越国史迹研讨会论文选集》，文物出版社 2005 年版

关于岭南冶铁业起源的若干问题

　　郑超雄：《广西民族研究》1996 年第 3 期

关于广东早期铁器的若干问题

　　杨式挺：《考古》1977 年第 2 期

南越国铁器与秦国铁器之比较

　　梁云、赵曼妮：《南越国史迹研讨会论文选集》，文物出版社 2005
年版

南越文物研究三题

　　吴凌云：《南越国史迹研讨会论文选集》，文物出版社 2005 年版

中华瑰宝、南国奇珍——广州西汉南越王墓出土玉器浅析

　　黎健：《雕塑》1997 年第 4 期

南越王墓玉器与满城汉墓玉器比较

　　卢兆荫：《考古与文物》1998 年第 1 期

西汉南越王赵眜墓出土玉器

　　周南泉：《收藏家》2001 年第 9 期

从南越王墓出土的玉璧谈汉代的玄璧

　　古方：《南越国史迹研讨会论文选集》，文物出版社 2005 年版

西汉南越国时期的铜桶

　　蒋廷瑜：《东南文化》2002 年第 12 期

南越王墓出土铜提筒船纹顺序考

　　高占盈：《西北美术》2006 年第 3 期

广州南越王墓出土铜堤筒图像试释

　　曹旅宁：《南越国史迹研讨会论文选集》，文物出版社 2005 年版

西汉南越的犀象——以广州南越王墓出土资料为中心

　　王子今：《南越国史迹研讨会论文选集》，文物出版社 2005 年版

西汉南越的犀象——以广州南越王墓出土资料为中心

　　王子今：《广东社会科学》2004 年第 5 期

南越国御苑遗址"公"字瓦考释

  白芳:《岭南文史》2006年第2期

南越王墓出土Ⅳ型镞考

  陈春会:《南越国史迹研讨会论文选集》,文物出版社2005年版

西汉南越王墓出土"泰子"印浅论

  陈松长:《南越国史迹研讨会论文选集》,文物出版社2005年版

广州南越国宫署遗址出土西汉木简考释

  何有祖:《考古》2010年第1期

西汉南越王墓"越式大铁鼎"考辨

  李龙章:《考古》2000年第1期

民初关于发掘南越古冢的报告

  彭仲辉、侯丽蓉:《岭南文史》1996年第3期

北江上游的南越国墓及秦汉岭南的族群分布

  郑君雷:《四川文物》2006年第3期

南越王丧葬观探析

  李林娜:《南越国史迹研讨会论文选集》,文物出版社2005年版

南越国的丧葬习俗

  黄淼章:《岭南文史》2000年第4期

南越王墓"外藏椁"设置之我见

  王学理:《南越国史迹研讨会论文选集》,文物出版社2005年版

秦汉时代之南越道德生活

  高恒天、汤剑波:《广西民族研究》2006年第3期

从南越王墓看西汉南越国的医疗观念

  王芳:《文物春秋》2007年第2期

浅析南越王赵昧"巫""术"并行的医治观念

  王芳、陈莉:《南越国史迹研讨会论文选集》,文物出版社2005
年版

南越王墓出土玉舞俑舞姿刍议

  白芳:《南越国史迹研讨会论文选集》,文物出版社2005年版

西汉南越王墓前室壁画意义试析

  刘春华、王志友:《南越国史迹研讨会论文选集》,文物出版社

2005 年版

岭南古代居民拔牙习俗的考古发现

　　彭书琳:《南方文物》2009 年第 3 期

华南早期岩画中的社群集会

　　杜辉:《南方文物》2009 年第 3 期

粤西出土铜鼓概述

　　杨晓东:《广东省博物馆集刊》(1996),广东人民出版社 1997
年版

广东古代铜鼓研究

　　何纪生、黄道钦、杨耀林:《广东省博物馆集刊》(1999),广东人
民出版社 1999 年版

广东考古世纪回顾

　　广东省文物考古研究所:《考古》2000 年第 6 期

20 世纪华南新石器时代考古研究回顾

　　曾骐、杨耀林:《深圳文博论丛》,中华书局 2002 年版

建国以来广东新石器时代考古略述

　　杨式挺:《岭南文物考古论集》,广东省地图出版社 1998 年版

广东新石器时代文化及相关问题探讨

　　杨式挺:《岭南文物考古论集》,广东省地图出版社 1998 年版

广东新石器时代文化与毗邻原始文化的关系

　　杨式挺:《岭南文物考古论集》,广东省地图出版社 1998 年版

略论我国新石器时代南方文化系统

　　龙家有:《广东省博物馆集刊》(1996),广东人民出版社 1997
年版

试论华南地区新石器时代早期文化——兼论有关的几个问题

　　彭适凡:《文物》1976 年第 12 期

关于华南早期新石器的几个问题

　　安志敏:《文物集刊》第 3 集,文物出版社 1981 年版

环珠江口新石器时代晚期考古学遗存的编年与谱系

　　卜工:《文物》1999 年第 11 期

生态环境与珠江三角洲古文化

　　肖一亭:《东南文化》2002 年第 9 期

珠江三角洲史前经济形态试析

　　陈杰:《南方文物》1998 年第 3 期

谈谈石峡发现的栽培稻遗迹

　　杨式挺:《岭南文物考古论集》,广东省地图出版社 1998 年版

广东原始社会初探

　　中山大学历史系考古学教研组:《理论与实践》1959 年第 12 期

华南史前民族文化史提纲

　　张光直:台湾《中央研究院民族学研究所集刊》1959 年第 7 期

菲律宾史前文化与华南的关系

　　吴春明:《考古》2008 年第 9 期

岭南考古三题

　　饶宗颐:《广东省博物馆集刊》(1996),广东人民出版社 1997
年版

广州南越国宫署遗址 1995—1997 年发掘简报

　　中国社会科学院考古研究所、广州市文物考古研究所:《文物》
2000 年第 9 期

广州南越国宫署遗址 2000 年发掘简报

　　中国社会科学院考古研究所、广州市文物考古研究所:《考古学
报》2002 年第 2 期

广州南越国宫署遗址 2003 年发掘简报

　　广州市文物考古研究所、中国社会科学院考古研究所:《考古》
2007 年第 3 期

《南越宫苑遗址 1995、1997 年考古发掘报告》简介

　　叶知秋:《考古》2009 年第 1 期

评《南越宫苑遗址 1995、1997 年考古发掘报告》

　　刘庆柱:《考古》2009 年第 10 期

广东肇庆市北岭松山古墓发掘简报

　　广东省博物馆等:《文物》1974 年第 11 期

广州秦汉造船工场遗址试掘

　　广州市文物管理处：《文物》1977 年第 4 期

"广州秦代造船工场遗址真伪研讨会"纪要

　　《学术研究》2001 年第 7 期

论广州"秦代造船工场遗址"问题

　　郭钦华、郑洁红：《热带地理》2002 年第 3 期

广东博罗银岗遗址发掘简报

　　古运泉、李子文、邓宏文：《文物》1998 年第 7 期

广东仁化覆船岭遗址发掘

　　李子文：《文物》1998 年第 7 期

广东封开籁竹口遗址发掘简报

　　冯孟钦：《文物》1998 年第 7 期

广东博罗银岗遗址第二次发掘

　　广东省文物考古研究所：《文物》2000 年第 6 期

广东和平县古文化遗存的发掘与调查

　　广东省文物考古研究所等：《文物》2000 年第 6 期

广东揭阳先秦遗存考古调查

　　邱立诚、曾骐、张季怀：《南方文物》1998 年第 1 期

广东韶关市矮石墓地发掘简报

　　广东省文物考古研究所、韶关市曲江区博物馆：《南方文物》2008 年第 3 期

广东增城始兴的战国遗址

　　广东省文管会：《考古》1964 年第 3 期

广东四会鸟旦山战国墓

　　广东省博物馆：《考古》1975 年第 2 期

广东省化州石宁村发现六艘东汉独木舟

　　湛江博物馆、化州文化馆：《考古》1979 年第 12 期

广东饶平县古墓发掘简报

　　广东省博物馆：《文物资料丛刊》第 8 辑

广东东莞市圆洲贝丘遗址的发掘

　　广东省文物考古研究所、东莞市博物馆：《考古》2000 年第 6 期

广东三水市银洲贝丘遗址发掘简报

　　广东省文物考古研究所、北京大学考古学系：《考古》2000 年第 6 期

谈谈佛山河岩遗址的重要发现

　　杨式挺、陈志杰：《文物集刊》第 3 集，文物出版社 1981 年版

我省广宁县发现战国时期墓群

　　《南方日报》1977 年 12 月 14 日

广东广宁县铜鼓岗战国墓

　　广东省博物馆：《考古学集刊》（1），中国社会科学出版社 1981 年版

谈谈佛山河宕遗址的重要发现

　　杨式挺等：《文物集刊》第 3 集，文物出版社 1981 年版

香港考古研究综述

　　孙德荣：《考古》2007 年第 6 期

香港南丫岛沙埔新村遗址发掘简报

　　香港古物古迹办事处：《考古》2007 年第 6 期

香港史前的自然资源和经济形态

　　吕烈丹：《考古》2007 年第 6 期

略论粤、港、海南岛的有肩石器和有段石器

　　杨式挺：《岭南文物考古论集》，广东省地图出版社 1998 年版

从考古材料看香港与祖国内地的历史关系

　　杨式挺：《岭南文物考古论集》，广东省地图出版社 1998 年版

香港与广东大陆的历史关系

　　杨式挺：《岭南文物考古论集》，广东省地图出版社 1998 年版

香港地区史前时代居民与族属问题研究的回顾与检讨

　　郁逸、嘎宏：《南方文物》1997 年第 2 期

"大湾文化"初议——珠江三角洲考古学文化命名探讨

　　杨式挺：《南方文物》1997 年第 2 期

浅谈澳门港与珠江三角洲的关系

　　梁振兴：《南方文物》1999 年第 4 期

岭南古牙璋研究述评

　　肖一亭：《南方文物》1998 年第 3 期

浅说粤港"牙璋"及相关器物——夏商周文化南传迹象探微

　　杨式挺：《岭南文物考古论集》，广东省地图出版社 1998 年版

南丫岛"牙璋"探微——关于玉礼兵的若干思考

　　牟永抗：《牟永抗考古学文集》，科学出版社 2009 年版

香港舶辽洲史前遗物发现记（上）（下）

　　D. J. Finn 著，黄素封译：《说文月刊》1943 年第 1 卷

香港考古发掘

　　陈公哲：《考古学报》1957 年第 4 期

香港新石器时代遗物发现追记

　　林惠祥：《厦门大学学报》1959 年第 2 期

港澳台地区古文化遗存概述

　　王红光：《南方文物》1998 年第 3 期

深圳考古二十年琐记

　　王壁：《深圳文博》，人民出版社 2001 年版

深圳咸头岭史前文化遗存初步研究

　　杨耀林：《深圳文博》，人民出版社 2001 年版

广东深圳市咸头岭新石器时代遗址

　　深圳市文物考古鉴定所、深圳市博物馆：《考古》2007 年第 7 期

浅析咸头岭遗址

　　叶扬：《深圳文博》，人民出版社 2001 年版

关于环珠江口地区史前"树皮布文化"若干问题的探讨

　　容达贤：《深圳文博》，人民出版社 2001 年版

两广夔纹陶类型遗存年代问题商榷

　　李龙章：《深圳文博论丛》，中华书局 2002 年版

楚雄万家坝墓群和万家坝型铜鼓年代问题探讨

　　李龙章：《深圳文博论丛》，中华书局 2002 年版

广东珠海荷包岛锁匙湾遗址调查

　　珠海市博物馆等：《东南考古研究》（第 2 辑），厦门大学出版社
1999 年版

淇澳岛后沙湾遗址发掘

　　珠海市博物馆等:《珠海考古发现与研究》,广东人民出版社 1991 年版

三灶岛草堂湾遗址发掘

　　珠海市博物馆等:《珠海考古发现与研究》,广东人民出版社 1991 年版

淇澳岛亚婆湾、南芒湾遗址调查

　　珠海市博物馆等:《珠海考古发现与研究》,广东人民出版社 1991 年版

东澳岛南沙湾遗址调查

　　珠海市博物馆等:《珠海考古发现与研究》,广东人民出版社 1991 年版

高栏列岛与南水镇遗址调查

　　珠海市博物馆等:《珠海考古发现与研究》,广东人民出版社 1991 年版

高栏岛宝镜湾石刻岩画与古遗址的发现与研究

　　徐恒滨、梁振兴:《珠海考古发现与研究》,广东人民出版社 1991 年版

（七）骆越（西瓯）

骆越与西瓯

　　蒙文通:《越史丛考》,人民出版社 1983 年版

西瓯族源初探

　　梁钊韬:《学术研究》1978 年第 1 期

关于西瓯、骆越若干历史问题的讨论

　　蒋炳钊:《广西民族研究》1987 年第 4 期

西瓯骆越考

　　张一民:《广西民族研究参考资料》第一辑,广西民族研究所编印 1981 年版

西瓯骆越考

　　张一民:《百越民族史论丛》,广西人民出版社 1985 年版

骆越的来源和迁徙

　　何光岳:《百越史论集》,云南民族出版社 1989 年版

西瓯族源流问题的探讨

　　李延凌:《西南民族历史研究集刊》第 4 辑,云南大学西南边疆民族历史研究所编印 1983 年版

论西瓯的来源及其有关问题

　　石钟健:《百越史论集》,云南民族出版社 1989 年版

试证越与骆越出自同源

　　石钟健:《百越民族史论集》,中国社会科学出版社 1982 年版

试证越与骆越同源

　　石钟健:《中南民族学院学报》1982 年第 2、3 期

论西瓯和东越

　　石钟健:《民族史论文选》(下册),中央民族学院出版社 1986 年版

西瓯骆越族称辨析

　　邱明:《云南民族学院学报》1995 年第 4 期

"骆越"释名新议

　　杨凌:《贵州民族研究》1989 年第 3 期

骆越三题——对《越史丛考》有关骆越考证的异见

　　邱钟崙:《百越史论集》,云南民族出版社 1989 年版

骆越历史二题

　　刘美崧:《国际百越文化研究》,中国社会科学出版社 1994 年版

西瓯骆越三题

　　王明亮:《岭南文史》1993 年第 3 期

西瓯骆越关系考略

　　梁庭望:《广西民族研究》1989 年第 4 期

西瓯史考

　　刘伟铿:《岭南文史》1996 年第 4 期

西瓯、骆越泛论

　　何英德:《越文化实勘研究论文集》,中华书局 2005 年版

瓯骆关系新论

　　李秀国：《中山大学学报》1992 年第 1 期

秦汉西瓯骆越（瓯骆）之研究

　　韩振华：《百越民族史论丛》，广西人民出版社 1985 年版

西瓯骆古今议

　　朱俊明：《百越史研究》，贵州人民出版社 1987 年版

释"瓯"

　　朱俊明：《国际百越文化研究》，中国社会科学出版社 1994 年版

百越族群中的东瓯与西瓯

　　蒋廷瑜：《越文化实勘研究论文集》，中华书局 2005 年版

骆越非百越族群说

　　何乃汉：《广西民族研究》1989 年第 4 期

骆越非我国南方诸族先民考

　　潘雄：《史学集刊》1984 年第 2 期

骆越族在我国古代经济文化上的贡献

　　黄汝训：《百越民族研究》，江西教育出版社 1990 年版

西瓯、骆越的文化特点及其对我国文化的贡献

　　黄增庆、张一民：《百越民族研究》，江西教育出版社 1990 年版

从考古资料看历史上的西瓯骆越文化

　　黄增庆：《百越史论集》，云南民族出版社 1989 年版

从出土文物探骆越源流及其分布

　　张一民、何英德：《中南民族学院学报》1986 年增刊

从考古发现探讨历史上的西瓯

　　蒋廷瑜：《百越民族史论集》，中国社会科学出版社 1982 年版

骆越青铜文化初探

　　覃彩銮：《广西民族研究》1986 年第 2 期

释"瓯骆相攻，南越动摇"——从一件南越青铜器说起

　　吴凌云：《南方文物》2001 年第 2 期

"骆越"、"西瓯"语源考

　　覃晓航：《中央民族大学学报》1994 年第 6 期

广西古代民族关系述略

　　徐杰舜:《民族研究》1995 年第 2 期

古瓯人后裔考

　　潘雄:《广东民族学院学报》1983 年第 1 期

论西瓯骆越的地理位置及壮族的形成

　　梁敏:《民族研究》1996 年第 3 期

论西瓯、骆越文化与中原文化的关系

　　廖国一:《民族研究》1996 年第 6 期

从考古、民族学材料看海南骆越文化

　　郝思德:《越文化实勘研究论文集》,中华书局 2005 年版

试论海南岛临高人与骆越的关系

　　詹慈:《中南民族学院学报》1982 年第 3 期

海南岛"临高人"族源族属之我见

　　陈江:《东南文化》1987 年第 3 期

试说湖南先秦文化与西瓯的关系

　　朱建中:《民族研究》1991 年第 4 期

楚与西瓯、骆越的文化关系

　　张一民、陈剑之:《湖南省博物馆文集》(四),《船山学刊》杂志
社 1998 年版

从银山岭战国墓看西瓯

　　蒋廷瑜:《考古》1980 年第 2 期

马援获"骆越铜鼓"地点考

　　邱钟崙:《古代铜鼓学术讨论会论文集》,文物出版社 1982 年版

瓯骆古都的南迁

　　覃圣敏:《越文化实勘研究论文集》(二),科学出版社 2008 年版

"雄王","雒王"之"雄"、"雒"考辨——从南越"雄鸡"木简谈起

　　刘瑞:《民族研究》2006 年第 5 期

秦瓯战争始年问题

　　吕名中:《学术论坛》1983 年第 5 期

论秦瓯战争

　　周宗贤:《学术论坛》1982 年第 4 期

秦始皇统一岭南地区的历史作用

　　梁国光、麦英豪:《考古》1975 年第 4 期

岭南民族史研究的一部力作——评《岭南民族源流考》

　　彭适凡、张瑛珏:《南方文物》2001 年第 1 期

瓯骆故地的新石器时代人类及其文化

　　张声震主编:《壮族通史》,民族出版社 1997 年版

瓯骆故地原始文化与百越诸地原始文化的关系

　　张声震主编:《壮族通史》,民族出版社 1997 年版

壮泰语民族与西瓯骆越的渊源关系

　　覃圣敏:《2002 年绍兴越文化国际学术研讨会论文集》,浙江古籍
出版社 2006 年版

骆越与"南岛语族"的海洋文化的关系

　　何英德:《百越文化研究》,厦门大学出版社 2005 年版

中国和印支半岛的瓯骆越人及其后裔

　　覃圣敏:《越文化实勘研究论文集》,中华书局 2005 年版

西瓯骆越与壮族的关系

　　张一民、何英德:《广西师范大学学报》1987 年第 2 期

试议侗族为土著骆越说

　　张民:《贵州民族研究》1993 年第 4 期

句町、夜郎与骆越的文化关系初探

　　颜越虎:《越文化实勘研究论文集》(二),科学出版社 2008 年版

骆越文化寻根论

　　何英德:《越文化实勘研究论文集》(二),科学出版社 2008 年版

红河下游史前史与骆越文化的发展

　　吴春明:《越文化实勘研究论文集》(二),科学出版社 2008 年版

岭南瓯骆人与中原华夏人的接触

　　张声震主编:《壮族通史》,民族出版社 1997 年版

岭南瓯骆人与楚人的交往

　　张声震主编:《壮族通史》,民族出版社 1997 年版

广西古称"番禺"新考

　　李锦芳:《地名知识》1987 年第 3 期

秦汉时期的骆越经济

　　玉时阶、徐继连:《广西师范大学学报》1990 年第 2 期

骆越青铜文化初探

　　覃彩銮:《广西民族研究》1986 年第 2 期

论两广出土的先秦青铜器

　　黄展岳:《考古学报》1986 年第 4 期

试论两广先秦青铜文化的来源

　　李龙章:《南方文物》1994 年第 1 期

从考古资料看西瓯的青铜冶铸业

　　覃彩銮:《广西民族研究参考资料》第二辑,广西民族研究所编印

1982 年版

广西先秦越族青铜兵器研究

　　蓝日勇:《铜鼓和青铜文化的新探索》,广西民族出版社 1993 年版

试论骆越青铜铸造工艺及其艺术特征

　　覃彩銮:《贵州民族研究》1987 年第 1 期

东周时期岭南地区青铜礼器的价值和意义

　　洛撒·沃恩·福克哈森、奚国胜:《南方文物》2006 年第 2 期

略论岭南青铜甬钟

　　蒋廷瑜:《江西文物》1989 年第 1 期

铜柱形器用途推考

　　蒋廷瑜:《考古》1987 年第 8 期

广西战国铁器初探

　　蓝日勇:《考古与文物》1989 年第 3 期

西瓯国与海上丝绸之路

　　曾昭璇等:《岭南文史》2004 年第 3 期

武鸣先秦墓葬反映的骆越宗教意识

　　郑超雄:《广西民族研究》1994 年第 1 期

武鸣马头墓葬与古代骆越

　　韦仁义:《文物》1988 年第 12 期

广西考古资料所见百越文化习俗

　　黄增庆:《百越史研究》,贵州人民出版社 1987 年版

广西先秦刻划符号刍议

　　熊昭明：《广西民族研究》1986 年第 2 期

广西战国至汉初越人墓葬的发展与演变

　　蓝日勇：《广西民族研究》1988 年第 1 期

广西崖洞葬和几个有关问题的商讨

　　张世铨：《民族学研究》（第四辑），民族出版社 1982 年版

骆越与铜鼓

　　邱钟仑：《中国铜鼓研究会第二次学术讨论会论文集》，文物出版社 1986 年版

花山崖壁画

　　陈汉流：《民族团结》1980 年第 6 期

花山观画记

　　陈瑞林：《广西日报》1980 年 12 月 24 日

左江岩画的族属问题

　　邱钟崙：《学术论坛》1982 年第 3 期

花山崖壁画试探

　　潘世雄：《广西民族研究参考资料》第 1 辑，广西民族研究所编印 1981 年版

广西花山崖壁画年代新证

　　覃圣敏、覃彩銮：《民族研究》1985 年第 5 期

左江崖壁画的主体探讨

　　夏俊卿：《民族研究》1986 年第 6 期

花山崖壁画附近岩洞葬初步考察述略

　　黄汝训、黄喆：《龙虎山崖葬与百越民族文化》，吉林人民出版社 2001 年版

左江史画研究的重大突破

　　杨在道、马官治：《龙虎山崖葬与百越民族文化》，吉林人民出版社 2001 年版

花山崖壁画艺术哲学基础试论

　　黄汝训：《百越文化研究》，厦门大学出版社 2005 年版

广西左江岩画的艺术特征及其价值

　　郭宏、黄槐武、谢日万、蓝日勇：《东南文化》2004 年第 2 期

谈谈左江流域崖壁画

　　黄增庆：《广西民族学院学报》，广西民族出版社 1993 年版

从左江岩画看壮族先民的审美意识

　　陈远璋：《民族艺术》1986 年第 2 期

左江岩画铜鼓图像的初步探讨

　　陈远璋：《中国铜鼓研究会第二次学术讨论会论文集》，文物出版社 1986 年版

试论广西的有肩石器

　　彭书琳、蒋廷瑜：《广西博物馆建馆 60 周年论文选集》，广西民族出版社 1993 年版

广西桂南"石铲遗址"试论

　　郑超雄、李光军：《考古与文物》1991 年第 3 期

桂南大石铲研究

　　彭书琳、蒋廷瑜：《南方文物》1992 年第 1 期

广西几何印纹陶的分布概况

　　广西文物工作队：《文物集刊》第 3 集，文物出版社 1981 年版

广西出土的青铜器

　　梁景津：《文物》1978 年第 10 期

近年来广西出土的青铜器

　　广西壮族自治区博物馆：《考古》1984 年第 9 期

广西恭城出土的古铜器

　　广西壮族自治区文物工作队：《考古》1973 年第 1 期

广西武鸣元龙坡墓葬发掘简报

　　广西壮族自治区文物工作队等：《文物》1988 年第 12 期

广西武鸣马头安等秧山战国墓群发掘简报

　　广西壮族自治区文物工作队等：《文物》1988 年第 12 期

平乐银山岭战国墓

　　广西壮族自治区文物工作队：《考古学报》1978 年第 2 期

广西平乐银山岭墓群的时代与墓主

　　　容达贤:《百越文化研究》，厦门大学出版社 2005 年版

平乐银山岭汉墓

　　　广西壮族自治区文物工作队:《考古学报》1978 年第 4 期

广西田东发现战国墓葬

　　　广西壮族自治区文物工作队:《考古》1979 年第 6 期

广西宾阳县发现战国墓葬

　　　广西壮族自治区文物工作队:《考古》1983 年第 2 期

乐平出土战国铜编钟

　　　乐平县文物陈列室:《江西历史文物》1979 年第 1 期

广西贺县发现青铜镈钟

　　　覃光荣:《考古与文物》1982 年第 4 期

广西壮族自治区贺县出土一批战国铜器

　　　广西壮族自治区贺县文物工作队:《考古》1984 年第 9 期

广西壮族自治区贺县出土一批战国铜器

　　　广西壮族自治区贺县文物工作队:《文物》1989 年第 6 期

广西柳江县出土春秋战国青铜器

　　　刘文、汪燧先、熊启校:《文物》1990 年第 1 期

广西西林县普驮铜鼓墓葬

　　　广西壮族自治区文物工作队:《文物》1978 年第 9 期

广西贵县罗泊湾一号墓发掘简报

　　　广西壮族自治区文物工作队:《文物》1978 年第 9 期

广西贵县罗泊湾汉墓漆画与长沙马王堆汉墓帛画文化异同论

　　　郑超雄:《粤西文化与中原文化研究》，广西师范大学出版社 1993
年版

关于贵县罗泊湾汉墓的墓主问题

　　　黄展岳:《南方民族考古》第 2 辑，四川科学技术出版社 1989 年版

广西贺州市马东村周代墓葬

　　　贺州市博物馆:《考古》2001 年第 10 期

（八）山越

山越考

　　刘芝祥：《史地学报》第 3 卷第 4 期，1924 年

关于山越若干历史问题的探讨

　　叶国庆、辛土成：《百越民族史论集》，中国社会科学出版社 1982
年版

山越非山民、宗部考

　　施光明：《民族研究》1984 年第 1 期

山越在孙吴立国中的作用

　　吕锡生：《浙江师范学院学报》1984 年第 3 期

也谈东吴与孙策、孙权时期的山越——与吕锡生同志商榷

　　缪元朗：《浙江师范学院学报》1985 年第 4 期

论皖南山越

　　施光明：《安徽史学》1986 年第 4 期

徽州古史二题

　　翟屯建：《黄山高等专科学校学报》2000 年第 2 期

"山越"辨析

　　李天雪：《社科纵横》2003 年第 3 期

山越的分布与消融

　　何光岳：《吉安师专学报》1994 年第 5 期

东越、山越的来源和发展

　　陈可畏：《历史论丛》第一辑，中华书局 1964 年版

论山越和汉民族的融合

　　施光明：《杭州师范学院学报》（社会科学版）1988 年第 1 期

六朝时期蛮族考——以山越及蛮汉融合问题为中心

　　［日］川本芳昭、马宁：《世界民族》1989 年第 4 期

山越盛衰浅析

　　安般：《中央民族大学学报》1999 年第 4 期

说濮

　　江应樑：《思想战线》1980 年第 1 期

山越非濮后裔辨

　　吴永章：《中南民族学院学报》1982 年第 2 期

"山鬼"非鬼当为"山越"

　　谢公望：《绍兴文理学院报·越文化研究》2010 年第 48 期

"山越"初探

　　潘表惠：《越文化研究通讯》2002 年第 4 期

畲族源于山越

　　雷先根：《丽水师专学报》1998 年第 1 期

三国时山越分布之区域

　　叶国庆：《禹贡》第 2 卷第 8 期，1934 年

三国志"吴志"补山越传

　　范午：《责善半月刊》第 1 卷第 4 期，1940 年

三国时孙吴的开发江南

　　李子信：《食货》第 5 卷第 4 期，1937 年

三国孙吴境内的少数民族——山越

　　张崇根：《历史教学》（高校版）1982 年第 10 期

试论三国时期山越的发展与演变

　　马军、尹建东：《云南行政学院学报》2010 年第 1 期

三国民族政策优劣论

　　朱绍侯：《河南师范大学学报》1981 年第 3 期

论三国时期的民族政策

　　张大可：《三国史研究》，华文出版社 2003 年版

曹魏政权与山越

　　［日］关尾史郎：《文史哲》1993 年第 3 期

孙吴与山越的关系初探

　　黄佩芳：《丽水师范专科学校学报》1986 年第 2 期

镇压还是安抚——也谈孙权对山越的政策

　　王进科、吕永：《芜湖职业技术学院学报》2007 年第 1 期

孙吴建国及汉末江南的宗部与山越

　　唐长孺：《魏晋南北朝史论丛》，中华书局 1983 年版

孙吴开辟蛮越考

　　高亚伟：《中法大学月刊》第 8 卷第 1 期，1935 年

孙吴开辟蛮越考（上）

　　高亚伟：台湾《大陆杂志》第 7 卷第 7 期，1953 年

孙吴开辟蛮越考（下）

　　高亚伟：台湾《大陆杂志》第 7 卷第 8 期，1953 年

孙吴与山越的开发

　　傅乐成：《文史哲学报》1951 年第 3 期

孙吴时期江西境内的山越及其对经济开发的贡献

　　周兆望：《争鸣》1992 年第 3 期

东吴山越社会阶段初探

　　刘汉东：《郑州大学学报》1990 年第 4 期

东吴之开发与山越之关系

　　潘天祯：《读书通讯》1947 年第 131 期

孙吴鄱阳郡宗民暴动及其性质

　　袁刚：《文史哲》1987 年第 4 期

东吴平定皖南山越战争的性质及其历史作用

　　杨国宜：《安徽史学》1960 年第 2 期

山越动乱和东吴民族政策之评析

　　叶哲明：《台州师专学报》1990 年第 2 期

建国以来山越研究综述

　　田明伟：《许昌学院学报》2010 年第 3 期

建国以来山越研究述评

　　程凌雷：《中国史研究动态》2011 年第 2 期

（九）山夷

古代闽越人与台湾土著族

　　凌纯声：台湾《学术季刊》第 1 卷第 2 期，1952 年

古代闽越人与台湾土著族

　　凌纯声：《中国边疆民族与环太平洋文化》，台北联经出版事业公司 1979 年版

台湾的古代越族

 陈国强:《百越民族史论丛》,广西人民出版社 1985 年版

关于夷洲、山夷及山夷的族属

 孟文镛:《绍兴文理学院报·越文化研究》2008 年第 30 期

于越与山夷关系述略

 孟文镛:《海峡两岸大禹文化研究》,中国社会科学出版社 2010 年版

居住在我国大陆和台湾的古闽越族

 叶国庆、辛土成:《厦门大学学报》1980 年第 4 期

东越先民对台湾的文化拓展初论

 林华东:《中国柯桥·越国文化高峰论坛文集》,浙江人民出版社 2011 年版

再论越族与台湾少数民族的关系

 张崇根:《绍兴文理学院学报》2008 年第 3 期

关于台湾和高山族若干历史问题的探讨

 施联朱、张崇根:《中央民族学院学报》1981 年第 2 期

东南越族的形成及与高山族的关系

 陈国强、郭志超:《中南民族学院学报》1986 年增刊

台湾高山族与古越族的关系

 陈国强:《国际百越文化研究》,中国社会科学出版社 1994 年版

高山族与"百越"的关系

 《高山族简史》修订本编写组:《高山族简史》(修订本),民族出版社 2009 年版

高山族来源的探讨

 陈国强:《厦门大学学报》1961 年第 3 期

从台湾考古发现探讨高山族的来源

 陈国强:《社会科学战线》1980 年第 3 期

高山族族源考略

 施联朱:《民族研究》1982 年第 3 期

高山族的族称

 《高山族简史》修订本编写组:《高山族简史》(修订本),民族出

版社 2009 年版

高山族的来源

　　《高山族简史》修订本编写组：《高山族简史》（修订本），民族出版社 2009 年版

试论闽台粤先秦考古学文化关系

　　杨式挺：《岭南文物考古论集》，广东省地图出版社 1998 年版

闽越、南越和夷州的比较研究

　　黄展岳：《福建文博》1990 年增刊

从印纹陶对西南和台湾等地的影响与传播看民族的流向

　　彭适凡：《中南民族学院学报》1986 年增刊

于越文化与我国台湾地区的关系

　　孟文镛：《绍兴越文化》，中华书局 2004 年版

台湾少数民族的形成与名称

　　陈国强：《民族研究》1996 年第 3 期

历史视野下的台湾海峡文化圈

　　许维勤：《东南文化》2006 年第 5 期

论先秦至隋唐台湾海峡两岸的民族关系

　　辛土成：《东南文化》1993 年第 6 期

闽台两岸古地貌与考古文化比较——兼论闽台远古交通

　　欧潭生：《闽豫考古集》，海潮摄影艺术出版社 2002 年版

闽台考古文化源远流长

　　欧潭生：《闽豫考古集》，海潮摄影艺术出版社 2002 年版

《临海水土志》夷州即台湾考

　　陈国强：《活页文史丛刊》第 89 期

鸟夷、东鳀补证

　　张崇根：《贵州社会科学》1981 年第 3 期

谈关于台湾、高山族古代史的若干问题——从《四库全书·史部》记述说起

　　陈国强：《民族研究》1995 年第 2 期

吴越文化及其与台湾联系之研究

　　邵宗海、彭立忠：《海峡两岸越文化研究》，人民出版社 2005 年版

越文化与台湾高山族文化关系初探

  何有基:《海峡两岸越文化研究》,人民出版社 2005 年版

台湾高山族的酿酒与饮酒文化

  杨彦杰:《东南文化》1992 年第 2 期

试论纹身图式——黎族和高山族文身图式及延伸研究

  陈华文:《东南文化》1996 年第 4 期

台湾少数民族的传统社会组织

  张崇根:《民族研究》1994 年第 2 期

瓯越、安家民与台湾世居少数民族比较研究

  张崇根:《瓯文化论集》,浙江人民出版社 2009 年版

从工具制作看远古时期台湾和贵州高原的文化联系

  冷天放:《龙虎山崖葬与百越民族文化》,吉林人民出版社 2001 年版

闽台崇蛇习俗的历史考察

  郭志超:《民俗研究》1995 年第 3 期

闽台蛇崇拜源流

  徐晓望:《福建民族》1996 年第 3 期

海峡两岸蛇崇拜的民族考古观察

  王樱、吴春明:《海峡两岸五缘论——海峡两岸五缘关系学术研讨会论文集》2003 年版

试论文身图式——黎族和高山族文身图式及延伸研究

  陈华文:《东南文化》1996 年第 4 期

高山族排湾人的蛇图腾文化

  刘军:《中央民族大学学报》(哲学社会科学版)2001 年第 6 期

论台湾原住民和海南黎族文身习俗的异同及其功能

  罗春寒:《贵州民族学院学报》2003 年第 1 期

中国与东南亚之崖葬文化

  凌纯声:《中国边疆民族与环太平洋文化》,台北联经出版事业公司 1979 年版

台湾泰雅文化的特色

  阮昌锐:《河姆渡文化新论》,海洋出版社 2002 年版

台湾与祖国大陆的关系源远流长

　　李家添、李壮伟:《考古与文物》1983 年第 1 期

两岸炎黄子孙共同惜守的文化记忆

　　杨振良:《绍兴文理学院报·越文化研究》2005 年第 7 期

本是同根生　血脉紧相连

　　董乃斌:《绍兴文理学院报·越文化研究》2005 年第 7 期

台湾新石器时代遗物的研究

　　林惠祥:《厦门大学学报》1955 年第 4 期

试论中国东南地区新石器时代与台湾史前文化的关系

　　黄士强:台湾《文史哲学报》1985 年第 34 期

新石器时代的台湾海峡

　　张光直:《考古》1989 年第 6 期

台湾的新石器时代文化

　　《高山族简史》修订本编写组:《高山族简史》(修订本),民族出
版社 2009 年版

论台湾高山地区的史前聚落——以曲冰遗址为例

　　陈仲玉:《东南文化》2010 年第 2 期

台湾台东卑南遗址的发掘与相关问题

　　宋文薰:《浙江学刊》1990 年第 6 期

台湾台东卑南遗址的发掘与相关问题

　　宋文薰:《国际百越文化研究》,中国社会科学出版社 1994 年版

略论台湾的细绳纹陶文化

　　臧振华:《浙江学刊》1990 年第 6 期

从细绳纹陶文化的来源论台湾史前文化来源问题研究的概念和方法

　　臧振华:《国际百越文化研究》,中国社会科学出版社 1994 年版

台湾大坌坑文化的年代及其来源

　　林建红、臧振华:《南方文物》1997 年第 2 期

台湾史前的埋葬模式(前篇)

　　何传坤、鲍卫东:《东南文化》1992 年第 1 期

台湾史前的埋葬模式(后篇)

　　何传坤、鲍卫东:《东南文化》1992 年第 6 期

台湾史前的埋葬模式

　　何传坤、鲍卫东：《东南文化》1992 年第 3、4 期

福建、台湾的贝丘遗址及其文化关系

　　吕荣芳：《文物集刊》第 3 集，文物出版社 1981 年版

浙闽沿海地区与台湾史前人类文化的关系

　　韩复智：《河姆渡文化新论》，海洋出版社 2002 年版

（十）西南夷

西南属夷小记

　　章太炎（炳麟）：《章氏丛书》第三编，太炎文录续编，卷六之下

西南民族研究

　　杨成志：《西南研究》1932 年第 1 期

中国西南民族由来考

　　朱祖明：《光华大学半月刊》第 1 卷第 8 期，1933 年

中国西南民族分类

　　马长寿：《民族学研究集刊》1936 年第 1 期

西南边疆民族之来源及其现状

　　郑啸痒：《新亚细亚》第 13 卷第 3 期，1937 年

读《后汉书·南蛮西南夷列传》札记

　　王文光：《民族史研究论稿》，云南大学出版社 2007 年版

《史记》、《汉书》失载西南夷若干史实考辨

　　方铁：《中央民族大学学报》2004 年第 3 期

从"西南夷"墓葬看古越人在"南夷"地区的分布及其变化

　　侯绍庄：《百越民族史论丛》，广西人民出版社 1985 年版

从考古遗存看远古时代西南地区人们共同体的分布

　　方铁：《思想战线》1989 年增刊

西南边疆乌蛮源流考释

　　王文光：《民族史研究论稿》，云南大学出版社 2007 年版

周秦两汉西南区域民族地理观的形成与嬗变

　　蔡小龙：《民族研究》2004 年第 3 期

对秦以前西南各族历史源流窥探

　　尤中：《云南大学人文科学杂志》1957 年第 4 期

我国西南地区青铜剑的研究

　　童恩正：《考古学报》1977 年第 2 期

汉晋时期"西南夷"中的民族成分

　　尤中：《思想战线》1979 年第 2、3 期

云南二十几个少数民族的源和流

　　马曜：《云南社会科学》1981 年第 1 期

春秋战国时期云南的居民

　　云南省历史研究所：《云南日报》1961 年 7 月 4 日

昆明族源流考释

　　王文光：《民族史研究论稿》，云南大学出版社 2007 年版

古代云贵高原上的越人

　　汪宁生：《百越民族史论集》，中国社会科学出版社 1982 年版

古代云贵高原的越人

　　汪宁生：《中国西南民族的历史与文化》，云南民族出版社 1989
年版

云南古代文化与越文化

　　肖明华：《越文化实勘研究论文集》，中华书局 2005 年版

从云南少数民族的鸟崇拜看凤凰起源的多元轨迹

　　潘定红：《云南师范大学学报》（哲学社会科学版）2000 年第 2 期

远古时期云南的稻谷栽培

　　汪宁生：《思想战线》1977 年第 1 期

云南晋宁石寨山出土文物的族属问题试探

　　冯汉骥：《考古》1961 年第 9 期

云南晋宁石寨山出土文物的族属问题试探

　　冯汉骥：《川大史学·冯汉骥卷》，四川大学出版社 2006 年版

云南晋宁石寨山出土铜器研究——若干主要人物活动图像试释

　　冯汉骥：《川大史学·冯汉骥卷》，四川大学出版社 2006 年版

滇越的来源和迁徙

　　何光岳：《百越民族研究》，江西教育出版社 1990 年版

试论滇越的族属及社会经济形态

　　王懿之：《中央民族学院学报》1986 年第 4 期

"乘象国滇越"考

　　杨永生：《思想战线》1995 年第 1 期

乘象国地望补正

　　刀承华等：《云南民族学院学报》1998 年第 4 期

从"越裳"、"滇越"、"掸"看中南半岛掸泰民族的来源

　　王文光：《思想战线》1991 年第 6 期

云南西部僰夷民族的社会经济

　　江应梁：《西南边疆月刊》1938 年创刊号

僰夷的家族组织与婚姻制度

　　江应梁：《西南边疆月刊》1938 年第 2 期

云南西部僰夷民族调查序

　　吴宗懿：《史学专刊》第 3 卷第 1 期，1939 年

僰人与白子

　　方国瑜：《益世报》（昆明版）1939 年 10 月 2 日

僰夷和族考

　　罗香林：《中夏系统中的百越》，独立出版社 1943 年版

僰民历史来源及其文化遗存

　　蒋炳钊：《广西民族研究》1998 年第 4 期

僰不为僚

　　何泽宇：《民族研究》1982 年第 5 期

僰人志略

　　任德清：《中国西南夜郎文化研究文集》（卷二），贵州民族出版社
2008 年版

巴人的来源和迁徙

　　何光岳：《湖南民族研究》1986 年第 1 期

古代的巴与越

　　董其祥：《重庆师范学院学报》1980 年第 4 期

古代的巴与越

　　董其祥：《重庆师范学院学报》1981 年第 1 期

鸟图腾与巴蜀族徽

　　苏宁:《中华文化论坛》2005 年第 4 期

试论彝族的起源问题

　　蒙默:《思想战线》1980 年第 1 期

安南文化考原

　　陆思源:《金大文学季刊》第 2 卷第 1 期, 1935 年

越南民族之考察

　　童振藻:《民族》第 3 卷第 7 期, 1935 年

越南半岛古史钩沉

　　韩振华:《福建文化》第 3 卷第 3、4 期, 1948 年

中国初次征服安南考序

　　卫聚贤:《新亚细亚》第 6 卷第 1 期, 1933 年

越南史述辑

　　王辑生:北平, 1933 年

越南臣服中国考

　　张宗芳:《河北第一博物馆半月刊》1933 年第 9—28 期

古交趾考

　　梁园东:《新亚细亚》第 7 卷第 1 期, 1934 年

从同源走向异流的越南百越系民族

　　王文光:《民族史研究论稿》, 云南大学出版社 2007 年版

越南京族、芒族的由来与发展之我见

　　王文光:《民族史研究论稿》, 云南大学出版社 2007 年版

越南岱依、侬族源流考

　　王文光:《民族史研究论稿》, 云南大学出版社 2007 年版

牂牁江考

　　童振藻:《岭南学报》第 1 卷第 4 期, 1930 年

牂牁江考

　　何观洲:《燕京学报》1932 年第 12 卷

牂牁江考正

　　任可澄:《贵州文献季刊》1938 年第 1 期

牂牁越与东南越

朱俊明:《中南民族学院学报》1986 年增刊

牂牁江考

黄海云:《黑龙江农垦师专学报》2003 年第 4 期

牂牁江流何处寻

颜建华:《贵阳学院学报》（社科版）2008 年第 1 期

牂牁江考略

梁元:《岭南文史》2003 年第 4 期

牂牁江——北盘江起的珠江

蒋彻:《贵州文史丛刊》1997 年第 2 期

牂牁江考

高言弘:《广西水利水电》1985 年第 3 期

牂牁江考

黄海云:《黑龙江农垦师专学报》2003 年第 4 期

汉代广西牂牁江考

施铁靖:《河池师专学报》2000 年第 1 期

广西汉代牂牁水道研究

施铁靖:《广西民族研究》2007 年第 1 期

释"牂牁"

周清泉:《成都大学学报》（社会科学版）2006 年第 3 期

牂牁中心当在晴隆县河塘濮人城

蒋彻:《贵州社会科学》1998 年第 3 期

牂牁·夜郎余考

唐莫尧:《贵州社会科学》1993 年第 3 期

古牂牁讨论述评

绍庄、友林:《贵州文史丛刊》1985 年第 2 期

夜郎简论

杨庭硕、谭佛佑:《贵阳师范学院学报》1977 年第 2 期

与《夜郎简论》作者商榷

娄贵书:《贵阳师范学院学报》1977 年第 4 期

夜郎沿革考

　　王燕玉:《贵阳师范学院学报》1977 年第 4 期

"文郎国"考辨

　　蒋国维:《贵阳师院学报》1980 年第 4 期

试论夜郎国的建立

　　张明:《夜郎研究》,贵州民族出版社 2000 年版

夜郎族属试探

　　刘彬:《民族研究》1980 年第 5 期

夜郎族属为骆越试证

　　朱俊明:《广西民族研究参考资料》,广西壮族自治区民族研究所
1981 年版

从地名探索汉夜郎国的主体民族

　　叶华:《夜郎研究》,贵州民族出版社 2000 年版

句町、夜郎与骆越的文化关系初探

　　颜越虎:《越文化实勘研究论文集》(二),科学出版社 2008 年版

贵州有段石器与古夜郎国的族属研究

　　王海平:《贵州社会科学》1987 年第 6 期

夜郎是布依族先民建立的国家

　　周国茂:《夜郎研究》,贵州民族出版社 2000 年版

.庄蹻西征行军路线考

　　罗荣泉:《贵州师范大学学报》1990 年第 2 期

庄蹻入滇略探

　　王海平:《贵州社会科学》1990 年第 4 期

庄王王滇、王夜郎考辨

　　徐学书:《中华文化论坛》2000 年第 4 期

唐蒙自符关入夜郎考

　　王德埙:《贵州大学学报》(社科版) 2007 年第 6 期

"南夷夜郎"两县考

　　席克定:《贵州文史丛刊》2008 年第 2 期

古夜郎国与昭通地区

　　刘顺良:《云南师范大学学报》1998 年第 1 期

略论夜郎的两个重要历程

　　李建国：《夜郎研究》，贵州民族出版社 2000 年版

夜郎研究述评及新主张——夜郎中心黔南说

　　王义全：《黔南民族师范学院学报》2003 年第 1 期

试述夜郎的势力范围及其中心地区

　　翁家烈：《中国西南夜郎文化研究文集》（卷二），贵州民族出版社
2008 年版

论古夜郎都邑及其与荆楚、巴蜀之关系

　　蒋南华：《贵州教育学院学报》2007 年第 1 期

论夜郎的社会性质

　　翁家烈：《贵阳师院学报》1978 年第 1 期

夜郎社会性质小议

　　余怀彦：《贵州师范大学学报》（社会科学版）2000 年第 3 期

从考古资料探索夜郎

　　席克定：《贵州文史丛刊》1993 年第 3 期

夜郎考古综论

　　宋世坤：《夜郎研究》，贵州民族出版社 2000 年版

夜郎考古思辨与述评

　　梁太鹤：《贵州民族研究》1997 年第 2 期

贵州夜郎考古观察

　　梁太鹤：《夜郎重释》，作家出版社 2004 年版

贵州夜郎时期青铜兵器综述

　　李飞：《夜郎研究》，贵州民族出版社 2000 年版

贵州古代青铜冶铸工艺技术研究

　　刘恩元：《中国科技史料》第 23 卷第 4 期，2002 年

夜郎与夜郎文化辨析

　　蒙礼云：《黔西南民族师专学报》2000 年第 2 期

夜郎文化的内涵与外延

　　高艳、郭长智、熊宗仁：《贵州文史》2002 年第 3 期

夜郎、夜郎文化及其古乐舞复原之我见

　　王德埙：《贵州民族学院学报》2005 年第 1 期

夜郎、夜郎文化及其古乐舞复原之我见

　　王德垺：《中国夜郎文化研究论文集》，贵州民族出版社 2005 年版

从夜郎青铜器的埋藏特点试析夜郎民族葬俗及考古对策

　　唐文元：《夜郎研究》，贵州民族出版社 2000 年版

"夜郎"语源语义考

　　李锦芳、阿炳：《贵州文史丛刊》1998 年第 1 期

贵州岩画与夜郎文化关系试探

　　王天禄：《贵阳师范高等专科学校学报》2003 年第 2 期

贵州民族民间文学中夜郎人原始宗教意识初探

　　李猛：《夜郎重释》，作家出版社 2004 年版

夜郎考古与古代民族葬俗区域文化研究

　　王子尧：《中国西南夜郎文化研究文集》（卷一），贵州民族出版社 2005 年版

夜郎青铜立虎与崇虎信仰试析

　　余宏模：《中国西南夜郎文化研究文集》（卷二），贵州民族出版社 2008 年版

夜郎文化的公共符号

　　王鸿儒：《中国西南夜郎文化研究文集》（卷二），贵州民族出版社 2008 年版

夜郎竹王传说与彝族竹灵崇拜

　　余宏模：《中国西南夜郎文化研究文集》（卷一），贵州民族出版社 2005 年版

夜郎"套头葬"式的彝文献考释

　　王显：《乌蒙论坛》2009 年第 2 期

从可乐考古探索古夜郎及其族属

　　翁家烈：《贵州民族研究》2003 年第 3 期

赫章可乐发掘报告

　　贵州省博物馆考古组、贵州省赫章县文化馆：《考古学报》1986 年第 2 期

战国秦汉西南地区考古的新收获与新思考——读《赫章可乐二〇〇〇年发掘报告》

　　杨勇：《考古》2009 年第 10 期

可乐套头葬俗与南夷原始信仰试析

　　余宏模：《贵州民族研究》2005 年第 1 期

试论可乐文化

　　杨勇：《考古》2010 年第 9 期

贵州研究夜郎五十年述评

　　熊宗仁：《夜郎研究》，贵州民族出版社 2000 年版

贵州夜郎研究五十年

　　熊宗仁：《贵州民族研究》2000 年第 1 期

壮族族称的缘起与演变

　　范宏贵、唐兆民：《民族研究》1980 年第 5 期

关于僮族族源问题的商榷

　　粟冠昌：《民族研究》1959 年第 9 期

我对僮族种族渊源的一点看法

　　林宝航：《广西日报》1962 年 12 月 19 日

试论古越人与壮侗语族诸民族的渊源关系

　　莫俊卿：《百越史研究》，贵州人民出版社 1987 年版

西瓯骆越与壮族的关系

　　张一民、何英德：《广西师范大学学报》1987 年第 2 期

壮族图腾初探

　　梁钟庭：《学术论坛》1982 年第 3 期

壮族鸟图腾考

　　丘振声：《民族艺术》1993 年第 4 期

壮族崇鸡习俗试探

　　黄家理：《中南民族大学学报》1988 年第 2 期

壮族石狗考略——兼谈壮族先民的图腾及其演变

　　陈文：《广西民族研究》1992 年第 2 期

壮族干栏建筑源流谈

　　巫惠民：《广西民族研究》1989 年第 1 期

广西壮族的织锦技术

　　吴伟峰：《广西民族研究》1990 年第 3 期

论壮、傣风习文化的关系

　　蓝鸿恩：《学术论坛》1982 年第 4 期

壮傣、侗水群体分化年代考

　　白耀天、李富强：《广西民族研究》2006 年第 4 期

壮族蜂鼓和瑶族长鼓渊源考

　　陈驹：《民族研究》1984 年第 6 期

壮族古代奴隶制初探

　　周宗贤：《民族研究》1985 年第 2 期

从饮食文化看壮侗诸族的亲缘关系

　　梁敏：《民族研究》1989 年第 1 期

广南壮族来源考

　　孔昭翔：《民族研究》1994 年第 4 期

粤语和壮侗语的现象比较与人类学考察

　　张永钊：《百越史研究》，贵州人民出版社 1987 年版

古代僮族社会性质试探

　　王天奖：《民族团结》1963 年第 2、3 期

略谈宁明花山壁画与壮族的关系

　　陈业铨、韦秋明：《百越史研究》，贵州人民出版社 1987 年版

僮族在广西的历史分布情况

　　黄现璠：《广西日报》1957 年 4 月 19 日

略论僮族名称在历史上的衍化及僮族的伟大贡献

　　刘介：《广西日报》1957 年 1 月 27 日

再论僮族名称在历史上的衍化

　　刘介：《广西日报》1957 年 3 月 23 日

壮、傣二群体越人分化于南越时期索隐

　　白耀天、李富强：《贵州民族研究》2007 年第 1 期

关于侗族名称的来源问题

　　张寿祺：《民族研究》1982 年第 3 期

侗族名称考

　　陈维刚:《民族研究》1981 年第 5 期

侗族族源初探

　　黄才贵:《民族学研究》第三辑，民族出版社 1982 年版

侗族族称、族源初探

　　洪寒松:《贵州民族研究》1985 年第 4 期

试议侗族为土著骆越说

　　张民:《贵州民族研究》1993 年第 4 期

侗族源于"干越"考

　　龙耀宏:《贵州民族研究》1987 年第 4 期

释"干"——兼证侗族族称族源

　　张民:《贵州民族研究》1990 年第 3 期

侗族饮食习俗及其在当代的变迁

　　秦秀强:《民族研究》1989 年第 6 期

鼓楼下的侗族文明

　　史继忠:《越文化实勘研究论文集》(二)，科学出版社 2008 年版

从楚简考证侗族与楚、苗之间的关系

　　林河:《贵州民族研究》1982 年第 1 期

侗族与铜鼓

　　杨权、郑国乔、龙耀宏:《贵州民族研究》1990 年第 3 期

侗族民歌与越歌的比较研究

　　林河:《湖南民族研究》1985 年第 2 期

瑶族族源探讨

　　李干芬:《思想战线》1980 年第 3 期

试论瑶族族源的几个问题

　　韩肇明:《学术论坛》1980 年第 2 期

瑶族与古越族的关系

　　客观夏:《中南民族学院学报》1982 年第 3 期

瑶人的来源和迁徙

　　何光岳:《广西民族学院学报》1986 年第 1 期

关于瑶族源于古"摇民"初探

    徐仁瑶：《民族研究》1983 年第 5 期

瑶族、布依族历史上几个问题的讨论

    通讯：《民族研究》1980 年第 3 期

体现瑶族主体意识的盘瓠传说

    容观敻：《容观敻人类学民族学文集》，民族出版社 2003 年版

广东瑶族与百越族（俚僚）的关系

    李默：《中南民族学院学报》1986 年增刊

瑶族迁徙之路调查

    姚舜安：《民族研究》1988 年第 2 期

瑶史拾零——谈:《四库全书》宋、元集部札记

    李默：《民族研究》1995 年第 2 期

瑶族历史三题

    容观敻：《容观敻人类学民族学文集》，民族出版社 2003 年版

瑶族研究概述

    胡起望、华祖根：《民族研究动态》1985 年第 3 期

傣族源流考

    王军：《云南社会科学》1986 年第 2 期

傣族源流考

    王军：《百越史研究》，贵州人民出版社 1987 年版

从越人到泰人（上）

    黄惠焜：《思想战线》1990 年第 6 期

从越人到泰人（下）

    黄惠焜：《云南民族学院学报》1990 年第 4 期

傣族在历史上的地理分布

    江应梁：《云南大学学术论文集》1962 年第 1 期

古代文献中记录的傣族

    江应梁：《民族团结》1962 年第 4 期

泰国泰族探源

    许肇林：《中山大学学报》1991 年第 3 期

掸傣民族源流问题述论

    王文光：《民族史研究论稿》，云南大学出版社 2007 年版

滇越、掸、傣源流

    侯方岳、李景煜：《百越民族史论丛》，广西人民出版社 1985 年版

傣族历史上的麓川王都城城址考辨

    刘扬武：《民族研究》1981 年第 4 期

傣族和黎族的自称

    李钊祥：《民族研究》1985 年第 5 期

傣族的巫师及其演变

    朱德普：《民族研究》1994 年第 2 期

傣族的虎图腾

    朱德普：《民族研究》1995 年第 6 期

傣泰民族起源再探

    何平：《民族研究》2006 年第 5 期

傣泰民族起源和迁徙问题补正

    罗美珍：《民族研究》2006 年第 5 期

南诏不是傣族建立的国家

    江应梁：《云南大学学报》1959 年第 10 期

哀牢夷的族属及其与南诏的渊源

    黄惠焜：《思想战线》1977 年第 12 期

"南诏泰族王国说"的由来与破产

    黄惠焜：《中国社会科学》1990 年第 3 期

濮为越说——兼论濮、越人的地理分布

    潘世雄：《中南民族学院学报》1986 年增刊

先秦时期濮、越的民族关系

    方铁：《中国西南文化研究》（3），云南民族出版社 1998 年版

"濮"和"越"是我国古代南方两个不同的民族

    蒋炳钊：《百越民族史论丛》，广西人民出版社 1985 年版

濮越异同论

    朱俊明：《百越民族史论丛》，广西人民出版社 1985 年版

越濮不同源

　　汪宁生：《中南民族学院学报》1986 年增刊

侗傣语族族源与“百濮”、“百越”之关系初探

　　雷广正：《贵州民族研究》1980 年第 2 期

试探考古学上的濮文化

　　舒向今：《民族研究》1993 年第 1 期

“濮”与船棺葬关系小议

　　梁钊韬：《中南民族学院学报》1986 年增刊

云南濮族考

　　朱希祖：《青年中国季刊》1939 年创刊号

关于云南濮人问题

　　龚荫：《昆明师院学报》1982 年第 3 期

说濮

　　江应梁：《思想战线》1980 年第 1 期

说楚濮

　　李景煜：《湖南民族研究》1985 年第 4 期

贵州古代濮、僚、越族属的关系

　　翁家烈：《贵州民族研究》1980 年第 1 期

试论百濮与百越的异同

　　黄现璠：《思想战线》1982 年第 1 期

布依族族源研究

　　莫俊卿：《贵州民族研究》1980 年第 2 期

浅谈布依族的族源

　　侯绍庄：《西南民族学院学报》1980 年第 3 期

布依族与古百越的源流关系

　　雷广正：《百越史研究》，贵州人民出版社 1987 年版

布依族的来源及其古代社会经济的发展

　　华西：《民族研究》1960 年第 4 期

布依族鱼图腾崇拜溯源

　　谷因：《民族研究》1999 年第 1 期

仡佬族的民族来源和迁徙

　　华西：《民族研究》1960 年第 6 期

仡佬族族源探讨

　　张介文、韩肇明：《学术论坛》1981 年第 2 期

仡佬族的社会历史分期及其与越的关系

　　翁家烈：《百越史研究》，贵州人民出版社 1987 年版

论濮、僚与仡佬的相互关系

　　田曙岚：《思想战线》1980 年第 4 期

仡佬族古代史问题

　　万斗云：《贵州民族研究》1981 年第 2 期

纳西族的渊源、迁徙和分布

　　方国瑜、和志武：《民族研究》1979 年第 1 期

土家族族源的几种看法

　　张仁牧、向天喜：《民族研究》1984 年第 1 期

土家族族称演变

　　彭官覃：《民族研究》1988 年第 2 期

土族姓氏初探

　　李克郁：《民族研究》1982 年第 6 期

苍梧族的源流与南迁

　　何光岳：《学术论坛》1982 年第 4 期

说苍梧九疑零陵

　　钱穆：《齐鲁学报》1941 年第 1 卷

对白族起源、形成和名称由来的看法

　　杜昆：《民族研究》1960 年第 1 期

水族来源初探

　　王品魁、莫俊卿：《民族团结》1981 年第 3 期

水族的文化艺术

　　华西：《民族研究》1960 年第 3 期

龙江两岸的水族——水族族源及其与壮族的关系

　　陈国安：《越文化实勘研究论文集》（二），科学出版社 2008 年版

僚族源流考释

　　王文光：《民族史研究论稿》，云南大学出版社 2007 年版

骆、僚研究

　　田曙岚：《中南民族学院学报》1986 年增刊

古代西江俚僚概说

　　刘伟铿：《民族研究》1993 年第 5 期

南朝岭南俚僚概论

　　吴永章：《百越民族研究》，江西教育出版社 1990 年版

苗瑶文化与越文化关系探源

　　徐仁瑶：《东南文化》1992 年第 6 期

三苗综议

　　吴永章：《民族研究》1987 年第 2 期

试论"三苗"与苗族的关系

　　张岳奇：《贵州民族研究》1981 年第 4 期

三危、三苗的来源、迁徙和融合

　　何光岳：《湖南民族研究》1983 年试刊

论苗族历史上的四次大迁徙

　　伍新福：《民族研究》1990 年第 6 期

中国苗族亲子连名制初探

　　宇晓：《民族研究》1994 年第 5 期

民族文化研究的硕果——《苗族文化史》评介

　　罗庆康：《民族研究》2001 年第 1 期

楚人、楚国与苗族

　　伍新福：《民族研究》2001 年第 1 期

古代与近代时期的苗族社会经济

　　苗原：《民族研究》1960 年第 5 期

苗族古史刍议

　　吴雪俦：《民族研究》1982 年第 6 期

海南省苗族族属问题

　　容观夐：《容观夐人类学民族学文集》，民族出版社 2003 年版

苗族的鼓社祭

    潘光华：《贵州民族研究》1981 年第 4 期

苗族鸟图腾崇拜刍议

    李子和：《贵州民族研究》1986 年第 4 期

苗族先民的鸱鸮图腾崇拜

    马少侨：《湖南民族研究》1985 年第 2 期

汉初越人北徙及其江淮、沔北苗裔考

    张雄：《中南民族学院学报》1986 年第 2 期

畲族的名称、来源和迁徙

    徐规：《杭州大学学报》1962 年第 1 期

畲族的名称、来源和迁徙

    徐规：《畲族研究论文集》，民族出版社 1987 年版

畲族祖源初探

    蒋炳钊：《民族研究》1980 年第 4 期

关于畲族的来源

    蒋炳钊：《中央民族学院学报》1984 年第 2 期

关于畲族来源问题

    蒋炳钊：《畲族研究论文集》，民族出版社 1987 年版

关于畲族来源与迁徙

    施联朱：《施联朱民族研究文集》，民族出版社 2003 年版

关于畲族来源与迁徙

    施联朱：《畲族研究论文集》，民族出版社 1987 年版

试论闽、越与畲族的关系

    陈元煦：《畲族研究论文集》，民族出版社 1987 年版

关于畲族来源

    王克旺等：《畲族研究论文集》，民族出版社 1987 年版

再谈畲族族源

    王克旺等：《畲族研究论文集》，民族出版社 1987 年版

畲族源于山越

    雷先根：《丽水师专学报》1998 年第 1 期

古代夷越、畲族关系探微

　　邹身城：《中央民族大学学报》1991 年第 2 期

浙江省少数民族——畲族简介

　　王克旺：《杭州师院学报》1980 年第 1 期

广东畲族族源问题管见

　　容观复：《中南民族学院学报》1986 年第 4 期

畲族族源东夷说新证

　　张崇根：《中南民族学院学报》1986 年第 4 期

畲族族源新证

　　张崇根：《畲族研究论文集》，民族出版社 1987 年版

关于畲族祖籍和民族形成问题

　　周沐照：《畲族研究论文集》，民族出版社 1987 年版

关于畲族族源的若干问题

　　石奕龙：《畲族研究论文集》，民族出版社 1987 年版

闽、粤、赣交界地是畲族历史上的聚居区

　　将炳钊：《畲族研究论文集》，民族出版社 1987 年版

闽、粤、赣交界地区原住民族的再研究

　　郭志超：《厦门大学学报》1996 年第 3 期

畲族文化史

　　施联朱：《施联朱民族研究文集》，民族出版社 2003 年版

畲民的图腾崇拜

　　何联奎：《民族学研究集刊》1936 年第 11 期

畲族祭图腾风俗

　　蓝荣渭等：《浙江民俗》1981 年第 3 期

畲族盘姓去向探讨——兼论畲瑶关系

　　蓝万清：《民族研究》1989 年第 3 期

畲瑶关系新证——暹罗《徭人文书》的《游梅山书》与唐代之开梅山

　　饶宗颐：《畲族研究论文集》，民族出版社 1987 年版

畲姓变化考析

　　郭志超、董建辉：《民族研究》1998 年第 2 期

试论粤东历史上的畲族和瑶族

　　练铭志:《民族研究》1998 年第 5 期

从盘瓠神话看苗、瑶、畲三族渊源关系

　　石光树:《畲族研究论文集》,民族出版社 1987 年版

从盘瓠神话看苗、瑶、畲三族的渊源关系

　　石光树:《中央民族学院学报》1982 年第 3 期

海南岛黎人源出越族考

　　罗香林:《中夏系统中的百越》,独立出版社 1943 年版

海南岛黎人源出越族考

　　罗香林:《百越源流与文化》,台湾中华丛书编审委员会 1955 年版

海南黎族起源之初步探讨

　　刘咸:《西南研究》第 1 卷第 1 期,1940 年

黎源新探

　　黄敬刚:《中央民族学院学报》2002 年第 3 期

从考古发现探讨海南岛早期居民问题

　　杨式挺:《岭南文物考古论集》,广东省地图出版社 1998 年版

海南岛黎族社会史初步研究

　　梁钊韬:《中山大学学报》1955 年第 1 期

关于百越民族社会经济形态和黎族族源的讨论

　　华峰:《民族研究》1985 年第 2 期

黎族名称的由来小议

　　欧阳觉亚:《民族研究》1980 年第 2 期

黎族史散论

　　吴永章:《民族研究》2000 年第 6 期

海南黎人文身之研究

　　刘咸:《民族研究集刊》1936 年第 1 期

浓墨重彩绘新卷——《黎族史》一书评介

　　田敏:《民族研究》1998 年第 3 期

黎族史研究中的几个问题

　　邢关英:《学术研究》1985 年第 4 期

黎族文身习俗初探

　　王恩：《百越文化研究》，厦门大学出版社 2005 年版

对当前黎族史研究的几点思考

　　容观夐：《中南民族学院学报》（人文社会科学版）2001 年第 6 期

乙编　著作

第一部分　越国文化研究著作

《吴越徐舒金文集释》

董楚平著，浙江古籍出版社 1992 年版

《东周鸟篆文字编》

张光裕、曹锦炎主编，香港翰墨轩出版有限公司 1994 年版

《吴越文字汇编》

施谢捷编著，江苏教育出版社 1998 年版

《鸟虫书通考》

曹锦炎著，上海书画出版社 1999 年版

《中国青铜器全集》第 11 卷

《中国青铜器全集》编辑委员会编，文物出版社 1997 年版

《殷周金文集成》修订增补本

中国社会科学院考古研究所编，中华书局 2007 年版

《古越阁藏商周青铜兵器》

王振华著，台北古越阁 1993 年版

《新出青铜器研究》

李学勤著，文物出版社 1990 年版

《皖南商周青铜器》

安徽大学、安徽省文物考古研究所编，文物出版社 2006 年版

《江南铜研究——中国古代青铜铜源的探索》

裘士京著，黄山书社 2004 年版

《吴越和百越地区周代青铜器研究》

郑小炉著，科学出版社 2007 年版

《吴越地区青铜器研究论文集》

　　马承源主编，香港两木出版社 1998 年版

《中国青铜文化结构体系研究》

　　李伯谦著，科学出版社 1998 年版

《东南亚古代金属考》

　　［奥］弗郎茨·黑格尔著，石钟健、黎广秀、杨才秀译，上海古籍
出版社 2004 年版

《中国古代南方印纹陶》

　　彭适凡著，文物出版社 1987 年版

《古史辨》（第一册）

　　顾颉刚编著，上海古籍出版社 1982 年版

《先秦诸子系年考辨》

　　钱穆著，中华书局 1985 年版

《古代越族方言考》

　　罗香林著，上海书店出版社 1990 年影印本

《六国纪年》

　　陈梦家著，学习生活出版社 1955 年版

《吴越历史与考古论丛》

　　曹锦炎著，文物出版社 2007 年版

《吴越文化论丛》

　　吴越史地研究会编，江苏研究社 1937 年版，上海文艺出版社 1990
年影印本

《吴越文化论丛》

　　陈桥驿著，中华书局 1999 年版

《吴越春秋选译》

　　刘玉才译注，巴蜀书社 1991 年版

《吴越春秋全译》

　　张觉译，贵州人民出版社 1993 年版

《吴越春秋全译》修订版

　　张觉译，贵州人民出版社 2008 年版

《〈吴越春秋〉研究》

　　丰坤武、张元岭著，天津人民出版社 1998 年版

《吴越春秋辑校汇考》

　　周生春著，上海古籍出版社 1997 年版

《越绝书（附清钱培名、俞樾札记二种）》

　　张宗祥注，商务印书馆 1956 年版

《白话吴越春秋》

　　黄仁生译，岳麓书社 1998 年版

《白话越绝书》

　　刘建国译，岳麓书社 1998 年版

《越绝书全译》

　　俞纪东译，贵州人民出版社 2000 年版

《越绝书译注》

　　张仲清译注，人民出版社 2009 年版

《越绝书校注》

　　张仲清著，国家图书馆出版社 2009 年版

《吴越文化新探》

　　董楚平著，浙江人民出版社 1988 年版

《吴越史事编年》

　　诸葛计、银玉珍编，浙江古籍出版社 1980 年版

《越史丛考》

　　蒙文通著，人民出版社 1983 年版

《越国纪年新编》

　　陈瑞苗、陈国祥编著，宁波出版社 1999 年版

《越国史稿》

　　孟文镛著，中国社会科学出版社 2010 年版

《古越国兴衰变迁研究》

　　马雪芹著，齐鲁书社 2008 年版

《越国文化》

　　方杰主编，上海社会科学院出版社 1998 年版

《绍兴越文化》

　　孟文镛著，中华书局 2004 年版

《中华文化格局中的越文化》

　　潘承玉著，人民出版社 2010 年版

《吴越文化志》

　　董楚平、金永平著，上海人民出版社 1998 年版

《吴越文化》（中国地域文化丛书）

　　张荷著，辽宁教育出版社 1991 年版

《吴越文化》（20 世纪中国文物考古发现与研究丛书）

　　冯普仁著，文物出版社 2007 年版

《吴越文化：中国的灵秀与江南水乡》（中国地域文化大系）

　　梁白泉著，上海远东出版社、香港商务印书馆 1998 年版

《吴越文化》

　　钱茂伟著，群众出版社 1998 年版

《吴越文化》（中国文化知识读本）

　　谷英姿、金开诚著，吉林文史出版社 2010 年版

《吴越文化论——东夷文化之光》

　　王少华著，北京大学出版社 2009 年版

《长江下游的徐舒与吴越》

　　毛颖、张敏著，湖北教育出版社 2005 年版

《吴越文化的越海东传与流布》

　　蔡丰明主编，学林出版社 2006 年版

《越国古都诸暨》

　　朱再康著，西泠印社出版社 2010 年版

《吴越春秋史话》

　　萧军著，黑龙江人民出版社 1980 年版

《吴越春秋》（新历史文学系列）

　　李劼著，知识出版社 2003 年版

《吴越风云》

　　史莽著，浙江人民出版社 1980 年版

《闲品吴越春秋事》

　　阿蒙编著，京华出版社 2006 年版

《吴越春秋故事》

　　刘淑珍、张卫军著，华夏出版社 2004 年版

《钱塘逸闻轶事：吴越故事》

　　田叔禾著，六艺书局 1928 年版

《吴越争霸》

　　李玉生、王仁岭编，河北人民出版社 1984 年版

《越国复兴》

　　教育部民众读物编审委编，正中书局 1939 年版

《吴越故事》

　　刘清编，经纬书局 1938 年版

《吴越的故事》

　　缪咏禾著，江苏人民出版社 1962 年版

《胆剑篇》

　　曹禺著，中国戏剧出版社 1962 年版

《吴越春秋》

　　李梦苏著，内蒙古人民出版社 2003 年版

《越王勾践新传》

　　杨善群著，上海人民出版社 1988 年版

《勾践家世》

　　刘亦冰著，北京出版社 2004 年版

《勾践》

　　卫聚贤著，胜利出版社 1944 年版

《越王勾践复国记》

　　王禹卿著，湖南人民出版社 1957 年版

《越王勾践》

　　杨小白著，浙江文艺出版社 1997 年版

《卧薪尝胆》

　　朱泽甫著，上海民众书店 1942 年版

《卧薪尝胆的故事》

　　王斯谛著，中华书局 1962 年版

《西施的故事》

　　浙江文艺出版社编，浙江文艺出版社 1983 年版

《西施寻踪》

　　李战编撰，方志出版社 2003 年版

《西施传说》

　　朱秋枫编，浙江摄影出版社 2009 年版

《陶朱公救国救民》

　　朱泽甫著，上海民众书店 1942 年版

《范蠡》

　　夏廷献著，解放军出版社 1996 年版

《范蠡》

　　朱顺佐著，香港天马图书有限公司 2004 年版

《范蠡大传》

　　陈文德著，九州出版社 2006 年版

《经营之神：范蠡》

　　若木著，时事出版社 2005 年版

《商圣范蠡评传》

　　侯同江、陈义初著，河南人民出版社 2007 年版

《千秋商祖范蠡全传》

　　雷蕾著，华中科技大学出版社 2010 年版

《破解范蠡的智慧》

　　洪波著，上海大学出版社 2009 年版

《于越先贤传》

　　绍兴越文化研究所编，华龄出版社 2002 年版

《越文化精神论》

　　朱志勇著，人民出版社 2010 年版

《越地学术思想论》

　　梁涌著，人民出版社 2010 年版

《越文学艺术论》
　　高利华、邹贤尧、渠晓云著，人民出版社 2011 年版
《越中名士文化论》
　　陈望衡著，人民出版社 2010 年版
《越地经济文化论》
　　刘孟达、章融著，人民出版社 2011 年版
《越地民俗文化论》
　　寿永明、宋浩成、俞婉君著，人民出版社 2010 年版
《越地非物质文化遗产综论》
　　仲富兰、何华湘著，人民出版社 2010 年版
《越文化研究文集》
　　李永鑫、张伟波主编，中华书局 2001 年版
《2002 年绍兴越文化国际学术研讨会论文集》
　　连晓鸣、李永鑫主编，浙江古籍出版社 2006 年版
《胆剑精神文集》
　　李永鑫、俞云根主编，绍兴市社会科学界联合会 2004 年
《中国传统文化与越文化》
　　费君清主编，人民出版社 2004 年版
《海峡两岸越文化研究》
　　费君清、王建华主编，人民出版社 2005 年版
《越文化与水环境研究》
　　王建华主编，人民出版社 2008 年版
《鉴湖水系与越地文明》
　　王建华主编，人民出版社 2008 年版
《中国柯桥·越国文化高峰论坛文集》
　　林华东、季承人主编，浙江人民出版社 2011 年版
《中国越学》（第一辑）
　　王建华主编，中国社会科学出版社 2009 年版
《中国越学》（第二辑）
　　王建华主编，中国文联出版社 2010 年版

《越文化实勘研究论文集》（一）

　　车越乔、颜越虎主编，中华书局 2005 年版

《越文化实勘研究论文集》（二）

　　车越乔、颜越虎主编，科学出版社 2008 年版

《越风（2007）》

　　鲁锡堂主编，绍兴市越文化研究会 2007 年版

《越风（2008）》

　　鲁锡堂主编，西泠印社出版社 2008 年版

《越风（2009）》

　　鲁锡堂主编，中国戏剧出版社 2010 年版

《姑蔑历史文化论文集》

　　陆民主编，人民日报出版社 2004 年版

《中国吴越文化研究选粹》

　　黄胜平主编，作家出版社 2011 年版

《中国吴越文化比较研究》

　　黄胜平主编，作家出版社 2011 年版

《中国吴越文化人物研究》

　　黄胜平主编，作家出版社 2011 年版

《中国吴越春秋风云》

　　黄胜平、王国平编著，作家出版社 2011 年版

《吴越文化史话》

　　王遂今著，浙江大学出版社 2005 年版

《吴越山海经》

　　钟伟今搜集整理，上海人民出版社 1989 年版

《吴越杂识》

　　余方德著，黄山书社 2001 年版

《吴越杂识》

　　陆咸著，古吴轩出版社 2008 年版

《吴越访古录》

　　姚承绪著，江苏古籍出版社 1999 年版

《中国民间文化：吴越地区民间艺术》

姜彬主编，学林出版社 1994 年版

《吴越民间信仰民俗：吴越地区民间信仰与民间文艺关系的考察和研究》

姜彬主编，上海文艺出版社 1992 年版

《祭坛古歌与中国文化：吴越神歌研究》

顾希佳著，人民出版社 2000 年版

《浙江歌谣源流史》

朱秋枫著，浙江古籍出版社 2004 年版

《中国古代小说与吴越文化》

万晴川著，光明日报出版社 2010 年版

《吴越文化视野中的绍兴方言研究》

吴子慧著，浙江大学出版社 2007 年版

《吴越丧葬文化》

陈华文、陈淑君著，华文出版社 2008 年版

《浙江民俗》

浙江民俗学会编，上海文艺出版社 1991 年版

《浙江民俗研究》

［日］铃木满男主编，浙人民出版社 1992 年版

《江南风俗》

刘克宗、孙仪主编，江苏人民出版社 1991 年版

《印山越王陵》

浙江省文物考古研究所、绍兴县文物保护管理所编著，文物出版社 2002 年版

《鸿山越墓发掘报告》

南京博物院、江苏省考古研究所等编，文物出版社 2007 年版

《大越遗珍：鸿山越墓文物菁华》

南京博物院、江苏省考古研究所等编，文物出版社 2008 年版

《鸿山越墓出土礼器》

南京博物院、江苏省考古研究所等编，文物出版社 2007 年版

《鸿山越墓出土乐器》

南京博物院、江苏省考古研究所等编，文物出版社 2007 年版

《鸿山越墓出土玉器》

南京博物院、江苏省考古研究所等编，文物出版社 2007 年版

《浙江越墓》

浙江省文物考古研究所编著，科学出版社 2009 年版

《屯溪土墩墓发掘报告》

李国梁主编，安徽人民出版社 2006 年版

《江南土墩墓遗存研究》

杨楠著，民族出版社 1998 年版

《寿县蔡侯墓出土遗物》

安徽省文物管理委员会、安徽省博物馆编，科学出版社 1956 年版

《长沙发掘报告》

中国科学院考古研究所编，科学出版社 1975 年版

《浙江考古新纪元》

浙江省文物考古研究所编，科学出版社 2009 年版

《浙江文物》

浙江省博物馆编，浙江人民出版社 1987 年版

《浙江七千年》（浙江省博物馆藏品集）

《浙江七千年》编委会编，浙江人民美术出版社 1994 年版

《浙江考古精华》

浙江省文物考古研究所编，文物出版社 1999 年版

《真如集：浙江省考古学会学术论文集》

浙江省考古学会编，西泠印社出版社 2002 年版

《越地范金》

浙江省博物馆编，浙江古籍出版社 2009 年版

《越地遗珍》（上下册）

冯健主编，西泠印社出版社 2007 年版

《绍兴文物精华》（上卷）

高军主编，浙江人民美术出版社 1999 年版

《绍兴文物精华》（下卷）

  高军主编，浙江人民美术出版社 2000 年版

《绍兴文物志》

  宣传中主编，中华书局 2006 年版

《绍兴县文物志》

  绍兴县文物保护管理所编，浙江古籍出版社 2002 年版

《诸暨县文物志》

  方志良编，诸暨县文化广播电视局 1988 年版

《文明的记忆：绍兴历史图说》

  宣传中、高军主编，中华书局 2010 年版

《杭州文物与古迹》

  王士伦编，文物出版社 1988 年版

《萧山文物》

  萧山市政协文史工作委员会等编，西泠印社出版社 2000 年版

《余杭文物志》

  陈燕贻主编，中华书局 2000 年版

《余姚文物图录》

  叶树望主编，香港天马图书有限公司 2002 年版

《宁波文物集粹》

  董贻安主编，华夏出版社 1996 年版

《德清火烧山——原始瓷窑址发掘报告》

  浙江省文物考古研究所等编，文物出版社 2008 年版

《探索中国瓷之源——德清窑》

  朱建明著，西泠印社出版社 2009 年版

《瓷之源——德清原始瓷窑址考古成果暨原始瓷精品展》

  浙江省博物馆编，中国文化艺术出版社 2009 年版

《独仓山与南王山》

  浙江省文物考古研究所、德清县博物馆编，科学出版社 2007 年版

《瓷器与浙江》

  陈万里著，中华书局 1946 年版

《越器图录》

　　陈万里著，中华书局 1937 年版

《浙江陶瓷发展史略》

　　乐梅新、叶宏明编，浙江省桂酸盐学会 1985 年版

《越窑青瓷文化史》

　　徐定宝主编，人民出版社 2001 年版

《绍兴越窑》

　　周燕儿、沈作霖、周乃复著，中华书局 2004 年版

《萧山古陶瓷》

　　施加农主编，文物出版社 2007 年版

《2007'中国越窑高峰论坛论文集》

　　沈琼华主编，文物出版社 2008 年版

《浙江省文物考古研究所学刊——2002 年越窑国际学术讨论会专辑》

　　浙江省文物考古研究所编，杭州出版社 2002 年版

《中国南方原始瓷窑业研究》

　　王屹峰著，中国书店 2010 年版

《浙江丝绸史》

　　朱新予著，浙江人民出版社 1985 年版

《浙江丝绸文化史话》

　　袁宣萍著，宁波出版社 1999 年版

《江南丝绸史研究》

　　范金民著，农业出版社 1993 年版

《浙江经济文化史研究》

　　林正秋著，浙江古籍出版社 1989 年版

《长江流域经济文化初探》

　　上海炎黄文化研究会编，上海人民出版社 1999 年版

《中国稻作史》

　　游修龄著，中国农业出版社 1995 年版

《稻作文化与江南民俗》

　　姜彬著，上海文艺出版社 1996 年版

《中国历史上的基本经济区与水利事业的发展》

　　冀朝鼎著，中国社会科学出版社 1981 年版

《浙江航运史》（古近代部分）

　　童隆福主编，人民交通出版社 1993 年版

《绍兴农业发展史略》

　　洪惠良、祁万荣编著，杭州大学出版社 1991 年版

《鉴湖与绍兴水利——纪念鉴湖建成 1850 周年暨绍兴平原古代水利研讨
会论文集》

　　盛鸿郎主编，中国书店 1991 年版

《绍兴水文化》

　　盛鸿郎著，中华书局 2004 年版

《鉴水流长》

　　邱志荣著，新华出版社 2002 年版

《浙江文化史》

　　沈善洪、费君清主编，浙江大学出版社 2009 年版

《浙江文化史》

　　滕复等编，浙江人民出版社 1992 年版

《中国江南：寻绎日本文化的源流》

　　王勇主编，当代中国出版社 1996 年版

《绍兴史纲》（越国部分）

　　傅振照著，百家出版社 2002 年版

《绍兴史话》

　　陈桥驿著，上海人民出版社 1982 年版

《绍兴历史地理》

　　车越乔、陈桥驿著，上海书店出版社 2001 年版

《绍兴古城》

　　屠剑虹著，西泠印社出版社 2008 年版

《绍兴越王城》

　　绍兴市政协文史资料委员会编，中国文史出版社 2009 年版

《宁波与日本航海交往史话》

　　董有华、李建树编，中国国际广播出版社 2000 年版

第二部分　先越文化研究著作

《跨湖桥：浦阳江流域考古报告之一》
　　浙江省文物考古研究所等编，文物出版社 2004 年版
《跨湖桥文化论集》
　　林华东、任关甫主编，人民出版社 2009 年版
《河姆渡：新石器时代遗址考古发掘报告》
　　浙江省文物考古研究所编，文物出版社 2003 年版
《七千年前的奇迹——河姆渡遗址》
　　梅福根、吴玉贤著，上海科技出版社 1982 年版
《河姆渡访古》
　　劳伯敏著，浙江少年儿童出版社 1989 年版
《河姆渡文化初探》
　　林华东著，浙江人民出版社 1992 年版
《中国河姆渡文化》
　　刘军、姚仲源著，浙江人民出版社 1993 年版
《河姆渡文化探源》
　　陈忠来著，团结出版社 1993 年版
《浙江余姚河姆渡新石器时代遗址动物群》
　　魏丰、吴维棠、张明华、韩德芬编著，海洋出版社 1989 年版
《河姆渡——中华远古文化之光》
　　邵九华编著，中国大百科全书出版社 1998 年版
《远古文化之光：河姆渡遗址博物馆》
　　邵九华等编，中国大百科全书出版社 1998 年版
《河姆渡文化研究》
　　浙江省文物局等编，杭州大学出版社 1998 年版
《重回河姆渡》（发现中国丛书）
　　张东著，上海古籍出版社 2010 年版
《河姆渡文化史话》
　　季学原、诸焕灿著，宁波出版社 1999 年版

《太阳神的故乡》

　　陈忠来著，宁波出版社 2000 年版

《河姆渡的传说》

　　刘华主编，当代中国出版社 2001 年版

《河姆渡遗址》（中国文化知识读本）

　　李忠丽著，吉林文史出版社 2010 年版

《远古江南：河姆渡遗址》

　　孙国平著，天津古籍出版社 2010 年版

《河姆渡文化》（20 世纪中国文物考古发现与研究丛书）

　　刘军著，文物出版社 2006 年版

《河姆渡文化精粹》

　　叶树望主编，文物出版社 2002 年版

《稻米部族：河姆渡遗址考古大发现》

　　周新华著，浙江文艺出版社 2002 年版

《河姆渡文化新论——海峡两岸河姆渡文化学术研讨会论文集》

　　王慕民、管敏义主编，海洋出版社 2002 年版

《马家浜文化——江南文化之源》

　　嘉兴市文化局主编，浙江摄影出版社 2004 年版

《金坛三星村出土文物精华》

　　南京师范大学、金坛市博物馆编，南京出版社 2004 年版

《崧泽——新石器时代遗址发掘报告》

　　上海市文物保管委员会编，文物出版社 1986 年版

《南河浜：崧泽文化遗址发掘报告》

　　浙江省文物考古研究所编，文物出版社 2005 年版

《崧泽文化》

　　朱习理主编，上海人民出版社 1992 年版

《崧泽·良渚文化在嘉兴》

　　嘉兴市文化局编，浙江摄影出版社 2005 年版

《杭县良渚之石器与黑陶》

　　何天行著，吴越史地研究会 1937 年版

《杭州古荡新石器时代遗址之试掘报告》

　　浙江省立西湖博物馆、吴越史地研究会合编，西湖博物馆 1937 年版

《良渚：杭县第二区黑陶文化遗址初步报告》

　　施昕更著，浙江省教育厅 1938 年版

《瑶山：良渚遗址群考古报告之一》

　　浙江省文物考古研究所编，文物出版社 2003 年版

《反山：良渚遗址群考古报告之二》（上、下）

　　浙江省文物考古研究所编，文物出版社 2005 年版

《良渚遗址群：良渚遗址群考古报告之三》

　　浙江省文物考古研究所编，文物出版社 2005 年版

《庙前：良渚遗址群考古报告之四》

　　浙江省文物考古研究所编，文物出版社 2005 年版

《浙江省文物考古研究所学刊》（纪念良渚文化发现七十周年学术研讨会论文集）

　　浙江省文物考古研究所编，文物出版社 2006 年版

《浙江省文物考古研究所学刊》（第二届中国古代玉器与传统文化学术讨论会专辑）

　　浙江省文物考古研究所编，杭州出版社 2004 年版

《良渚文化古玉》

　　浙江省文物考古研究所等编，文物出版社、香港两木出版社 1990 年版

《良渚古玉》

　　陈文锦、周新华文，孙之常等摄影，浙江人民美术出版社 1996 年版

《良渚古玉》

　　浙江文物局编，浙江人民美术出版社 1996 年版

《东方文明之光：良渚文化玉器》（中英文）

　　林业强著，香港中文大学出版社 1998 年版

《良渚文化研究》

　　林华东著，浙江教育出版社 1998 年版

《良渚文化综合研究》

　　刘恒武著，科学出版社 2008 年版

《酋邦与国家的起源：长江流域文明起源比较研究》

　　段瑜著，中华书局 2007 年版

《良渚文化史话》

　　陈白夜著，宁波出版社 1999 年版

《良渚文化》（余杭县政协文史资料第三辑）

　　浙江省余杭县政协文史资料委员会编，1987 年

《文明的曙光——良渚文化》

　　余杭市政协文史资料委员会等编，浙江人民出版社 1996 年版

《文明的曙光：良渚文化文物精品集》

　　中国国家博物馆、浙江省文物局编，中国社会科学出版社 2005 年版

《东方文明之光——良渚文化发现 60 周年纪念文集》

　　徐湖平主编，海南国际新闻中心 1996 年

《良渚文化研究——纪念良渚文化发现六十周年国际学术讨论会论文集》

　　浙江省文物考古研究所编，科学出版社 1999 年版

《良渚文化探秘》

　　浙江省社会科学院国际良渚文化研究中心编，人民出版社 2006 年版

《良渚文化玉器》（中国古玉器图鉴）／（中国收藏鉴赏丛书）

　　余继明编，浙江大学出版社 2001 年版

《良渚文化与中国文明的起源》

　　周膺著，浙江大学出版社 2010 年版

《美丽洲：良渚文化与良渚学引论》

　　周膺著，中华书局 2000 年版

《美丽旧世界：良渚文化与杭州的缘起》

　　周膺著，当代中国出版社 2002 年版

《中国 5000 年文明第一证：良渚文化与良渚古国》

　　周膺、吴晶著，浙江大学出版社 2004 年版

《东方文明的曙光：良渚遗址与良渚文化》
　　周膺著，五洲传播出版社 2007 年版
《神圣与精致——良渚文化玉器研究》（良渚文化研究丛书）
　　蒋卫东著，浙江摄影出版社 2007 年版
《湮灭的古国故都——良渚遗址概论》（良渚文化研究丛书）
　　赵晔著，浙江摄影出版社 2007 年版
《神巫的世界——良渚文化综论》（良渚文化研究丛书）
　　刘斌著，浙江摄影出版社 2007 年版
《饭稻衣麻——良渚人的衣食文化》（良渚文化研究丛书）
　　俞为洁著，浙江摄影出版社 2007 年版
《遥远的村居——良渚文化的聚落和居住形态》（良渚文化研究丛书）
　　王宁远著，浙江摄影出版社 2007 年版
《展开 4000 年前折叠的历史——共工传说与良渚文化平行关系研究》
　　扎拉嘎著，中央民族大学出版社 2009 年版
《福泉山——新石器时代遗址发掘报告》
　　上海市文物管理委员会编，文物出版社 2000 年版
《福泉山——上海历史之源》
　　吴跃进主编，上海文汇出版社 2007 年版
《凌家滩：田野考古发掘报告之一》
　　安徽省文物考古研究所编，文物出版社 2006 年版
《凌家滩文化研究》
　　安徽省文物考古研究所编，文物出版社 2006 年版
《凌家滩玉器》
　　安徽省文物考古研究所编，文物出版社 2000 年版
《花厅——新石器时代墓地发掘报告》
　　南京博物院编，文物出版社 2003 年版
《北阴阳营——新石器时代及商周时期遗址发掘报告》
　　南京博物院编，文物出版社 1993 年版
《南京附近考古报告——江宁湖熟文化史前遗址调查记》
　　南京博物院编，上海出版公司 1953 年版

《马桥 1993—1997 年发掘报告》

　　上海市文物管理委员会编，上海书画出版社 2002 年版

《昆山》

　　浙江省文物考古研究所、湖州市博物馆编，文物出版社 2006 年版

《新地里》（上、下）

　　浙江省文物考古研究所、桐乡市文物管理委员会编，文物出版社
2006 年版

《好川墓地》

　　浙江省文物考古研究所等编，文物出版社 2001 年版

《沪杭甬高速公路考古报告》

　　浙江省文物考古研究所编，文物出版社 2002 年版

《太湖文化研究》

　　刘乃和、周治华主编，中国档案出版社 1998 年版

《杭州史前文化研究》

　　王心喜著，人民出版社 2007 年版

《杭州的考古》

　　马时雍主编，杭州出版社 2004 年版

《中国文明起源新探》

　　苏秉琦著，香港商务印书馆 1997 年版

《中国文明起源新探》

　　苏秉琦著，辽宁人民出版社 2009 年版

《长江下游地区文明化进程学术研讨会论文集》

　　上海博物馆编，上海书画出版社 2004 年版

《长江中下游地区史前聚落研究》

　　张弛著，文物出版社 2003 年版

《浙江新石器时代文物图录》

　　浙江省文物管理委员会编，浙江人民出版社 1958 年版

《中国第一王朝的崛起——中华文明和国家起源之谜破译》

　　陈剩勇著，湖南出版社 1994 年版

《防风氏的历史与神话》

　　董楚平著，浙江古籍出版社 1996 年版

《防风氏资料汇编》

　　钟伟今、欧阳习庸编，天津古籍出版社 1999 年版

《中国神话传说》（上）

　　袁珂著，人民文学出版社 1998 年版

《走出疑古时代》

　　李学勤著，辽宁大学出版社 1997 年版

《“疑古”与“走出疑古”》

　　文史哲编辑部编，商务印书馆 2010 年版

《大禹研究》

　　陈瑞苗、周幼涛主编，浙江人民出版社 1995 年版

《大禹论》

　　史济锡、陈瑞苗主编，浙江人民出版社 1995 年版

《大禹与绍兴》

　　绍兴市文物管理处编，绍兴市文物管理处 1995 年版

《公祭大禹陵》

　　沈才土主编，浙江人民出版社 1996 年版

《大禹陵志》

　　沈建中编著，研究出版社 2005 年版

《历代颂禹祭禹诗词铭联撷英》

　　绍兴市节会办、绍兴文理学院编印 2007 年版

《大禹颂》

　　沈建中编，浙江人民出版社 1995 年版

《华夏人杰：大禹陵》

　　王清贵编，中国大百科全书出版社 1998 年版

《大禹陵：中国治水英雄》

　　张济编撰，西泠印社出版社 2001 年版

《大禹研究概览》

　　李永鑫、周幼涛主编，绍兴市社会科学院编印 2006 年版

《大禹学研究概览》

　　周幼涛、李永鑫主编，绍兴市社会科学院编印 2007 年版

《大禹志》

祝世德编著，1945 年（1983 年汶川县档案局翻印）

《禹生北川》

政协北川县文史办公室、北川县志办公室、北川县文化馆编印
1988 年版

《大禹史料汇集》

钟利戡、王清贵编，巴蜀书社 1991 年版

《大禹研究文集》

四川省大禹研究会编印 1991 年版

《大禹故里——北川》

中共北川县委宣传部、北川县人民政府旅游办编印 1991 年版

《大禹及夏文化研究》

陈勤帜主编，李德书、钟利戡副主编，巴蜀书社 1993 年版

《大禹传奇》

曹尧德著，华文出版社 1995 年版

《夏文化研究论集》

李学勤主编，中华书局 1996 年版

《中国的历史文化名山·涂山》

蚌埠市政协文史资料专辑，1996 年版

《海峡两岸大禹文化研讨会论文集》

李德书、陈开平主编，四川省大禹研究会 2000 年版

《大禹三宗谱》

绍兴越文化研究所编，香港天马图书有限公司 2000 年版

《夏禹文化研究》

李绍明、汤建斌、谭继和、王纯五主编，巴蜀书社 2000 年版

《禹城与大禹文化文集》

中国先秦史学会、山东省禹城市大禹文化研究会编，中国文联出版
社 2007 年版

《夏源流史》

何光岳著，江西教育出版社 1992 年版

《大禹研究文稿》

　　李德书著，四川省大禹研究会 2002 年编印

《大禹传说故事选》

　　绍兴市教育委员会等 1995 年编印

《大禹及夏文化研究》

　　四川省大禹研究会编，巴蜀书社 1993 年版

《皇帝、尧、舜和大禹的传说》

　　黄崇岳著，书目文献出版社 1983 年版

《尧舜禹的传说》

　　冯安泽著，北京海潮出版社 1999 年版

《尧舜禹的传说》

　　甄作武、李玉林著，希望出版社 2000 年版

《公仆尧舜禹》

　　李述民著，中国文史出版社 2003 年版

《尧舜禹时代》

　　杨东晨著，西安三秦出版社 2007 年版

《尧舜禹演义》

　　张建合著，山西人民出版社 2009 年版

《豳公盨——大禹治水与为政以德》

　　保利艺术博物馆编，线装书局 2002 年版

《海峡两岸大禹文化研究》

　　王建华主编，中国社会科学出版社 2010 年版

《中国禹学》（第一辑）

　　周幼涛主编，吉林大学出版社 2011 年版

《中国先越文化研究——从壮族鸡卦看易经起源》

　　黄懿陆著，云南人民出版社 2007 年版

《山海经考古——夏朝起源与先越文化研究》

　　黄懿陆著，民族出版社 2007 年版

第三部分　百越文化研究著作

《中国民族史》

　　吕思勉著，上海世界书局 1934 年版（1990 年收入上海书店影印：《民国丛书》第一篇）

《中国民族史》上下卷

　　林惠祥著，商务印书馆 1983 年版

《中国民族简史》

　　吕振羽著，三联书店 1950 年版

《中国东南民族关系史》

　　蒋炳钊、吴绵吉、辛土成著，厦门大学出版社 2007 年版

《中国古代的民族识别》

　　王文光著，云南大学出版社 1997 年版

《中国华南民族社会史》

　　[日] 冈田宏二著，赵令志、李德龙译，民族出版社 2002 年版

《中国南方民族史》

　　王文光著，民族出版社 1999 年版

《中国西南民族关系史》

　　王文光、龙晓燕、陈斌著，中国社会科学出版社 2005 年版

《云南民族的历史与文化概要》

　　王文光、龙晓燕著，云南大学出版社 2009 年版

《民族史研究论稿》

　　王文光著，云南大学出版社 2007 年版

《粤江流域人民史》

　　徐松石著，广东人民出版社 1993 年版（《徐松石民族学研究论著（五种）》，1941 年初版）

《傣族僮族粤族考》

　　徐松石著，广东人民出版社 1993 年版（《徐松石民族学研究论著（五种）》，1946 年初版）

《中国南方民族文化源流史》

　　吴永章著，广西教育出版社 1991 年版

《中国南方民族历史文化探索》

　　胡绍华著，民族出版社 2005 年版

《民族研究文集》

　　吴永章著，民族出版社 2002 年版

《中国东南土著民族历史与文化的考古学观察》

　　吴春明著，厦门大学出版社 1999 年版

《东南民族研究》

　　蒋炳钊著，厦门大学出版社 2002 年版

《中国西南民族的历史与文化》

　　汪宁生著，云南民族出版社 1989 年版

《中国悬棺葬》

　　陈明芳著，重庆出版社 1992 年版

《贵溪崖墓》（文物考古知识）

　　李科友著，文物出版社 1990 年版

《越裔遗俗新探》

　　王胜先著，贵州人民出版社 1990 年版

《越歌：岭南本土歌乐文化论》

　　冯明洋著，广东人民出版社 2006 年版

《中夏系统中之百越》

　　罗香林著，独立出版社 1943 年版

《百越源流与文化》

　　罗香林著，台北中华丛书编审委员会 1955 年版

《百越源流与文化》

　　罗香林著，台北中华丛书编审委员会增补再版 1978 年版

《百越民族史》

　　陈国强、蒋炳钊、吴绵吉、辛土成著，中国社会科学出版社 1988
年版

《百越民族史资料选编》

　　中国百越民族史研究会、蒋炳钊编，广西人民出版社 1988 年版

《百越民族文化》

　　蒋炳钊、吴绵吉、辛土成著，学林出版社 1988 年版

《百越源流史》

　　何光岳著，江西教育出版社 1989 年版

《百越》

　　宋蜀华著，吉林教育出版社 1991 年版

《百越民族史论集》

　　陈国强、蒋炳钊、吴绵吉编，中国社会科学出版社 1982 年版

《百越民族史论丛》

　　陈衣、周宗贤主编，广西人民出版社 1985 年版

《百越源流研究》

　　唐奇甜、张雄、吴永章、韦瑞峰编，《中南民族学院学报》1986 年增刊

《百越史研究》

　　朱俊明主编，贵州人民出版社 1987 年版

《百越史论集》

　　王懿之、李景煜主编，云南民族出版社 1989 年版

《百越民族研究》

　　彭适凡主编，江西教育出版社 1990 年版

《国际百越文化研究》

　　魏桥、董楚平主编，中国社会科学出版社 1994 年版

《'96 百越民族史研究会论文》

　　《湖南省博物馆文集》第四集，《船山学刊》杂志社 1998 年版

《龙虎山崖葬与百越民族文化》

　　蒋炳钊、石奕龙、黄向春主编，吉林人民出版社 2001 年版

《百越文化研究》

　　蒋炳钊主编，厦门大学出版社 2005 年版

《中国百越民族经济史》

　　林蔚文著，厦门大学出版社 2003 年版

《百越民族发展演变史——从越、僚到壮侗语族各民族》

　　王文光、李晓斌著，民族出版社 2007 年版

《中国百越民族社会与文化》

　　林蔚文著，中国社会出版社 2005 年版

《中国南方考古与百越民族研究》

　　彭适凡著，科学出版社 2009 年版

《南方文化与百越滇越文明》

　　许智范、肖明华著，江苏教育出版社 2005 年版

《铜鼓史话》

　　蒋廷瑜著，文物出版社 1982 年版

《铜鼓艺术研究》

　　蒋廷瑜著，广西人民出版社 1988 年版

《中国古代铜鼓》

　　中国古代铜鼓研究会编著，文物出版社 1989 年版

《铜鼓与南方民族》

　　汪宁生著，吉林教育出版社 1989 年版

《中国古代铜鼓科技研究》

　　万辅彬著，广西民族出版社 1992 年版

《铜鼓及其纹饰》

　　李伟卿著，云南科技出版社 2000 年版

《铜鼓和青铜文化研究》

　　中国古代铜鼓研究会编，贵州人民出版社 2001 年版

《中国与东南亚的古代铜鼓》

　　李昆声、黄德荣著，云南美术出版社 2008 年版

《壮族铜鼓研究》

　　蒋廷瑜著，广西人民出版社 2005 年版

《吴国史》

　　戈春源、叶文宪著，人民出版社 2001 年版

《吴国历史与文化探秘》

　　叶文宪著，文物出版社 2007 年版

《勾吴史集》

　　张永初著，江苏古籍出版社 1998 年版

《勾吴史新考》

　　谢忱著，中国文联出版社 2000 年版

《吴文化概论》

　　苏州市职业大学吴文化研究所编，东南大学出版社 2006 年版

《吴文化概观》

　　许伯明主编，南京师范大学出版社 1997 年版

《吴文化的起源与发展》

　　张永初等编著，中国对外翻译出版公司 2009 年版

《吴文化知识丛书》

　　高燮初主编，南京大学出版社 1994 年版

《吴文化史丛》

　　王友三主编，江苏人民出版社 1996 年版

《吴文化研究论丛》（第一辑）

　　程德祺、郑亚楠主编，苏州大学出版社 1998 年版

《吴文化研究论文集》

　　江苏省吴文化研究会编，中山大学出版社 1988 年版

《东方文明之韵——吴文化国际学术研讨会论文集》

　　徐湖平主编，岭南美术出版社 2000 年版

《吴文化论坛 1999 年卷》

　　徐采石主编，中央民族大学出版社 2000 年版

《吴地文化一万年》

　　潘力行著，中华书局 1994 年版

《吴地古战场》

　　叶文宪著，中央编译出版社 1996 年版

《勾吴文化的现代阐释》

　　吴恩培著，东南大学出版社 2002 年版

《吴地文化通史》

　　高燮初主编，中国文史出版社 2006 年版

《吴文化的根基与文脉》

　　徐国保著，东南大学出版社 2008 年版

《吴文化与苏州》

　　石琪主编，同济大学出版社 1992 年版

《吴文化与江南社会研究》

　　王卫平著，北京群言出版社 2005 年版

《吴歌》

　　苏州市文学艺术界联合会、江苏民间文学工作者协会苏州市分会编，中国民间文艺出版社 1984 年版

《吴地歌谣》

　　蔡丰明著，南京大学出版社 1997 年版

《吴歌小史》

　　顾颉刚著，江苏古籍出版社 1999 年版

《吴语论丛》

　　复旦大学中国语言文学研究所吴语研究室编，上海教育出版社 1988 年版

《江苏文化史论》

　　王长俊著，南京师范大学出版社 1999 年版

《真山东周墓地——吴楚贵族墓地的发掘与研究》

　　苏州博物馆编，文物出版社 1999 年版

《吴国王室玉器》

　　姚勤德、龚金元编，上海人民美术出版社 1996 年版

《吴国青铜器综合研究》

　　肖梦龙、刘伟主编，科学出版社 2004 年版

《镇江出土吴国青铜器》

　　杨正宏、肖梦龙主编，文物出版社 2008 年版

《苏州考古》

　　钱公麟、徐亦鹏著，苏州大学出版社 2000 年版

《瓯史初探集》

　　胡牧著，香港天马图书有限公司 1997 年版

《瓯越文化史》

　　蔡克骄著，作家出版社 2002 年版

《东瓯国研究》

　　王永献、严振非编，中华书局 2005 年版

《瓯文化论集》

　　林华东主编，浙江人民出版社 2009 年版

《吴城——1973～2002 年考古发掘报告》

　　江西省文物考古研究所、樟树市博物馆编著，科学出版社 2005
年版

《闽越源流考略》

　　黄春荣著，海潮摄影艺术出版社 2002 年版

《武夷山与古越文化》

　　石子镜、杨长岳主编著，社会科学文献出版社 2002 年版

《1980～1996 年武夷山城村汉城遗址发掘报告》

　　福建博物馆、福建闽越王城博物馆编，福建人民出版社 2004 年版

《武夷山城村汉城遗址发掘报告》

　　福建博物院、福建闽越王城博物馆编，福建人民出版社 2004 年版

《闽越考古研究》

　　福建省博物馆编，陈存洗主编，厦门大学出版社 1993 年版

《闽越国都城考古研究》

　　吴春明、林果著，厦门大学出版社 1998 年版

《闽越文化研究》

　　福建省炎黄文化研究会编，海峡文艺出版社 2002 年版

《闽越国文化》

　　杨琮著，福建人民出版社 1998 年版

《闽台民间信仰源流》

　　林国平著，福建人民出版社 2003 年版

《东南考古研究》第 1 辑

　　邓聪、吴春明主编，厦门大学出版社 1996 年版

《东南考古研究》第 2 辑

　　邓聪、吴春明主编，厦门大学出版社 1999 年版

《东南考古研究》第 3 辑

　　邓聪、吴春明主编，厦门大学出版社 2003 年版

《福建华安仙字潭摩崖石刻研究》

　　福建省考古博物馆学会编，中央民族学院出版社 1990 年版

《闽台考古》

　　陈国强、叶文程、吴绵吉主编，厦门大学出版社 1993 年版

《闽台民族史辨》（台海历史文化研究丛书）

　　郭志超著，黄山书社 2006 年版

《侗台语概论》

　　倪大白著，中央民族学院出版社 1990 年版

《骆越古国历史文化研究》

　　罗世敏主编，广西民族出版社 2006 年版

《广西左江岩画》

　　王克荣、邱钟仑、陈远璋著，文物出版社 1988 年版

《广西文物考古报告集》（1950—1990）

　　广西壮族自治区文物工作队编，广西人民出版社 1993 年版

《广西博物馆建馆 60 周年论文选集》

　　广西壮族自治区博物馆编，广西民族出版社 1993 年版

《广西贵县罗泊湾汉墓》

　　广西壮族自治区博物馆编，文物出版社 1988 年版

《岭南民族源流考》

　　杨豪著，珠海出版社 1999 年版

《岭南古史》

　　胡守为著，广东人民出版社 1999 年版

《岭南文物考古论集》

　　杨式挺著，广东省地图出版社 1998 年版

《华南考古论集》

　　徐恒彬著，科学出版社 2001 年版

《岭南地区出土青铜器研究》

　　李龙章著，文物出版社 2006 年版

《南越国史迹研讨会论文选集》

　　中国秦汉史研究会、中山大学历史系等编，文物出版社 2005 年版

《南越国史》

　　张荣芳、黄淼章著，广东人民出版社 1995 年版

《古南越国史》

　　余天炽、覃圣敏、蓝日勇、梁旭达、覃彩銮著，广西人民出版社 1988 年版

《南越国》

　　黄淼章著，广东人民出版社 2004 年版

《南越开拓先驱——赵佗》

　　胡守为著，广东人民出版社 2005 年版

《南越武王越佗》

　　徐素著，香港中华书局 1959 年版

《南越五主传》

　　（清）梁廷楠著，广东人民出版社 1983 年版

《南越王墓和南越王国》

　　吕烈丹著，广州文化出版社 1990 年版

《客死他乡的国王——南越王陵揭秘》

　　刘振东、谭青枝著，四川教育出版社 1996 年版

《岭南震撼——南越王墓发现之谜》

　　岳南著，浙江人民出版社 2001 年版

《岭南之光——南越王墓考古大发现》

　　麦英豪、王文建著，浙江文艺出版社 2002 年版

《南越王墓神秘现世记》

　　岳南著，海南出版社 2007 年版

《西汉南越王墓》（上下册）

　　广州市文物管理委员会、中国社会科学院考古研究所、广东省博物馆编，文物出版社 1991 年版

《广州南越王墓》

　　麦英豪、黄淼章、谭庆芝著，生活、读书、新知三联书店 2005 年版

《南越藏珍》

　　李林娜主编，中华书局 2002 年版

《南越藏珍》

　　赵自强主编，广西美术出版社 2008 年版

《南越王墓玉器》

　　林业强著，香港两木出版社 1991 年版

《南越陶文录》

　　林雅杰、陈伟武编，天津人民美术出版社 2004 年版

《考古发现的南越玺印与陶文》

　　吴凌云主编，澳门民政总署文化康乐部出版社 2005 年版

《白云生处的帝乡——图说南越王墓》

　　古方著，重庆出版社 2006 年版

《西汉南越王博物馆珍品选录》

　　西汉南越王博物馆编，文物出版社 2007 年版

《西南夷风土记及其他一种》

　　王云五主编，商务印书馆 1936 年版

《云贵高原的西南夷文化》

　　张增祺著，湖北教育出版社 2004 年版

《中国西南边疆变迁史》

　　尤中著，云南教育出版社 1987 年版

《西南研究论》

　　徐建新著，云南教育出版社 1992 年版

《夜郎史探》（论文集）

　　贵州省社会科学院历史研究所编，贵州人民出版社 1988 年版

《夜郎考》（讨论文集之一）

　　贵州省哲学社会科学研究所编，贵州人民出版社 1979 年版

《夜郎考》（讨论文集之二）

　　贵州省哲学社会科学研究所编，贵州人民出版社 1981 年版

《夜郎考》（讨论文集之三）

　　贵州省哲学社会科学研究所编，贵州人民出版社 1983 年版

《夜郎史稿》

　　朱俊明著，贵州人民出版社 1990 年版

《夜郎史传》

　　王子尧、刘金才主编，四川民族出版社 1998 年版

《夜郎史籍译稿》

　　龙正清、王正贤编译，贵州民族出版社 2007 年版

《夜郎研究》

　　贵州省政协文史与学习委员会等编，贵州民族出版社 2000 年版

《夜郎研究述评》

　　侯绍庄、钟莉贵州著，人民出版社 2003 年版

《夜郎重释》

　　六盘水市文管所、贵州省博物馆合编，作家出版社 2004 年版

《纵横夜郎文化》

　　王鸿儒著，贵州民族出版社 2007 年版

《中国西南夜郎文化研究文集》（卷一）

　　贵州民族学院西南夜郎文化研究院编，贵州民族出版社 2005 年版

《中国西南夜郎文化研究文集》（卷二）

　　贵州民族学院西南夜郎文化研究院编，贵州民族出版社 2008 年版

《解析夜郎千古之谜》

　　周润民、何积全主编，中共党史出版社 2007 年版

《赫章可乐二〇〇〇年发掘报告》

　　贵州省文物考古研究所编著，文物出版社 2008 年版

《贵州史专题考》

　　王燕玉著，贵州人民出版社 1980 年版

《贵州白族史略》

　　赵卫蜂著，宁夏人民出版社 2011 年版

《云南晋宁石寨山古墓群发掘报告》

　　云南省博物馆编，文物出版社 1959 年版

《南诏史话》（文物考古知识）

　　李昆声、祁庆富著，文物出版社 1985 年版

《古代的巴蜀》

　　童恩正著，重庆出版社 1998 年版

《巴人寻根——巴人·巴国·巴文化》

　　白九江著，重庆出版社 2007 年版

《广西僮族简史》

　　黄现璠著，广西人民出版社 1957 年版

《壮族通史》

　　张声震主编，民族出版社 1997 年版

《壮族史》

　　覃彩銮著，广东人民出版社 2002 年版

《壮族文化史》

　　杨宗亮著，云南民族出版社 1999 年版

《傣族史》

　　江应梁著，四川民族出版社 1984 年版

《傣族文化史》

　　刀承华、蔡荣男著，云南民族出版社 2005 年版

《傣族起源问题研究》

　　陈吕范著，国际文化出版公司 1990 年版

《傣族文化研究》

　　张公瑾著，云南民族出版社 1988 年版

《傣族文化研究论文集》（第一集）

　　刀承华编，云南民族出版社 2005 年版

《水之意蕴：傣族水文化研究》

　　艾菊红著，中国社会科学出版社 2010 年版

《肌肤上的文化符号：黎族和傣族传统纹身研究》

　　刘军著，民族出版社 2007 年版

《傣族宗教与文化》

　　张公瑾、王锋著，中央民族大学出版社 2002 年版

《西双版纳傣族的稻作文化研究》

　　郭家骥、张文力著，云南大学出版社 1998 年版

《苗族史》

　　伍新福、龙伯亚著，四川民族出版社 1992 年版

《苗族史研究》

伍新福著，中国文史出版社 2006 年版

《苗族文化史》

伍新福著，四川民族出版社 2000 年版

《苗族文化史》

熊玉有著，云南民族出版社 2003 年版

《苗族瑶族与长江文化》

吴永章、田敏著，湖北教育出版社 2007 年版

《瑶族史》

吴永章著，四川民族出版社 1993 年版

《瑶族文化史》

徐祖祥著，云南民族出版社 2001 年版

《瑶族研究论文集》

胡起望、华祖根编，中南民族学院民族研究所 1985 年版

《瑶族文化变迁》

玉时阶著，民族出版社 2005 年版

《瑶族研究五十年》

胡起望著，中央民族大学出版社 2009 年版

《黎族简史》

《黎族简史》编写组编，广东人民出版社 1982 年版

《黎族史》

吴永章著，广东人民出版社 1997 年版

《黎族文化溯源》

邢植朝著，中山大学出版社 1993 年版

《黎族文化初探》

王养民、马姿燕著，广西民族出版社 1993 年版

《侗、水、毛南、仫佬、黎族文化志》

杨权等著，上海人民出版社 1998 年版

《中国黎族》

王学萍主编，民族出版社 2004 年版

《黎族史料专辑》（海南文史资料第七辑）

　　海南省政协文史资料委员会编，南海出版公司 1993 年版

《畲族简史》

　　施联朱、蒋炳钊、陈元、陈佳荣著，民族出版社 1980 年版

《畲族史稿》

　　蒋炳钊著，厦门大学出版社 1988 年版

《浙江畲族史》

　　邱国珍著，杭州出版社 2010 年版

《广东畲族研究》

　　朱洪、姜永兴著，广东人民出版社 1991 年版

《畲族与瑶苗比较研究》

　　吴永章著，福建人民出版社 2002 年版

《畲族研究论文集》

　　施联朱主编，民族出版社 1987 年版

《畲族语言》

　　游文良著，福建人民出版社 2002 年版

《高山族简史》

　　《高山族简史》编写组编，民族出版社 1982 年版

《高山族简史》（修订本）

　　《高山族简史》修订本编写组编，民族出版社 2009 年版

《台湾海峡两岸的古闽越族》

　　辛土成著，厦门大学出版社 1988 年版

《台湾土著文化艺术》

　　刘其伟著，台北雄狮图书公司 1979 年版

《台湾土著民族的社会与文化》

　　李亦园著，台北联经出版事业公司 1982 年版

《台湾高山族语言》

　　陈康著，中央民族学院出版社 1992 年版

《台湾历史与高山族文化》

　　张崇根著，青海人民出版社 1992 年版

《台湾世居少数民族研究》

张崇根著，民族出版社 2002 年版